Christiane Olivier

Freie Frau

Christiane Olivier

# F wie Frau

## Psychoanalyse und Sexualität

Deutsch von
Siegfried Reinke

ECON Verlag
Düsseldorf · Wien · New York

Titel der französischen Originalausgabe:
Filles d'Ève
Unter Mitarbeit von Dr. Claude Françoise Dubreuil
Originalverlag: Denoël, Paris
Übersetzt von Siegfried Reinke


CIP-Titelaufnahme der Deutschen Bibliothek

*Olivier, Christiane:*
F wie Frau : Psychoanalyse und Sexualität / Christiane Olivier.
[Übers. von Siegfried Reinke]. – Düsseldorf; Wien; New York:
ECON Verl., 1991
Einheitssacht.: Filles d'Eve ‹dt.›
ISBN 3-430-17305-1


Gesetzt aus der Life, Linotype
Satz: ICS Communikations-Service GmbH, Bergisch Gladbach
Papier: Papierfabrik Schleipen GmbH, Bad Dürkheim
Schutzumschlag: Klaus Detjen
Grafiken: Rainer Geyer, Köln
Druck und Bindearbeiten: F. Pustet, Regensburg
Printed in Germany
ISBN 3-430-17305-1

# Inhalt

# Vorwort

Alles, was ich in diesem Buch sage, ergibt sich aus meiner tiefsten Überzeugung, daß die Gestalt, in der wir empfangen und dann nach unserer Geburt erzogen werden, bestimmend ist für die Art und Weise, wie wir später leben.
Auch unsere Erwachsenensexualität entgeht dieser Gesetzmäßigkeit nicht, und es fällt uns schwer, das in uns zu erkennen, was andere, ohne es zu wissen, seit unserer frühesten Jugend *in uns* geprägt haben.
Ich widme dieses Buch jeder Frau, die *darüber* gerne *mehr wissen* möchte, über sich selbst und was sie *ist,* einfach nur, weil sie sich *Frau* nennt.

C. O.

# Einleitung

Sie war Gynäkologin, und sie überwies mir junge Frauen ohne Regel oder ohne Lustempfinden; ich war Psychoanalytikerin, und es kam vor, daß ich ihr Frauen im reifen Alter schickte, mit oder ohne Regel, die aber vor allem depressiv waren . . .
Manchmal gingen die Frauen von der einen zur anderen, in dem Versuch, abwechselnd ihren Körper oder ihren Geist in Ordnung zu bringen. Es gab also offensichtlich bei Frauen die Möglichkeit einer Wechselbeziehung zwischen Seelenleben und Hormonhaushalt.
Der Körper der Frau, Opfer der Hormone oder des Unterbewußten . . . Hing vielleicht der Hormonhaushalt vom Unbewußten ab, diesem immer gegenwärtigen, aber stets unsichtbaren Regisseur?
Hier wollten wir unserer beider Wissen auf die Probe stellen. Wir wollten, daß die Frauen auf der physischen und auf der psychischen Ebene lernten, »sich zu kennen«, daß sie eine Vorstellung darüber gewannen, wie sie sind, und nicht mehr, wie sie von außen gesehen werden oder wie zu sein ihnen im Laufe von Jahrhunderten zugewiesen wurde . . . Dieses Buch soll dazu dienen, den Zustand der Frau bis zum heutigen Tag bewußtzumachen, sowohl aus psychischer als aus biologischer Sicht.
Jede Frau, gleich welchen Alters, kann hier ihre eigene Geschichte wiederfinden . . . Die Psychoanalytikerin spricht viel von der Kindheit, weil sich dort endgültig unsere Beziehung zum Anderen formt . . . Die Gynäkologin spricht viel von Hormonen. Nachdem wir lange deren Sklavinnen waren, ler-

nen wir heute, uns ihrer zu bedienen, um eine inzwischen der Geschichte angehörende Bestimmung loszuwerden, die den Frauen in ihrer heutigen Entwicklung nicht mehr entspricht.* Unsere Lebenserwartung wird durch die Medizin verlängert, weit über die Zeit der Mutterschaft hinaus.

Sie als Medizinerin, ich als Psychoanalytikerin, wir erleben allzu hautnah das »Weibliche«, und oft sind wir betroffen, wenn wir Frauen erleben, die nicht nur ihren eigenen Körper und seine Funktionen nicht kennen, sondern manchmal sogar Scham darüber empfinden. Scham und Unwissenheit machen es ihnen schwer, sich auf ein hormonal zyklisches und häufig wechselvolles Leben einzustellen!

Dieses Buch ist die Geschichte des Körpers und die Geschichte der Seele der Frau, die bei ihrer Geburt an ihrem Körper als weiblich erkannt, dann aber merkwürdigerweise so aufgezogen wird, als gelte es immer, noch andere Beweise ihrer Weiblichkeit zu erbringen als nur die des Körpers ... Es gibt eine tatsächliche Weiblichkeit: die unseres Geschlechts, und eine gesellschaftliche Weiblichkeit: die, welche wir jederzeit unter Beweis stellen müssen. So werden wir von der Frau zur Superfrau, zur Mutterfrau, dann einfach zur Mutter, je nachdem, wie die Hormone unseren Körper begleiten oder ihn verlassen...

Wie kann man dieses allzu blasse oder allzu farbige Leben im Gleichmaß durchleben? Wie das »Träumen« von dem, was man nicht hat, und das »Weinen« über das, was man nicht mehr hat, vermeiden? Dies ist die Geschichte einer ganz eigentümlichen Reisenden, die abwechselnd zuviel Gepäck hat oder zuwenig! Und es ist Ihre Geschichte, wenn Sie eine Frau sind.

* Anm. des Übers.: Dieses Buch unterscheidet frz. »l' autre« (der andere – grammatikalisch) und »l' Autre« (der Andere). Der Begriff des Anderen (»le grand Autre«) wurde von Lacan in die psychoanalytische Lehre eingeführt. Der »Andere« hat die Dimension des »Anderswo« und umfaßt das über die physisch vorhandene Person hinausgehende Unbewußte. Lacan: »Das Unbewußte ist der Diskurs des Anderen.«

## Kapitel 1

# Weiblich geboren werden

Sie sind beide jung, verliebt, rührend anzuschauen, sie verkünden, daß *sie* ein Kind erwartet, und alle Welt begreift dieses Kind als das Ergebnis ihrer gemeinsamen Lust, in der Gestalt eines Menschen. Im Anfang kümmert die Form, männlich oder weiblich, sie wenig. Es ist ihr Kind, es hat die Farbe ihrer Liebe, sie wollen sein Geschlecht nicht schon gleich kennen, denn das, sie fühlen es undeutlich, könnte sie voneinander trennen.

Einige Eltern wollen über das Geschlecht nicht einmal im Verlauf der verschiedenen Ultraschalluntersuchungen etwas erfahren. Sie wollen sich ihre Unparteilichkeit gegenüber dem kommenden Wesen bewahren. Sie wissen auf natürliche, angeborene Weise, daß alles, was das Geschlecht angeht, sie *nie* gleichgültig lassen wird. Und sie wollen, so lange als möglich, ihre unbewußte Reaktion unterdrücken und das Kind im Bereich der Phantasie belassen.

**Warum kommt dem Geschlecht in Ihren Augen eine solche Bedeutung zu?**

Da die Eltern selbst sexualisierte Wesen sind, wird ihre Liebe zu dem Kind zwangsläufig von dessen Geschlecht beeinflußt. Je nachdem, welchem Geschlecht das Kind angehört, empfängt es von jedem Elternteil eine andere, unbewußte Botschaft:

– Jeder Elternteil sieht im Kind des *gleichen Geschlechts* einen möglichen Wiederanfang. Er stellt sich bereits die

Zukunft dieses Kindes vor, aus der *eigenen Vergangenheit* heraus, und baut, ja schließt es ein in einen »Identifikationsentwurf«, auf den das Kind mehr oder weniger eingeht, je nachdem, wie sehr der Elternteil darauf besteht.
– Jeder der Eltern sieht im Kind des *gegenteiligen Geschlechts* denjenigen, der »anders« ist und der etwas hat, was er selbst »nicht hat«, was ihm aber, da von ihm abstammend, ein bißchen »gehört«. Das Kind vom gegenteiligen Geschlecht »bereichert« diesen Elternteil, der sich seinerseits vervollständigt empfindet und der dem Kind die unbewußte ödipale Botschaft vermittelt: »Es ist gut, daß du bist, was du *bist.*« Eine wohltuende Botschaft für die sexuelle Identität des Kindes, das es als angenehm empfindet, das zu *sein,* was es ist.
Die Beziehung zwischen dem Kind und dem Elternteil des anderen Geschlechts wird »ödipal« genannt. Dies ist sicher die allerangenehmste Beziehung, die das Kind von seiner Geburt an erfahren kann, selbst wenn sie im weiteren Verlauf beim Mann der Kastrationsangst und bei der Frau der Vergewaltigungsfurcht weichen muß. Obgleich man, außer beim dreijährigen Kind, kaum vom Ödipus spricht – tatsächlich kann man nur dann deutlich die dazugehörenden Merkmale erkennen, wie etwa die Idee, den ödipalen Elternteil heiraten zu wollen –, hat der unbewußte Ödipus mit dem gegengeschlechtlichen Elternteil von den ersten Lebenstagen an eingesetzt.
Das Kind wird sich also zwischen dem Unbewußten seiner beiden Eltern seinen Weg suchen; zwischen Ödipus und Identifikation wird es nach und nach seine eigene Persönlichkeitsstruktur begründen.

**Lösen also die anfänglichen Gefühle der Eltern die Reaktionen des Kindes aus?**

Ja, und zwar geht dies »unbewußt« vor sich: Jeder Elternteil hat einen ganz bestimmten Platz bei seinem Kind. Und deshalb

verläuft die Erziehung durch einen Elternteil allein, der meistens die Mutter ist, nicht ohne Probleme . . . Die Entwicklung des Jungen, wie auch die des Mädchens, stößt auf gewisse spezifische Schwierigkeiten, die durch die Anwesenheit des einen oder anderen Elternteils verstärkt werden.
Ich habe schon an anderer Stelle erklärt*, wie der Ödipus des Jungen in der ersten Zeit vorteilhaft erscheint, aber danach »unentwirrbar« ist und verantwortlich für die männliche Frauenfeindlichkeit, und daß das Fehlen des Ödipus für das Mädchen den gegenteiligen Effekt hat: Da sie in ihrer Kindheit keine heterosexuelle Bindung knüpfen konnte, muß die Frau später für die Liebe des Mannes einen allzu großen Preis zahlen . . .
Die Gegenwart der Mutter oder einer anderen Frau als einziger Erzieherin, immer noch die am häufigsten anzutreffende Situation in der Familie, fördert den Narzißmus des Jungen, ist aber außerstande, den des Mädchens zu begründen. Er könnte nur mit einem anwesenden Vater entstehen. Der Vater von heute aber, selbst wenn er seine Kinder liebt, beschäftigt sich kaum mit ihnen (fünf Minuten täglich) im Vergleich zur Mutter (drei Stunden). Die neuen Väter, die sich die Erziehungsaufgaben mit ihrer Frau teilen, sind nicht Legion . . . Nur fünf Prozent der Männer nehmen die Aufgabe eines Vaters wahr.

**Sie sprechen von den väterlichen Funktionen, während man gewöhnlich von der Vaterrolle spricht. Was ist der Unterschied?**

Der Unterschied ist bedeutend. Die Rolle des Vaters läßt sich mit gewissen, allseits wohlbekannten Verpflichtungen zusammenfassen: seinen Abkommen seinen Namen geben und ihr tägliches Leben durch seine Arbeit sichern. Die Funnktion

* *Jokastes Kinder,* Claassen 1987.

eines Vaters, das heißt eher individuelles Kümmern um das Kind, weniger soziale Verpflichtung: Es gibt gegenwärtig zahlreiche Väter, die die Vaterrolle einnehmen, die aber dabei die affektive Aufgabe gegenüber dem Kind nicht erfüllen, die darin besteht, daß man es liebt, indem man es bevatert, das heißt, indem man sich mit ihm beschäftigt, innerlich-intuitiv und physisch. Sie denken, und das erleichtert ihnen das Leben, daß die Mutter für das Kind genügt.

Sosehr die Vaterrolle soziale Verpflichtung ist, so sehr ist seine Aufgabe als Vater eine affektive Verantwortlichkeit, deren Bedeutung für das Kind, gleich welchen Geschlechts, viele Männer noch nicht begriffen haben. Da jeder Elternteil, wie wir gesagt haben, bei dem Kind mit einer Aufgabe ausgestattet ist, ist der Vater »Modell« für seinen Sohn und »ödipaler Partner« für seine Tochter, ebenso wie die Mutter »Modell« für ihre Tochter und »ödipale Partnerin« für ihren Sohn ist.

**Und was soll man zu all jenen Alleinerzieherfamilien sagen, in denen das Kind nur einen Elternteil zur Verfügung hat?**

Diese erscheinen in der gegenwärtigen Situation weder als Anomalie noch als Handicap, denn wir haben es hier immer noch mit einer Familie zu tun, die, hinter einer paternalistischen Fassade, der sicherste Ort des Matriarchats ist. Ob die Herrschaft der Mutter offensichtlich ist, wie am häufigsten in der Alleinerzieherfamilie, oder verdeckt durch das sogenannte Vorhandensein-Abwesendsein eines Vaters, der die Erziehung der Kinder der Frau überläßt – wo ist der Unterschied für das Kind? Es hat immer mit der Frau zu tun, in beiden Fällen.

An dem Tag aber, an dem der Mann versteht, daß es für das Wohlergehen seines Sohnes oder seiner Tochter gut wäre, wenn er »gegenwärtig« und »bevaternd« ist, wird die Alleinerzieherfamilie der anderen nicht mehr gleichwertig sein. Sie wird als das gesehen werden, was sie ist, das heißt der Ort, an dem man nur den Ödipus oder nur die Identifikation bewerkstelligen kann, nicht aber beides gleichzeitig, denn es fehlt einer der Elternteile, um dem Kind seine Struktur zu geben. Ich habe erläutert, wie weitgehend jeder Elternteil eine spezifische und unersetzliche Aufgabe hat. Ich frage mich wirklich, wie man so lange mit der Vorstellung hat leben können, daß die Frau alle Gefühle auf sich vereinigt, die ein Kind braucht. Zweifellos unter dem Vorwand, daß »sie« neun Monate lang notwendig war und daher zwangsläufig weiterhin allein genügt.

**An dem, was Sie sagen, erstaunt mich, daß letztlich jeder Elternteil für das Kind notwendig ist, nicht wegen der Dinge, die er *tut*, sondern wegen dessen, was er *ist:* Mann oder Frau. Ist der Unterschied wirklich so groß?**

Ja, für den Psychoanalytiker übersteigt das, was man *ist,* bei weitem das, was man *tut,* denn was man *tut* ist meistens überlegt und bewußt gewollt und gut gemeint, aber das Kind registriert in seinem kleinen, unbewußten Datenspeicher nicht immer nur das, was gesagt oder getan wird, sondern auch das, was man nicht sagt, das, wofür es keine Worte gibt. Die ödipale Liebe *kleidet sich nicht in Worte.* Welche Worte wählen, um zu sagen: »Für mich, deinen Vater, oder für mich, deine Mutter, bist du *einzigartig.* Du bist wie ich, da du von mir kommst, und unterschiedlich von mir, da vom anderen Geschlecht. Ich glaube, daß du alles haben wirst, was ich habe, und dazu alles, was ich nicht habe . . .« Wer kann das schon zu einem Kind sagen?

**Ja, in der Tat!**

Dennoch ist es genau das, was das Kind wahrnimmt, durch die tägliche Pflege und Ernährung. Das Kind empfängt von derjenigen oder demjenigen, der es ihm in reichem Maße gibt, nicht nur Nahrung und Versorgung. Es bezieht daraus Gefühle und alles, was an unsichtbarer und unbewußter Kommunikation zwischen dem Körper, der gibt, und dem Körper, der empfängt, vermittelt wird. Zu dieser Kommunikation gehören der Hautkontakt, die Gefühle, der Gesichtsausdruck, der Klang der Stimme usw.

Deshalb habe ich in *Jokastes Kinder* von der Bedeutung der Hand gesprochen, die das Fläschchen hält, denn darüber hinaus gibt es die Gedanken, die sehr unterschiedlich sind, von einem Wesen zum anderen, von einem Elternteil zum anderen ... Daß einer der Eltern, am häufigsten der Vater, sich auf den anderen verläßt, um sich vertreten zu lassen, ist eine ebenso naive wie unrealistische Haltung. Denn an dem Tag, an dem die Frau auf ihren Mann nicht gut zu sprechen ist, kann die Botschaft, die sie vermittelt und die das Kind aufnimmt, nur von dieser Art sein: »Ein schlechter Mann für mich, das ist dein Vater ...« Man kann das Unbewußte der Mutter nicht steuern und sie nicht dazu bringen, nur gute Gefühle gegenüber ihrem Mann zu haben! Deshalb ist die von den Psychoanalytikern erfundene Geschichte mit dem »Namen-des-Vaters« ein gigantischer Schwindel. Und dem Vater gestattet sie, sich allerbesten Gewissens auszublenden.

**Was wollen Sie damit sagen? Wovon sprechen Sie?**

»Name-des-Vaters« ist ein Begriff, hinter dem sich die Mehrzahl der Psychoanalytiker verschanzt, um die Abwesenheit des Vaters vom Kind gesellschaftlich und familiär akzeptabel zu machen: Es genüge, daß der Vater im Leben des Kindes über

die Rede der Mutter »eingebracht« wird. Und damit ist das Spiel gelaufen. Der Vater hat so im Leben des sehr jungen Kindes keinen wirklichen, konkreten Platz einzunehmen.
Darüber hinaus wird der ihm so zugewiesene Platz – ein Abwesenheitsplatz, ein Namensplatz! – ein von der Mutter eingegrenzter Platz, denn es ist ja nun einmal nicht immer nur *er,* von dem sie spricht. Falls das Kind Beziehungsschwierigkeiten mit seinem Vater hat, ist es die Frau, die dafür *verantwortlich* gemacht werden wird, da sich die Beziehung zum Vater über sie und ihre Rede über ihn gebildet hat.
Welche Frau könnte konkret über jemanden sprechen, der sie nicht *ist?* Die Frauen müßten verstehen, daß sie nicht, sie allein, alles sein können, alles darstellen können, was ein Kind braucht. Was sie auch tun und sagen mögen, selbst im günstigsten aller schlechten Fälle, die Abwesenheit des Mannes kann sich im Unbewußten des Kindes nur als Abwesenheit des Vaters oder als Vatermangel einprägen.
Deshalb ist der Mann derjenige, von dem man träumt, insbesondere als von einem Gegenmittel, wenn die Dinge zwischen Mutter und Kind nicht zum besten stehen. Von daher, später, die unerklärliche Liebe der Frau für den Mann, selbst wenn er sich ihrer bedient, sie mißhandelt oder ausbeutet: Als Traum war er immer besser als die Mutter und ihre Wirklichkeit. Im Unbewußten der Frau bleibt immer das, was es an Besserem gibt, auf jeden Fall Besseres als die Mutter.

**»Name-des-Vaters«, das kann also einem Kind einen Vater nicht ersetzen, das keinen hat?**

Nein, das reicht gerade aus, um es träumen zu lassen in bezug auf diesen Vater, der von ihm auf einen »idealen« Platz gesetzt wird, da er durch keine wirkliche Erfahrung in Frage gestellt wird. Es wird im übrigen ja nur von Abwesenden gesprochen. Falls die Mutter entschiede, das Kind nicht mehr aufzuziehen, und es dem Vater überließe, würde auch er ihm vom Namen-des-Anderen sprechen (der nicht da wäre), und das Kind würde dann seine Mutter idealisieren.

**Nach Ihrer Ansicht ist es also nicht gut, sich einen Elternteil zu erträumen, wie er nicht ist?**

Nein, denn das Kind gewöhnt sich daran, seinen Traum an die Stelle der Wirklichkeit zu setzen, und es wird leiden, wenn es feststellt, wie sehr das Geträumte von dem entfernt ist, was es findet. Jede Erziehungsanstrengung besteht im Gegenteil darin, in dem Maße, in dem man größer wird, die Dinge sehen zu lernen, wie sie sind, und nicht, wie man sie gerne hätte. Das Kind muß mit den Eltern zurechtkommen, die es hat, aber dann muß es auch welche haben! Es ist schlecht für das Mädchen, sich seinen Vater zu erträumen, denn sein inneres Bild vom Mann wird gleichbedeutend werden mit Ihm-der-jeden-Mangel-heilen-wird. Die spätere Enttäuschung angesichts der Wirklichkeit des Mannes wird um so größer sein, je höher er plaziert wurde.
Wenn ich gegen die Erziehung durch die Frauen kämpfe, dann deshalb, weil sie beim kleinen Jungen wie beim kleinen Mädchen eine Überbewertung dessen erzeugt, der fehlt, das heißt des Mannes, und weil dies schwerwiegende Konsequenzen hat für das zukünftige Verstehen zwischen dem erwachsenen Mann und der erwachsenen Frau.
Sie sehen, der Mann ist von vornherein begünstigt, bei den Männern wie bei den Frauen. Deshalb, weil er immer nur in der Vorstellung existierte, geschönt und idealisiert. Die Kinder haben Mühe zu sagen, *wer* und *wie* ihr Vater ist, während sie ausgezeichnet von ihrer Mutter sprechen können, die mit ihnen zusammen ist, die sich mit ihnen abgibt, von der sie abhängen, am allerhäufigsten und am allerlängsten. Von ihr träumen sie nicht. Sie müssen sie sich nicht vorstellen. Jedes

Kind kennt seine Mutter . . . Und es träumt von seinem Vater, den es wenig sieht. Die Trennung vom Vater ist die Regel bei der Mehrzahl der geschiedenen Paare (87 Prozent der Kinder von geschiedenen Eltern leben mit ihrer Mutter, Erhebung INSEE 1985)*, und bei den zusammenlebenden Paaren ist fast immer der Vater abwesend und widmet den Kindern kaum Zeit. Diese geringe mit dem Kind verbrachte Zeit erlaubt es dem Vater nicht, seine Vateraufgabe zu erfüllen. Daß die Frau zu 90 Prozent die tatsächliche Sorge für das Kind sicherstellt, geschieht in Übereinstimmung mit dem Gesetz, der Medizin und der Gesamtgesellschaft.
Dies gilt ohne Unterschied für Mädchen und Jungen.

**Unserer Meinung nach ist das nicht neu, denn die Frauen haben nicht erst auf die Scheidung gewartet, um die Erziehungsgewalt in die Hand zu nehmen.**

Genau. Es scheint, daß die Frauen nicht begriffen haben (vielleicht hat man es ihnen nie erklärt), daß die Frauenfeindlichkeit, deren Opfer sie sind, die Herzen der Männer und die der Frauen auch weiterhin insgeheim besetzt hält, solange der für das Kind verantwortliche Elternteil *ausschließlich* eine Frau ist.
Was will das Kind von seinem frühesten Alter an, wenn nicht ausdrücklich seinen eigenen Willen gegen das Verlangen des anderen mit Widerstand durchsetzen? Alle Kinder also, Mädchen oder Jungen, beginnen die Behauptung ihrer Persönlichkeit, indem sie der Frau die Macht streitig machen.
Das kleine Mädchen befindet sich hierbei in einer eigenartigen Position, denn indem es sich der Frau widersetzt – seiner Mutter, die es als Abbild einer fest etablierten Weiblichkeit

* »Enquête sur les situations familiales (Untersuchung über die Familie) in *Population et avenir,* Nr. 587.

erlebt –, sträubt es sich gegen das Bild der Weiblichkeit selbst, was seine Entwicklung zum *»Frau sein«* später erheblich erschweren wird. Falls der Vater nicht da ist, um seine Tochter mit Hilfe der Heterosexualität mit ihrer Weiblichkeit zu versöhnen, wird sie mit Frauen und Weiblichkeit bestenfalls *ambivalent* umgehen können, mit einer Ambivalenz, die wir gut kennen: Es gibt ja nicht nur Männer, die es ablehnen, Frauen zu wählen . . . und nur den Frauen legt man nahe, sich als Superfrau oder Überfrau zu zeigen, mehr als die Natur hergibt!

**Sie meinen, daß das, was das kleine Mädchen in seiner Kindheit mit seiner Mutter erlebt, später ganz und gar die Art und Weise seiner Existenz bestimmt?**

Das meine ich in der Tat, und ich werde Ihnen sagen, warum, denn was das Unbewußte angeht, kann man nichts erfinden. Wenn die Aussagen, die ich im Leben oder auf der Couch gehört habe, mich nicht dazu ermutigen würden, meine Folgerungen für richtig zu halten, würde ich es nicht wagen, mich so grundlegend für das zu engagieren, was ich für den Ursprung der weiblichen Persönlichkeit halte.
Eines Tages erlebte ich in Paris – ich befand mich inmitten von etwa hundert Frauen, die gekommen waren, um über ihre Lage als Frau nachzudenken – am Ende des Tages eine Überraschung: Ich sah, wie sich alle Unterschiede zwischen ihnen verringerten, alle Ungleichheiten verschwanden, um in eine einzige, für alle annehmbare Formulierung zu münden, die sich auf ihre Mütter bezog. Alle stimmten darin überein, daß SIE, ihre Mutter, sie von Anfang an *eingesperrt* hatte. Sie waren hundert, von verschiedenem Alter, aus unterschiedlichem Milieu, aber sie waren alle mit diesem Satz einverstanden: Ihre Mutter hatte sie eingesperrt. Mit welchen Worten? Hinter welchem Gitter? Mit Hilfe welcher Mittel? Sie konnten keine Worte finden, um dieses Phänomen zu erklären; es ging also

sicherlich um das *Unbewußte.* Ihre Mutter hatte sie auf unbewußte Weise *eingesperrt,* über ihre eigenen, die Weiblichkeit berührenden, geheimen Seinszustände. Sie hatte gesagt: »Man muß dies, um ein Mädchen zu sein« und: »Man darf dies nicht und das nicht . . .«

**Ist das denn nicht gut?**
**Und bedeutet es nicht Erziehung eines Kindes?**

Wenn es die Aufgabe der Eltern ist, ihren Kindern Grenzen zu setzen, müssen sich diese Grenzen aus den praktischen Gegebenheiten des Lebens in der Gemeinschaft ergeben und nicht aus der Unbequemlichkeit, die sie ihren Eltern bereiten. Lassen Sie mich das näher erklären: Wenn Ihr Kind der Mittelpunkt Ihrer »nicht verwirklichten« Träume wird, wird es nicht mehr »es« sein, sondern »Sie«, und es bringt Sie als Neuauflage in anderer Form heraus.

**Zeugen wir denn nicht gerade deshalb Kinder?**

Nein, wir zeugen das Kind als eine Neuschöpfung, hervorgegangen aus einem Vater und einer Mutter, die verschieden sind. Das Kind ist ein ganz neues Wesen, und so werden die Dinge auch vor der Geburt empfunden. Wenn aber das Kind da ist, geschieht es häufig, daß der gleichgeschlechtliche Elternteil beginnt, sich mit ihm zu identifizieren, was in der psychoanalytischen Fachsprache »sich in sein Kind projizieren« genannt wird. Es bedeutet, daß der betreffende Elternteil fortlaufend den Platz des Kindes besetzt, das dann seinen eigenen verliert, um sich mit dem Platz zu begnügen, der ihm zugewiesen ist und außerhalb dessen es nicht »anerkannt« wird. Sie wissen, daß dies viel häufiger bei Mädchen geschieht als bei Jungen, und zwar deshalb, weil das kleine Mädchen für

seine Mutter das Traumobjekt »Frauenideal« ist. Der Junge hat einen ödipalen Platz und kann in keinem Moment für seine Mutter »jene, die sie hätte sein sollen«, darstellen . . .
Die Erziehung der Mädchen durch die Mutter ist also teilweise verantwortlich dafür, daß es zum Grundmuster des Verhaltens von Mädchen und später von Frauen wird, alles zu tun, um von den anderen anerkannt zu werden . . . Diese Gewohnheit hat sich in der frühesten Kindheit im Umgang mit der Mutter gebildet.

**Was Sie sagen, bedeutet doch, daß Frauen ohne die Unterstützung oder den Beitrag des ödipalen Vaters unrettbar der Verpflichtung anheimfallen, der Mutter zu gefallen und dann später auch allen anderen. Was für eine Belastung!**

Genau das ist es: Das Mädchen bringt sich im allgemeinen im Leben voran, indem es versucht, so gut wie möglich dem »Identifikationstraum« seiner Mutter zu entsprechen. Später, als Frau, wird sie nie glücklicher sein, als wenn man ihr sagt, daß sie *gefällt*.
Verkürzt sich nun das Leben eines kleinen Mädchens, das ausschließlich mit seiner Mutter lebt, darauf, zu tun, was Mama will? Jedenfalls ist es häufig das, was die Frauen hat stolpern lassen, die sich bei mir in Analyse befinden, denn so drücken sie sich aus:
»Ich habe den Eindruck, daß sie es war, die sich *durch mich* sah . . .«
»Meine Mutter hat mich gehindert zu sein; ich mußte einfach das sein, was sie *wollte,* das ist alles.«
»Es ist, als ob sie gesagt hätte: ›Dein Leben wird nicht das deine sein.‹ Als ob mein Leben das *ihre* wäre.«
»Ich war das, was sie *wollte,* daß ich sei, und jetzt weiß ich nicht mehr, wer ich selbst *bin* . . .«
Das Risiko der Frauen liegt genau dort. Mit der weitgehenden

Anpassung an das Verlangen der Mutter vergißt das Mädchen, auf sein eigenes Verlangen zu achten, was es dann hindert, selbst an die Oberfläche zu gelangen. Es weiß nicht, daß das möglich wäre. Das endet damit, daß sich später in der Paarbeziehung ein einzigartiges *Identitätsproblem* stellt, in der die Frau sich häufig selbst als Sklavin für das Verlangen des anderen anbietet. Man kann so weit gehen, sich zu fragen, ob das Verlangen der Frau nicht das Verlangen des Anderen im allgemeinen geworden ist . . . Mutter, Ehemann, Kinder, die abwechselnd die Macht haben, sie auf dem Kopf stehen und mit den Händen laufen zu lassen, denn das Glück der Frau ist das der anderen.

**Für Sie ist also alles Weibliche im Sinne von den anderen gefallen, sich aufopfern oder sich ihnen hingeben eine Art Neurose, die sich das kleine Mädchen bei seiner Mutter geholt hat?**

Ja, absolut. Das ist so wegen des Unbewußten der Mutter, einer nicht immer entspannten und glücklichen Frau, die oft von ihrer Tochter erwartet, zu sein, »was sie selbst nicht war«. Das Mädchen ist also »angefüllt« mit Plänen und Erwartungen seiner Mutter und »leer« an persönlichen Vorhaben: Man sagt von ihm, daß es ein »folgsames« Kind sei, aber in Wirklichkeit ist es dabei, die Sache des *Anderen* zu werden, und was schlimmer ist: Hinter einem kleinen folgsamen Mädchen verbirgt sich immer ein anderes, sehr wütendes.

**Was stellt denn die Mutter bloß zu einem so frühen Zeitpunkt mit ihrem Mädchenbaby an?**

Wie wir wissen, ist das Kind von seiner Geburt an »abhängig« von der Liebe seiner Eltern, die für sein Unbewußtes genauso wesentlich ist wie die Nahrung für seine physische Entwicklung. Es wird sich also, natürlich, in die bestmögliche Lage bringen, das meistgeliebte Wesen zu sein oder »die am meisten Geliebte«, da wir von der Tochter sprechen. Und wenn sie, um von der Mutter geliebt zu werden, deren Wünsche erfüllen muß, dann wird sie es tun.

Wenn sich das kleine Mädchen, um das Herz seiner Mutter zu besitzen, auf das innere Weiblichkeitsbild beschränken muß, das seine Mutter unbewußt in sich trägt, wird es ihm die meiste Zeit entsprechen, jedenfalls dem Anschein nach und sogar ohne Widerstand, denn in diesem Alter ist es für das Kind lebenswichtig, mit seinen Eltern in gutem »Einvernehmen« zu leben. Auf diese Weise wird die Mutter in der Person ihrer Tochter mit Leichtigkeit ihre Idealvorstellung von der erwachsenen Frau verwirklichen können: sie ist hübsch, freundlich und hilfsbereit.

Was die Schönheit angeht, so wird die Frau sehr früh anfangen, den Körper des kleinen Mädchens herauszustellen, mit hübschen Frisuren, netten Kleidern, abgestimmten Farben, und jeder, der dieses hinreißende Objekt sieht, ruft zu Recht: »Oh! Wie ist sie reizend!« Von der ersten Zeit an prägt sich im Unbewußten des Kleinkindes ein, daß das Äußere ein »Mehr an Liebe« bei anderen auslösen kann, und es wird als eines der ersten Engramme* in das weibliche Programm eingehen.

Später, wenn das kleine Mädchen irgend etwas Böses tut, werden seine Mutter oder seine Großmutter ihm häufig sagen: »Oh! Wie häßlich du bist, wie wenig schön bist du!« Adjektive, die das Kind nicht auf ein Sittengesetz verweisen, sondern auf das Ästhetische, auf das Gesetz der Schönheit.

* Anm. d. Ü.: Im Zentralnervensystem hinterlassene Spur eines Reiz- oder Erlebniseindruckes, die dessen Reproduktion zu einem späteren Zeitpunkt möglich macht.

**Dem hatte ich nie Beachtung geschenkt . . . Es ist richtig, daß ich meiner Tochter eher gesagt habe, daß Sie »häßlich« sei als »boshaft« . . .**

Weder das eine noch das andere drückte aus, was in ihrem Kind vorging; ohne Zweifel war es »wütend«. Wut . . . Da haben wir ein Wort, das Eltern nicht gerne benutzen. Sie würden Aggressivität und Wut am liebsten ignorieren, sie halten diese Gefühle für verwerflich, obgleich sie die Gegenspieler der Liebesgefühle sind und obgleich der Mensch von Anfang an ebenso fähig ist zu *lieben* wie zu *hassen*, das ist sein erstes Gesetz. Dies sind für Psychoanalytiker so elementare Dinge, daß sie sich darüber wundern, daß Eltern nichts von ihnen wissen.

Verfolgen wir aber die Geschichte der Mutter mit der Tochter weiter. Nach der Schönheit wird man von dem kleinen Mädchen Liebenswürdigkeit verlangen, das heißt die Kunst, auf seine eigenen Wünsche zu verzichten.

Man verlangt mehr Gehorsam von einem Mädchen als von einem Jungen. Warum? Wegen der überlieferten patriarchalen Stereotype, die von der Frau Sanftheit und Fügsamkeit erwarten. Schlagen Sie eine Zeitung mit Heiratsannoncen auf, wenn Sie mir nicht glauben, und sehen Sie, wie der übliche Traum des Mannes formuliert wird: eine Frau, sanft, liebevoll, vielleicht auch intelligent oder lieber kultiviert und eine gute Hausfrau . . . Es läuft immer hinaus auf die Leibeigenschaft in Form der Ehe.

Hilfsbereitschaft erwirbt ein Mädchen ohne Mühe. Falls es von der Mutter erzogen wird, wird es sie ganz natürlich in allem nachahmen, da die Nachahmung die erste vom Kind gewählte Form der Identifikation ist. Wenn die Mutter auch nur ein wenig im Hause zu sagen hat, wird ihre Tochter sehr schnell dazu gebracht, so zu tun, als ob sie beim Waschen, Abtrocknen, Scheuern und Kuchenbacken hilft, bevor sie das »wirklich« tut.

**Verlangt denn die Mutter nicht ebensoviel von ihrem Sohn?**

Nein, denn dank der ödipalen Liebe, die sie für ihn hat, liebt sie ihn ohne Bedingungen, *wie er ist;* sein geschlechtlicher Unterschied reicht ihr aus, als Belohnung dafür, daß sie ihn gemacht hat. Es ist nur das *Mädchen,* von dem sie verlangt, dem Stereotyp »Frau« zu entsprechen. Und sie glaubt auch noch, recht zu handeln. Dabei sperrt sie ihre Tochter ein und macht aus ihr das *Objekt* ihrer Ambitionen.

**Kann ein Vater seinem Sohn dasselbe antun, wenn auch er ihn verpflichtet, »besser« zu leben als er?**

Allerdings! Wie viele zukünftige Ärzte, Polytechniker*, Enarchen** haben sich als Globetrotter, Drogenabhängige oder Ziegenhirten im Ardèche wiedergefunden, weil sie dem väterlichen Wunschtraum den Rücken kehren mußten! Der Vater kann in seinem Sohn das gleiche Phänomen der Nichtexistenz herbeiführen, besonders wenn er die Familie dominiert. Die Jungen haben aber das Glück – oder das Unglück –, daß ihr Vater sich von ihnen in der Kindheit, während der Bildung des Unbewußten, ziemlich fernhält, der Ödipus mit der Mutter beherrscht in all den ersten Jahren die Szene. Es bleibt nur der von seinem Vater als »Angsthase« geschmähte kleine Junge und auch nur das von seiner Mutter als »mißlungener Junge« affektiv abgewertete kleine Mädchen. Wie viele »mißlungene Jungen« sind nicht zu mir gekommen, das heißt kleine Mädchen, die nicht dem Schema ihrer Mutter entsprachen, Ströme von Tränen vergießend, weil sie in ihrer Kindheit nicht aner-

* Anm. d. Ü.: Absolventen einer der großen wissenschaftlichen Hochschulen Frankreichs.

** Anm. d. Ü.: Absolventen der Elitehochschule für Verwaltung E.N.A. (Ecole Nationale d'Administration).

kannt wurden! Wie viele kleine starke Mädchen, die sich dem Verlangen der Mutter widersetzten, fühlten sich nicht im gleichen Moment des Verrates gegenüber dieser Mutter schuldig und entwickelten in der Pubertät Ängste, die vor allem darin bestanden, den anderen nicht zu gefallen! Sogar bei mir ergreifen sie noch enorme Vorsichtsmaßnahmen, um mir ja nicht zu mißfallen. Ich erkenne sie an kleinen unschuldigen Worten wie diesen: »Wenn Sie wollen« oder: »Sagen wir mal.« Sie bemühen sich immer, mich auf ihrer Seite zu haben, befürchten von mir und meinen Wünschen alles.

**Wie? Sie analysieren solche kleinen Worte, von denen die Sprache eines jeden so reich ist? Befürchten Sie nicht, mit Ihrer Interpretation zu weit zu gehen?**

Nein, denn die Analyse gibt acht auf ganz kleine Sätze, die unbemerkt von einem Individuum geäußert werden. Vergessen Sie nicht, daß das Unbewußte sich nicht zu erkennen gibt, wenn man ungeduldig darauf wartet. Ganz kleine Bemerkungen, die da auf der Couch fallen, sagen oft sehr viel mehr als Stunden bewußten Grübelns. Es ist kein Zufall, daß die Frauen bei mir so oft von »ihrer« Leere sprechen, wobei jede glaubt, die einzige zu sein, die der »Schreck, nichts für sich zu haben« trifft.

**Kann man denn all dies, was zwischen Mutter und Tochter geschieht, nicht verhindern, kann eine Mutter ihrer Tochter nicht die Freiheit lassen »zu sein«?**

Nein, denn das wäre so, als wenn Sie von jedem Individuum, das bereit ist, zu lieben und sich auf einen anderen einzulassen, verlangen würden, vorher ein Examen abzulegen, das seinen positiven emotionalen Zustand beweist. Wie soll man wissen, welche Mutter dem Unbewußten ihres Mädchen-Kindes unerbittlich die »Sporen« geben wird? Was man tun kann, ist das, was wir heute gemeinsam tun: die Gefahren untersuchen, die von einer Mutter ausgehen können, dafür kämpfen, daß sie nicht als einzige ihre Tochter aufziehen soll, Verständnis dafür wecken, daß ihre Erziehung von einem Mann ergänzt werden muß, der das Kind »ödipal« liebt, das heißt anders, einfach dafür, daß es ein Mädchen ist, und ohne den ganzen Zirkus, den eine Mutter mit ihren Forderungen veranstaltet.

**Wie soll man sich denn darauf verlassen, daß der Vater seine Tochter »ödipal« liebt?**

Das ist doch ein Naturgesetz! Sexuelle Anziehung fehlt bei keinem erwachsenen menschlichen Wesen. Außerdem kann ein Mann von einem kleinen Mädchen nicht erwarten, daß es ihn in seinem Leben als Mann »ersetzt«, selbst wenn dieses Leben verpfuscht ist.

**Ja, aber unter dem Vorwand, ihre Tochter »ödipal« zu lieben – Sie wissen das wie ich –, gibt es doch Väter, die mit ihrer Tochter bis ans Ende ihres Verlangens gehen!**

Solche Väter lieben ihre Tochter in der Tat sexuell, aber sie haben sich von der Erziehung des Kindes so ferngehalten, daß sie nicht einmal Elterngefühle haben . . . Sie wissen nicht, daß die Sexualität des Kindes keinem der Eltern gehört, selbst wenn dessen Sexualität sie lockt. Wie viele Mütter, hätten sie nicht von vornherein das Gefühl für ihre elterliche Verantwortung, würden nicht ihren Sohn sexuell jedem anderen Mann vorziehen? Frauen als Mütter kennen aber das Inzestverbot, während gewisse Väter es nicht kennen.
*Jeder Erwachsenenkörper, der mit einem Kind zu tun hat, stellt*

*für das Kind eine gewisse libidinöse Kraft dar.* Beide Eltern müßten wissen, daß der Körper des Kindes außer beim Windelwechseln und nach dem Wickelalter dem Kind allein gehört, »privat« ist und sexuell nicht berührt werden darf. Ich sehe da überhaupt keinen Unterschied zwischen Männern und Frauen, außer daß es den Frauen als Erzieherinnen »beigebracht« wurde und den Männern nicht ... Wenn diese aber an der Erziehung des Kindes teilhaben wollen, ist es wohl unumgänglich, daß sie die hier geltenden Gesetzmäßigkeiten begreifen.

## Wie kommt es, daß Frauen das Inzestverbot beherzigen und Männer nicht?

Die Mutter hat als einzige Liebe ihres Sohnes auf sein erstes ödipales Verlangen »Wenn ich groß bin, heiraten wir dann?« immer antworten müssen, und ihre Antwort war, natürlich, negativ. Der vom Universum der kleinen Tochter abwesende Vater aber wurde mit dieser Frage nie bedacht, und folglich hat er nie darauf geantwortet, weder ihr noch sich selbst ... Das kleine Mädchen träumt viel häufiger vom Märchenprinzen als vom inzestuösen Papa, denn der Ödipus wird zwischen dem Vater und der Tochter nicht erlebt. Er hält sich aus ihm heraus, und sie hält sich an Träume. Mutter und Sohn dagegen erleben ihre Wünsche, und sie begreifen, daß sie nicht zu realisieren sind. Auf dem Gebiet der Sexualität Eltern sein, das bedeutet, seinen Körper zu »sperren« und keine Sexualität zuzulassen, sondern allein Zärtlichkeit.

**Wenn es aber seitens der Eltern nur Zärtlichkeit gibt, warum ist dann nicht der eine Elternteil durch den anderen zu ersetzen? Alle Eltern geben doch ihren Kindern Zärtlichkeit.**

Die Zärtlichkeit ist in der Tat etwas, was beide Elternteile mit dem Kind erleben können, aber nur die »gesperrte« Sexualität kann im Unterbewußten des Kindes bewirken, daß es für jemanden einen »begehrenswerten« Körper hat. Die Mutter ist da für ihren Sohn unersetzbar, wie der Vater für seine Tochter unersetzbar ist.

Nur das »gesperrte« Verlangen des Vaters oder der Mutter schafft die ödipale Bindung, die jeder anderen, kommenden heterosexuellen Bindung vorausgeht. Da diese frühe ödipale Bindung beim von der Mutter aufgezogenen Mädchen, wie wir gesehen haben, nur selten gegeben ist, bleibt festzuhalten, daß das Mädchen keine Gelegenheit hat, seinen Körper als »gut« zu empfinden, bis ein Junge es in seine Arme nimmt. Es wird so wenig daran glauben, daß es den Jungen fragt, was an seinem Körper ihn besonders anzieht. Dem armen Jungen wird es die Sprache verschlagen. Es ist der Körper insgesamt, der sein Verlangen entfacht! Und selbst als Frau wird sie ihren Mann noch mit Fragen erstaunen: »Magst du mich lieber mit diesem Kleid oder mit jenem dort?«, als ob sie immer noch davon überzeugt wäre, daß ihr Körper wegen etwas anderem begehrenswert ist . . .

Sind vielleicht die Worte, die der Vater nicht gesagt hat, der Ursprung der weiblichen Störung? Immer wieder drückt sich Weiblichkeit in Worten wie diesen aus: »Sagt mir, warum ihr mich liebt . . .«, will sagen: »Macht das fehlende Verlangen meines Vaters aus dem Oralstadium wieder gut . . .«

## Was hat denn das hier mit dem Oralstadium zu tun?

In diesem Stadium beginnt eine körperliche, lustvolle Beziehung zwischen dem Kind und seinen Eltern. Das Neugeborene hat Bedürfnisse, Wünsche, Forderungen, und seine Eltern sind dazu da, darauf einzugehen. Sie nähren es, wickeln es, waschen es, halten es warm. Seine Bedürfnisse sind aber nicht nur physischer Natur, sie lächeln ihm auch zu, sprechen mit ihm, wiegen es, begehren es unbewußt – ja doch! All das gehört zum Wohlbefinden des Kindes. Es muß fühlen, daß es seinen ganz eigenen Platz in seiner Familie hat (es wurde gewünscht und erwartet) und seinen ödipalen Platz bei einem Elternteil. Es wird geliebt, anerkannt als Kind des Paares und mit seinem ganzen Körper geschätzt, einschließlich seines Geschlechts. Unbewußt gräbt sich all dies tief in ihm ein, selbst wenn es nur eine einzige Lust zu haben scheint, nämlich zu saugen.

Man muß sagen, daß die Lust zu saugen zu diesem Zeitpunkt die stärkste Lust ist, denn sie läßt die beim Austritt aus dem Mutterleib empfundene Leere verschwinden.

Diese Zeit oraler Hemmungslosigkeit, des sich Sättigens, des Wiederherstellens der Fülle, die etwa ein Jahr andauert, wurde von Freud *das Oralstadium* genannt.

Selbst später, wenn sich andere Bedürfnisse melden, wird die Reaktion der Eltern immer zweifach sein. Sie sind da, mit ihrem Bewußten, und sie geben dem Kind, was es erwartet und zusätzlich etwas anderes: das Unbewußte. Auf diese Weise nimmt das Kind, während es von seinen Eltern versorgt wird, nach und nach das, was in jedem Elternteil im Innern vorgeprägt ist, in sich auf. Dies ist der erste unbewußte Dialog, der später den Dialog mit Worten immer »unsichtbar« begleiten wird.

Hinter dem, was wir sagen, gibt es immer »etwas anderes«, etwas Gefühlsmäßiges, das nicht gesagt wird, das unser Körper aber verraten kann: eine Rötung des Gesichts, eine Art zu sprechen, indem man sich vor- oder zurückbeugt, eine großspurig in die Hüfte gestemmte Hand oder das Anfassen des Türgriffs, wie um fortzugehen ... Unsere Hände enthüllen unaufhörlich, was wir verbergen: geöffnete, anbietende Hände, geschlossene, ablehnende Hände, eine geballte Faust, die Wut unterdrückt. Unser ganzer Körper spricht so intensiv, daß das Dechiffrieren der Körpersprache gesellschaftlicher Zeitvertreib oder eine mehr oder weniger ernste Wissenschaft geworden ist: die Lehre von der Bedeutung bestimmter Haltungen, der Sinn von Gesten – unterhaltsame Tests für die Ferien ...

Wir werden uns weiterhin auf diese oder jene Weise bewegen, die Arme auf eine bestimmte Art kreuzen, so wie es bei uns angelegt ist: so antworteten wir unseren Eltern, als wir noch keine Worte zur Verfügung hatten. Jetzt hat sich die Gestik mit der Sprache verbunden, oder richtiger gesagt, die Sprache hat die Gestik überlagert. Die Gestik war zuerst da. Zuerst haben wir mit dem Körper kommuniniziert. Verlangen, ablehnen, anerkennen, das Kind macht es mit seinem Körper: Wenn es kein Fläschchen will, dreht es den Kopf weg; wenn es Hunger hat, sucht es die Brust mit dem Mund; wenn es nach Ihrer Gegenwart verlangt, beginnt es bei Ihrer Annäherung vor Freude zu strampeln, und wenn Sie es dann aufnehmen, spüren Sie seinen ganzen Körper, der sich Ihnen entgegenstreckt; wenn es von einer unbekannten Person nicht genommen werden will, versteift es sich auf dem Boden seiner Wiege. In dieser Epoche unseres Lebens *können wir nicht lügen,* unser Körper sagt die absolute Wahrheit über das, was wir fühlen.

Von den ersten Monaten unseres Lebens an, während des Oralstadiums, drücken wir unser Verlangen ohne logische Gedanken und ohne Worte aus, allein mit dem Körper.

Deshalb bleibt der Körper der Bezugspunkt für die »unbewußte« Wahrheit bei einem jeden von uns. Wir können noch so schöne Reden schwingen, unser Körper sagt manchmal etwas ganz anderes, wie es die Versprecher, Versehen und peinlichen Fehler zeigen. So die Frau, die aufsteht, um sich zu verabschieden, nachdem sie mir einen freundlichen Besuch gemacht hat, und die mir sagt: »Auf Wiedersehen, ich bin sehr zufrieden, daß ich Sie *nicht* besucht habe.« Sie hat ihren verbalen Irrtum nicht wahrgenommen, aber ich wußte, woran ich mich nach ihrem unfreiwilligen Besuch zu halten hatte.

## Wie kann man wissen, ob das Unbewußte unseres Kindes sich gut mit dem unseren verträgt?

Indem man auf die Sprache des Körpers achtet: Wenn Ihr Kind mit Appetit ißt, wenn es gut schläft, wenn es nur weint, um zu verlangen, wenn es strampelt, während es Sie erwartet, wenn es sich in Ihren Armen gehenläßt, dann ist der heimliche Dialog zwischen ihm und Ihnen ohne Zweifel *gut*. Wenn aber das Baby viel weint, wenig oder schlecht ißt, nicht zunimmt, sich versteift, wenn Sie es in den Arm nehmen, dann ist Ihr Kind vielleicht dabei, von einer medizinischen Hypothese einmal abgesehen, eine negative körperliche Antwort auf das, was Sie wollen, aufzubauen.
Der Dialog zwischen dem Unbewußten funktioniert spontan zwischen menschlichen Wesen; für ihn stehen die Gesten der Eltern und des Kindes. Deshalb ist es im Falle von Schwierigkeiten besser, wenn man bei dem Kind Erfolg haben will, eine Veränderung im Unbewußten von Vater oder Mutter anzustreben, einem Unbewußten, das sich durch gewisse Worte bemerkbar macht. Wenn das Kind sich ablehnend verhält, sollten die Eltern jemanden konsultieren, der ihnen hilft zu verstehen, was sie »insgeheim« wollen, jenseits aller Worte. Die Bewußtmachung »ihrer« heimlichen Erwartung kann eine tiefgreifende Veränderung bewirken, auf die das Kind so eingehen wird, wie es immer auf die Forderungen seiner Eltern eingeht, *mit seinem Körper.*
Wir kommen hier zum Verständnis der psychosomatischen Sprache des Kindes. Mit einer »unbewußten« Situation kon-

frontiert, peinigend und unmöglich auszudrücken, kann das Kind krank werden: Entzündung der Nasen- und Rachenschleimhaut, Magen-Darm-Katarrh, Fieber, Hautausschlag, Asthmaanfälle. Alle diese Krankheiten weisen beim Kleinkind auf ein schwieriges psychologisches Klima zwischen ihm und seinen Eltern hin. Es sind im übrigen die gleichen Krankheiten, die man immer dann im Leben des Erwachsenen wiederfindet, wenn er sich außerstande fühlt, eine für ihn beängstigende Situation zu meistern. Krank werden ist häufig ein vom Körper vorgeschlagener Ausweg, um die Seele vor einem unendlich viel schlimmeren Schaden zu bewahren.

Ein Kind, das es ablehnt, sich zu ernähren, bringt deutlich zum Ausdruck, daß es ablehnt, was seine Mutter will: ihre bewußte Forderung »Nimm doch endlich dieses Fläschchen, ich will, daß du lebst« ebenso wie die unbewußte »Ich will, daß du lebst, um stellvertretend das zu werden, was ich nicht gewesen bin«. Das Kind lehnt das Fläschchen manchmal ab, weil es »unbewußt« mit seinen ersten, im verborgenen sich bildenden Verknüpfungen dieses Fläschchen als *etwas anderes* wahrnimmt als nur einfache, dem eigenen Wohlbehagen dienende Nahrung. Besonders Mädchen fallen durch Ernährungsschwierigkeiten auf; indem sie sich gegen die Nahrung ihrer Mutter wehren, wehren sie sich gleichzeitig gegen deren »identifikatorischen Traum«, da dieser sie in eine Lage bringen will, die nicht ihre eigene ist. Wenn das Oralstadium für Mädchen mehr Schwierigkeiten mit sich bringt als für Jungen, dann ohne Zweifel deshalb, weil ihre Mütter sie ein gewisses Bild »aufnehmen« lassen wollen, das der »inneren Freiheit« widerspricht, die Kinder brauchen, um sich zu entwickeln. Jungen haben nicht die gleichen Schwierigkeiten: Ihre Mütter belasten sie nicht mit einem inneren Männerschema, da sie ein solches ja nicht haben.

Nur von einer Frau aufgezogen zu sein hat viele Frauenleben endgültig geprägt. Da sie es abgelehnt haben, irgend etwas vom *»Anderen«* in ihr Innerstes aufzunehmen, haben sie oft den Eindruck, *leer* zu sein; physisch ebenso wie psychisch, denn bei

der Reaktion auf die Mutter war im Anfang beides untrennbar miteinander verbunden.
Viele Frauen fahren fort damit, nicht zu essen oder sich zu übergeben, um, wie im Anfang, von dem Verlangen der Mutter »leer« zu bleiben; noch viel häufiger essen sie unaufhörlich oder in großen Mengen, um die innere »Leere« auszulöschen, die sie von Anbeginn an in ihrer Beziehung mit der Mutter empfunden haben.

**Bedeutet dies, daß die Schwierigkeiten der ersten Monate uns unser ganzes Leben lang begleiten?**

Ja, ein kleines Mädchen, das mit sechs Monaten eine »Flaschenanorexie« hat, kann leicht eine »frigide« Frau sein, die das Geschlecht des Mannes ablehnt, wenn sie zwanzig Jahre alt ist.
Ich versichere Ihnen, daß ich in meinem Büro kleine Frigide von drei Jahren erlebt habe! Sie lehnten schon jetzt alles ab, was von anderen kam. Sie hatten gelernt, dem Verlangen des anderen zu mißtrauen, weil sie das Verlangen ihrer Mutter ablehnten.
Diese kleinen Mädchen hatten nur eine, in ihrem Körper fest verankerte Antwort: *Nein!*

**Ist es nicht beeindruckend, zu erfahren, daß schon ein ganz kleines Kind endgültig in Opposition zu uns stehen kann, ohne daß wir den Grund kennen?**

Der Grund ist für die Augen der Eltern ganz und gar unsichtbar, da er in ihrem Unbewußten zu suchen ist. Meistens wird das Fläschchen wegen der mütterlichen Phantasien abgelehnt, die mit ihm in Zusammenhang stehen und die vom Kind verlangen, stellvertretend für seine Mutter »glücklich« zu sein, die selbst ein unglückliches Kind war und heute als

Mutter zu allem bereit ist, um eine glückliche Kindheit nachzuerleben, *über ihre Tochter.*

Übrigens, hat die Tochter nicht einen ganz direkten Weg gefunden, um ihrer Mutter dieses Glück zu verweigern? Die Mutter sagt betrübt: »Sie hat *mir* das Fläschchen nicht leergetrunken.« Die Eltern verstehen die Antwort, die die Körpersprache des Kindes auf ihr Verlangen gibt, besser, als sie es sich bewußtmachen können.

Sagen sie nicht im Hinblick auf eine Krankheit des Kindes, daß diese gegen sie gerichtet sei: »Es hat *uns* an jenem Abend 39 °C Fieber beschert«, als ob das Kind Fieber gehabt hat, um sie in Schwierigkeiten zu bringen? In manchen Fällen psychosomatischer Erkrankungen scheint das Kind mit den Nerven seiner Eltern zu spielen.

Eine kleine Grippe, ein kleines Fieber kommen häufig zu einem Zeitpunkt, an dem die Eltern sich ein wenig persönliche Freiheit nehmen, ganz als ob das Kind sie mit aller Gewalt bei sich festhalten will. Was die angeblich aus der Krippe oder dem Kindergarten mitgebrachten Krankheiten angeht, so signalisieren sie meistens eine wichtige psychologische Veränderung bei dem Kind.

Um Sie nicht in Ihrer schwierigen Elternrolle zu entmutigen, kann ich Ihnen immerhin sagen, daß ein Kind, das nie Schwierigkeiten zu bestehen hatte, keine Abwehrkräfte aufbauen kann und schutzlos den Widrigkeiten ausgeliefert ist, denen es eines Tages in seinem Leben begegnen muß.

Wir sind alle mehr oder weniger glücklich aus einer mehr oder weniger schwierigen Kindheit Gerettete. Es kann unmöglich anders zugehen angesichts jenes unsichtbaren Dritten, der sich zwischen den Eltern und den Kindern angesiedelt hat und der sich das *Unbewußte* nennt.

Freud entdeckte als erster diese von Kindheit an so wichtige Figur, die im Dunkeln sitzt und bei fast allen unseren Handlungen das Zepter führt. Er war auch der erste, der verkündete, daß der Elternberuf ein »unmöglicher« Beruf ist.

**Sie erzählen was vom Unbewußten, von Freud, vom Ödipus, unsichtbaren Phänomenen also, die die Sexualität des Kindes, dann die der Erwachsenen beeinflussen; hat denn das Kind kein eigentliches sexuelles Leben?**

Die Anfangssexualität des Babys ist vielgestaltig und bezieht sich nicht ausschließlich auf das Geschlecht. Während des Zeitraums von null bis fünfzehn Monaten, von dem wir gesprochen haben, geht jedes Vergnügen im wesentlichen über den Mund. Da jede Unterscheidung zwischen dem Guten und dem Schlechten durch ein Hinführen des Gegenstandes zum Mund vorgenommen wird, kann die von Freud beschriebene Oralphase von der Mutter leicht selbst erkannt werden.
Dies bedeutet nicht, daß das Kind keine anderen angenehmen Gefühle hat, wie die über den Gehör- oder Geruchssinn vermittelten oder Gefühle sexueller Art, aber sie erreichen in den ersten Monaten nicht die Intensität der »oralen Lust«. Nur sehr langsam erlangen andere lustbesetzte Zonen Bedeutung, und man muß bis zum Erwachsenenalter warten, bis das sexuelle Vergnügen einen bevorzugten Platz einnimmt. Beim Baby sind sexuelle Gefühle Empfindungen wie andere auch.
Die zweite Lustzone, die das Kind mit etwa fünfzehn Monaten entdeckt, ist der Analbereich, dessen Gefühle mit dem Passieren der Exkremente und den sie begleitenden Muskelkontraktionen verknüpft sind (wir werden noch sehen, daß es wie bei den Orgasmuskontraktionen die dem Anus und dem Geschlecht gemeinsamen Dammuskeln sind, die hierbei in Aktion treten). Da das Nervensystem des Kindes unterscheidungsfähiger wird, erlaubt dieses ihm, die analen Kontraktionen zu erkennen und sie zu beherrschen: es kann seinen Stuhlgang herauslassen oder zurückhalten, was ihm den Eindruck gibt, zum ersten Mal Meister seiner Lust zu sein. Und dann kommt da der andere, mit der Absicht, ihm dieses Vergnügen zu rauben, indem er dazu auffordert, es auf Befehl zu tun! Wir kennen dieses Spielchen des Kindes, das gezwun-

gen wird, eine halbe Stunde auf dem Topf zu sitzen, ohne dort etwas zu machen, das dann, kaum daß die Hosen angezogen sind, sein Geschäft seelenruhig erledigt, uns dabei ins Gesicht schaut, als wolle es sagen: »Siehst du, das ist *mein Vergnügen! Nicht deins!* Wenn du wüßtest, wie schön das ist, mit dieser Wärme um mein Geschlechtsteil herum! Das habe ich so gern!« Später, wenn das Gefühl aufhört, angenehm zu sein, dann will es, daß es gewindelt wird, ja, dann will es auch noch, daß Mama ihm mit Vergnügen den Po saubermacht . . .
Merkwürdig, das kleine Mädchen, das manchmal solche Schwierigkeiten hat, sich zu ernähren, ist überhaupt nicht schwierig, wenn es um die Erziehung zur Sauberkeit geht. Es verzichtet schnell auf das anale Vergnügen, um die Wertschätzung seiner Mutter zu gewinnen. Da es den guten Willen und die Liebe der Mutter allem anderen vorzieht, macht es ihr das Geschenk, das »sie« verlangt, bereit, leer zu werden, leer von allem, was sein eigenes Verlangen war, um sich mit der Lust des anderen zu füllen. Hier erkennen Sie ein typisch weibliches Verhalten: sich über den Genuß des anderen freuen und den eigenen opfern.

**Es ist schon merkwürdig, daß die ursprüngliche, scheinbar so ruhige Mutter-Tochter-Beziehung ein aus dem Unbewußten geknüpfter Knoten ist, der für lange Zeit auf das Leben nachwirkt.**

Lange Zeit? Immer!
Die Frauen, die auf der Couch von ihrer *Leere* berichten, sprechen von einem alten Gefühl aus der oralen Zeit, in der sie, um die Träume der Mutter zurückzuweisen, alles ablehnten, was von ihr kam und was in sie hineingefüllt werden sollte. Sie haben also die Leere gespürt, immer, außer wenn sie sich Nahrung zuführten. Deshalb »knabbern« die Frauen den lieben langen Tag lang, werden eß- oder magersüchtig, wegen einer

inneren Leere, die heute unmöglich ausgefüllt werden kann und aus der es auch keinen Ausweg gibt. Für Magersüchtige ist es unmöglich, aus der Leere herauszukommen, weil sie die Abwehr gegen die anderen darstellt, die immer Gefährlichen, wie damals die Mutter mit ihrem Traum. Für die Magersüchtigen ist die Fülle voller Gefahren.

Warum sprechen nie Männer mit mir über diese *Leere?* Weil sie sie nicht erfahren, weil sie sie im Oralstadium nicht kennengelernt haben, weil ihre Mütter ihnen wegen ihres Geschlechts die Erneuerung ihres Frauenlebens nicht aufbürden konnten. Kleine Jungen verweigern das Fläschchen nicht, sie sind eher heißhungrig, begierig, ihren leeren Magen zu füllen!

Das Fläschchen vom Vater zu bekommen wäre vielleicht die Rettung für manches kleine Mädchen. Einmal erwachsen, würden sie vielleicht nicht mehr so schreckliche Dinge sagen wie:

»In der Mitte bei mir, da ist nichts . . . Ich bin leer . . .«

»Ich rede und rede, um meine *Leere* zu verbergen.«

»Ich habe meinen Körper meiner Mutter überlassen, ich habe nur den Kopf behalten . . .«

»Meine Mutter hat mir meine Kindheit *gestohlen,* und jetzt bin ich *leer.*«

Die Frauen beklagen sich über Langeweile, Einsamkeit, mangelndes Verständnis viel häufiger als die Männer, aber sie sind ja auch seit so langer Zeit leer und allein . . . Und um das Unheil abzuwenden, suchen sie sich nützlich zu machen, für andere nützliche Dinge zu *tun.* Die Frauen lieben es zu helfen. In dem Maße, in dem sie etwas Sichtbares zustande bringen, sagt ihnen ihr Kopf, daß sie im Inneren nicht leer sind. Ach, wie sind doch die Wege der Frau kompliziert, die etwas mit ihrem Kopf beweisen will, was sie nicht in ihrem Körper fühlt! Kann denn das im Bett gelingen? Dem anderen etwas geben, kann das denn etwas anderes sein als ein nur moralischer »Genuß«?

Hier haben Frauen häufig ein *wahres* Problem: Ihr Kopf und ihr Körper haben sich vor allzu langer Zeit getrennt, sie

schaffen es nicht mehr, ihr eigenes Puzzle wieder zusammenzufügen. Sie kennen nur die eine Hälfte. Die andere ist bei ihrer Mutter geblieben. Oft muß alles wieder von vorne aufgenommen werden, mit einer Analytikerin. Es gilt, die Reise noch einmal zu versuchen, mit jemandem, der nicht »fordert«, nicht erwartet, nicht zurückweist.
Die Frau ist versucht, die Haut zu wechseln, weil sie seit langem weiß, daß sie sich in der ihren nicht wohl fühlt und auch nicht in ihrem Körper. Die Frauen fühlen sich nur in ihrem Kopf wohl. Es ist der einzige Ort, an dem sie als sie selbst existieren können . . . Warum sagt man ihnen immer das Gegenteil?

## Aus gynäkologischer Sicht

Das kleine Mädchen beginnt seinen Weg als Mädchen an dem Tag, an dem es gezeugt wird, an dem die mütterliche Eizelle sich mit dem väterlichen Spermatozoon trifft. Die in der Eizelle vorhandenen Chromosomen sind immer vom XX-Typ, dagegen sind die im Spermatozoon befindlichen vom Typ X oder Y. Die mögliche Geschlechtsvariation wird vom Geschlechtschromosom Y des männlichen Spermatozoons eingebracht, aber es ist die weibliche Eizelle, die ein Spermatozoon unter allen anderen auswählt, und entsprechend dieser Begegnung ist die neugeschaffene Zelle entweder vom Typ XX und damit der Ursprung eines Mädchens oder vom Typ XY. Dann wird es ein Junge.

Vom ersten Augenblick der Befruchtung an ist also das Geschlecht der Person bestimmt, aber es verstreichen drei Monate, bevor der Genitalhöcker auf dem Embryo erscheint und sich in Form eines Penis oder einer Vulva entwickelt: Mit vier Monaten kann man mit der Ultraschalluntersuchung das Geschlecht erfahren.

Mädchen wie Jungen können mit geschwollen erscheinenden Geschlechtsteilen geboren werden: Ausgelöst wird diese sog. »Genitalkrise des Neugeborenen« durch eine hormonale Durchdringung des Babykörpers mit den mütterlichen Hormonen. Sie kann sogar in der Brust des kleinen Mädchens einige Tropfen Milch erzeugen. Dieser hormonale Druck verliert sich sehr schnell, weil das Kind mit dem Blut der Mutter nicht mehr direkt verbunden ist.

Bei der Geburt ist der Körper des kleinen Mädchens vollständig: Vulva, Vagina, Uterus, Eileiter und Eierstock sind in Miniaturform ausgebildet.

Der Eingang zur Vagina weist einen Unterschied zu dem der Erwachsenen auf, wegen des dort vorhandenen Hymen, einer Art sehr feiner Membran, die den unteren Teil der Vaginaöffnung verdeckt und schützt. Das vorhandene oder fehlende

Hymen erlaubt es, zwischen einem jungfräulichen Mädchen und einem Mädchen zu unterscheiden, das es nicht mehr ist. In einigen Kulturen spielt dies im Augenblick der Heirat immer noch eine sehr wichtige Rolle. In unseren moderneren Ländern kommt der ersten Penetration, wenn sie nicht durch eine Vergewaltigung bewirkt wird, keine besondere Bedeutung zu ...

Es ist wichtig zu wissen, daß das kleine Mädchen schon bei seinem Eintritt in diese Welt über ein Kapital von vierhunderttausend Ovozyten oder zukünftigen Eizellen verfügt und daß aus diesem Geburtsvorrat alle Eizellen stammen, die im Verlauf der Monatszyklen während des gesamten Geschlechtslebens einer Frau zur Reife gelangen (um vierhundert bis fünfhundert zwischen dem fünfzehnten und dem fünfzigsten Lebensjahr).

Da die Vulva des kleinen Mädchens sehr reich an empfindlichen Nervenenden ist, wird alles, was die Eltern bei der Säuberung des Babys mehrere Male täglich tun, als sinnliche Lust empfunden, die mit den Eltern oder mit denjenigen verbunden ist, die sich mit dem Kind beschäftigen.

Es genügt zu sehen, wie heftig das kleine Mädchen auf dem Wickeltisch strampelt und dabei seine großen Schamlippen reibt, eine gegen die andere, oder den kleinen Jungen, wie er beim Auspacken sein erigiertes Geschlecht zeigt, um zu verstehen, daß das Geschlechtsteil vom ersten Jahr an ein Sitz recht starker Erregung ist. Manche Frauen in Afrika beruhigen ihre Kinder, indem sie ihnen leicht das Geschlecht streicheln.

Sexuelle Lust ist also ein *passives* Vergnügen, das das Kind sich nicht selbst zu geben weiß und das vollkommen vom guten Willen des *anderen* abhängt.

Die einzige *aktive* Reaktion des Kindes in diesem Alter ist *oral:* Jedes Objekt, das in die Nähe kommt, löst den Reflex aus, den Mund zu öffnen, um zu saugen oder einfach nur um zu erfahren, ob es ein Objekt zum Saugen oder zum Beißen ist (wenn es Zähne hat, etwa vom vierten Monat an).

*Wir halten fest:*
Während des ersten, oralen Jahres ist die sexuelle Lust *passiv.* In diesem Punkt, wie bei fast allen anderen, ist das Kind von seinen Eltern abhängig. Sie sind die Auslöser für die Lust des sexuellen Streichelns, die später zur Masturbation führt.
Diese Lust ist nicht klar auf das Geschlecht bezogen, es ist eine Lust, die mit der Person des Elternteils verschmolzen ist. Bis etwa zum achten Monat lebt das Kind also mit seinen Eltern »verschmolzen«: Es nimmt alles auf, was von ihnen kommt, es lebt in Symbiose mit ihnen und teilt ihre Gemütsregungen. Deshalb sind die Gefühle der Erwachsenen in der Umgebung des Babys von allergrößter Bedeutung. Dank der Weiterentwicklung seiner Nervenverknüpfungen unterscheidet es vom Alter von acht Monaten an die nahestehenden Personen von allen anderen, die es ablehnt. Es nimmt *sich* selbst als allein wahr oder als in Gemeinschaft mit einer geliebten Person. Lassen Sie es während dieser Zeit (von etwa acht bis zwölf Monaten) nie in unbekannter Umgebung, warten Sie, bis es Sie benennen und man mit ihm von Ihnen sprechen kann, bevor Sie an eine längere Abwesenheit denken.

Kapitel 2

# Das Leben des kleinen Mädchens

Es ist fünfzehn oder achtzehn Monate, es ist unabhängig, denn es kann laufen. Nachdem es so lange Sklavin des Wollens des anderen war, ist es nun so sehr unabhängig, daß Sie manchmal Mühe haben, daß es ihnen gehorcht. Allem wird mit einem energischen Nein begegnet, das mit einem Schütteln des Kopfes ausgedrückt wird, wenn es nicht in Worte gefaßt wird. Die Freude aber, mit Ihnen zusammenzusein, etwas mit Ihnen zu *machen,* wird es meistens dazu bringen, die Oppositionshaltung aufzugeben, die vor allem Ausdruck seiner eigenen Freiheit gegenüber Ihrer Forderung war.

Es gibt *allzu* brave kleine Mädchen, die da bleiben, wo man sie hinsetzt, zwei Meter von ihrer Mutter entfernt, auf ihren Fingern herumkauend, auf einer Haarsträhne oder vielleicht einem alten Stück Tuch, das sie immer bei sich haben. Solche Mädchen zögern, die Zeit der symbiotischen Verbindung mit dem *anderen* (dem Elternteil) aufzugeben. Sie haben so sehr Angst, diese Verbindung zu verlieren, daß sie nicht wagen, zu agieren, sich selbst zu entdecken, sich für das zu interessieren, was sie umgibt. Sie sind durch die Schuld des Erwachsenen dahin geraten, der das Streicheln, die Regression bevorzugte und der zu sehr seine Angst fühlen ließ, daß das Kind sich weh tun könnte. So hat das Kind die Gewohnheit angenommen, nicht zu *handeln,* und begnügt sich damit, den anderen beim tun der Dinge zu beobachten, von denen man ihm »gesagt« hat, daß sie gefährlich für es seien.

Lassen Sie sich in diesem Lebensalter Ihres Kindes nicht dazu verleiten, übertrieben die Gefahren zu fürchten, die da lauern könnten. Ihre Besorgnis kann seine *Angst* begründen, die dazu führt, daß es ein erloschenes Kind wird, passiv, ohne Neugierde, mit schlummernder Intelligenz, dabei ist genau das Gegenteil notwendig, um erwachsen zu werden.

Erklären Sie Ihrem Kind die Gefahr, indem Sie sie ihm zeigen, anstatt zu verbieten, lassen Sie es sehen, wie man die Dinge anfassen muß, zeigen Sie ihm, wo es sich verletzen kann, bringen Sie ihm bei, wie man ganz allein mit den Füßen, den Händen und dem Po auf einen Stuhl steigen oder über drei Stufen gehen kann. Das Kind muß zuallererst *Vertrauen* zu sich selbst finden und nicht Ihre *Angst* kennenlernen.

Sie müssen wissen, daß Sie für den Grad seiner Neugier, also für seine zukünftige Intelligenz verantwortlich sind, selbst wenn es noch kein Wort spricht: Es überlegt, was es tun will; entweder versucht es, es auszuführen, oder es wird in seinem Vorhaben gestoppt, weil es denkt: *Gefahr,* und darum bleibt es da, willensschwach, in der Erwartung, daß man kommt, um es von seinem Stuhl herunterzuholen oder es die Treppe heraufzubringen. Natürlich muß man vernünftig sein: Es gibt Dinge, die Ihr Kind riskieren kann, und andere, die unbedingt verboten sind (Elektrizität, Messer, Stricknadeln, Bügeleisen, Gas usw. . . .). Auch den Erwachsenen sind gewisse Dinge verboten. Es geht einfach nur darum, dem Kind nicht *alles* zu verbieten, bloß um es physisch *unversehrt* zu erhalten. Dabei bestünde Gefahr, es psychisch einzuschnüren oder zu amputieren. Eltern müssen sich immer zwischen zwei Polen bewegen: der wirklichen Gefahr und unserer eigenen, allzu häufig neurotischen Angst.

Kleine Mädchen werden übrigens als wesentlich vernünftiger angesehen als kleine Jungen . . .

**Das stimmt, aber woher kommt das?**

Weil es, wie wir schon gesehen haben, sein Hauptziel ist, sich die Liebe der Mutter zu deren Bedingungen zu erhalten, ihr also nicht zu mißfallen, und ihren Verboten Folge zu leisten.
Ein kleines Mädchen beobachtet, bevor es etwas ausführt, das Gesicht seiner Mutter, und es sieht an ihrem Ausdruck, ob eine Sache erlaubt ist oder verboten. Später sagt man dann, daß Frauen intuitiv seien und wunderbar in den Gesichtern der anderen lesen könnten . . . Nicht weiter erstaunlich, denn sie haben ja in den ersten Jahren der Bildung des Unbewußten nichts anderes getan!
Mitunter langweilen sich kleine Mädchen, und dann fragen sie ihre Mutter: »Was soll ich spielen?«, und die Mutter, mit ihrem Erwachsenenkopf, wählt für das Kind ein Spiel aus! Dies ist eine Verkehrung der Rollen, eine Verkehrung des Normalen, denn eigentlich hat das Kind sehr viel mehr Ideen als der Erwachsene.

**Was ist denn für Sie ein »normales« kleines Mädchen?**

Es ist das Mädchen, auf das man am häufigsten trifft. Das nach seinen eigenen Wünschen lebt und wütend wird, wenn man ihm den Weg versperrt . . . Glauben Sie aber nur nicht, daß dieses kleine Mädchen nicht mit seiner Mutter kämpft . . . Im Gegenteil, ein Kind, das im Alter zwischen fünfzehn Monaten und drei Jahren nicht gegen seine Eltern opponiert, würde damit schon jetzt von einem tiefsitzenden Desinteresse an seinen eigenen Wünschen zeugen, was für die Zukunft beunruhigend wäre . . . Die Zukunft des Erwachsenen ist aber ein ständiger Kampf. Man kann sich in diesem Zusammenhang fragen, ob dies – seit wir immer weniger Kinder in die Welt setzen – nicht so ist, weil wir mit ihnen zu nachsichtig geworden sind und weil wir vor allem von ihnen geliebt werden wollen, so daß sie, wenn sie dann ins Erwachsenenalter kommen, nicht zu kämpfen wissen und es auch nicht wollen. Sie sind es nicht gewohnt zu kämpfen, um etwas zu erreichen, denn wir haben ihnen von vornherein alles gegeben . . . Es gibt sogar solche, die zugeben, keinen Wunsch zu haben, keine besondere Vorliebe für nichts und somit auch keine Vorstellungen über ihren zukünftigen Beruf und ihre Ausbildung.

Erinnern wir uns, daß das kleine Mädchen jegliche Aktivität mit Imitation beginnt: »machen wie«, um zu »werden wie«, und wieder zum Anderen zurückkehren, das möchte ein zweijähriges Kind: zum Anderen zurückkehren, nicht mehr als Schmusekätzchen wie früher, sondern auf aktive Weise.

Das kleine Mädchen, sobald es sich fortbewegen kann, zunächst auf allen vieren, dann auf seinen Beinen (keine Fortbewegungsart ist richtig oder falsch; es ist ein Sieg für das Kind, dem Erwachsenen *folgen* zu können – egal auf welche Weise, auch wenn die Hosen dabei leiden), versucht, alles zu erwischen, was in seiner Reichweite ist, alle die Gegenstände, mit denen es so lange gelebt hat, ohne sie »nehmen« zu können, das heißt, sie mit den Händen zu greifen und zum Mund zu führen. Mit dem Mund läßt sich nämlich in diesem Alter am schnellsten erfassen, was gut oder schlecht ist.

Ein Kind von fünfzehn Monaten macht alle möglichen »Dummheiten«, wie der Erwachsene sagt. Es ergreift die Dinge ungeschickt, da es weder ihr Gewicht noch ihre Form kennt. Es läßt fallen, was es anfaßt, es fällt manchmal selbst hin, stößt um, es läßt Flüssigkeit überlaufen. Es hat weder ein Raumgefühl noch einen Sinn für Inhalt, aber genau das entdeckt es ja gerade, mit seinen eigenen Mitteln.

Wenn Sie mit einem Kind dieses Alters einen Moment Ruhe haben wollen, dann setzen Sie es in eine kleine Wanne seiner Größe, füllen Sie sie mit Wasser, und stellen Sie sie wegen des Überlaufens in die große Badewanne oder, im Sommer, auf den Balkon, den Hof oder in den Garten. Geben Sie dem Kind einige kleine Plastikbehälter oder sogar nur ein paar kleine

Löffel: Es wird eine lange, lehrreiche Zeit damit verbringen, die Behältnisse zu füllen und sie zu leeren. Beim Laufen des Wassers, beim Füllen und Leeren, lauscht das Kind, beobachtet, fängt wieder von vorne an und macht dabei eine außergewöhnliche Erfahrung, die der bekannte Psychologe Piaget* beschrieben hat: Das Kind stellt fest, daß der Behälter in seiner Hand bleibt, wenn das Wasser ausgegossen ist, und lernt so, daß man einen Teil von etwas hergeben und den Rest behalten kann. Auf psychologischer Ebene begreift das Kind, daß es seiner Mutter etwas von sich »geben« kann, ohne deshalb vollständig zu verschwinden (eine wichtige Feststellung zu einem Zeitpunkt, an dem die Mutter beginnt, von ihm zu verlangen, etwas dahin zu »machen«, wo sie es will).

Das kleine Mädchen – wie im übrigen der kleine Junge gleichen Alters genauso – muß, wenn es dem Erwachsenen etwas gibt, Sicherheit haben, es muß sich bewußt werden, daß es mit den Exkrementen nicht auch selbst verschwindet. Am Anfang ist alles miteinander verwoben: das Wasser, der Behälter und das Kind, aber nach und nach löst sich jeder Teil vom anderen. Das Kind begreift schließlich, daß es jetzt Herr ist über Wasser und Behältnis. Es ist zufrieden darüber, sie zu beherrschen, und es wird ebenso zufrieden sein, den Drang, Pipi zu machen, zu beherrschen, zufrieden zu warten oder andere warten zu lassen.

In bestimmten Momenten, z. B. wenn es verängstigt ist, vermischt sich wieder alles, und es weiß nicht mehr, wer bestimmt, es selbst oder das Bedürfnis, Pipi zu machen. So verlangt es immer wieder, auf den Topf zu gehen, obwohl es gerade von da kommt. Beunruhigen Sie sich nicht, es ist die Einübung dessen, was man Selbstkontrolle nennt, und sie besteht darin, sich selbst von den Dingen unterscheiden zu können.

* Jean Piaget, *Six études de psychologie, Folio.*

Kleine Mädchen lieben auch ein anderes Spiel sehr, bei dem sie Gegenstände hinter sich herziehen, die Lärm machen: Waren sie nicht selbst das Objekt, das man zog und das folgte? Jetzt »ergreifen« sie die Macht über den Gegenstand und lachen, sie lachen! Sie schieben den Stuhl gegen die Tür, so daß Eltern weder hinein- noch hinauskönnen. Schimpfen Sie nicht, Ihre Tochter erlernt ihre Macht über einen Stuhl und über Sie ... Erziehung ist die lange Geschichte von Macht, die zwischen Ihnen und Ihrem Kind hin- und herwechselt, dabei nimmt die Macht des Kindes nach und nach zu, in dem Maße, wie Sie sie akzeptieren und sie nicht systematisch und gängelnd unterdrücken, wenn sie sich zeigt ... Nach einigen Minuten Spiel, während der Sie sich vom Kind »behindern« lassen, haben Sie jede Handlungsfreiheit zu sagen, daß Sie zu Ende gespielt haben und Sie jetzt woanders hingehen müssen.

Mit solcher Erprobung von Macht an Ihnen erholt sich das Kind von seiner langen oralen Sklaverei. Das kleine Mädchen zeigt dabei eine geradezu überbordende Aktivität. Es muß, sehr viel mehr als der Junge, *tun, tun,* wie es seine Mutter *tun* sieht. Für das kleine Mädchen bedeutet »weiblich sein«, gewisse Dinge zu tun, die auch die Mutter tut. Das kleine Mädchen, das ohne körperlichen Kontakt mit seinem Vater lebt, hat nicht die unbewußte Bestätigung erfahren, daß sein Körper einen interessanten Unterschied aufweist, und seine Mutter, die es so oft gewickelt, saubergemacht, masturbiert hat (ohne es zu wissen), hat mehr an die Sauberkeit als an die Sexualität gedacht! Wenn das kleine Mädchen, frei auf dem Wickeltisch, energisch strampelt, so hat seine Mutter seit langem die Wirkung vergessen, die das Strampeln erzeugt ... Und wenn das kleine Mädchen seine Hand »da« hintut, beeilt sich die Mutter, sie dort wegzunehmen, wortlos oder mit der Erklärung »Nein, das tut man nicht« oder noch schlimmer: »Kleiner Schmutzfink! Willst du deine Hand da wegnehmen!« Das kleine Mädchen versteht die Worte nicht, aber es versteht den Ton ... Es tut es nicht mehr ... Es wagt es nicht mehr, wenn es zur Folge hat, daß ihm auf die Finger geklopft wird. Die Sexualität des kleinen Mädchens ist weniger »erlaubt« als die des kleinen Jungen, weil dessen Äußerungen offensichtlich sind – die Mütter können die Erektion ihrer männlichen Babys beim Windelwechseln nicht leugnen –, während man wegen der Lage der Geschlechtsteile des kleinen Mädchens so tun kann, als gäbe es sie überhaupt nicht, denn sie sind ja unsichtbar.

**Aber die meisten Mütter sprechen doch inzwischen mit ihren Kindern über Sexualität!**

Sexualität gehört zum Leben eines Kindes, lange bevor es sprechen kann. Durch das Fehlen des Ödipus mit dem Vater und die Aberkennung der Sexualität durch die Mutter hat ein Mädchen es später besonders schwer, seine Geschlechtlichkeit zu »schätzen«, wie es notwendig wäre ... Dieser Teil des Körpers wird für viele Mädchen »schandbar« bleiben und die Lust, die man daraus ziehen kann, verwerflich ... Die Mehrzahl der Untersuchungen bei den Frauen zeigt deutlich, in welch hohem Maße Selbstbefriedigung für sie tadelnswert ist.
Wenn man sich doch nur an einen Satz des ersten Psychoanalytikers erinnern würde! Freud hat in bezug auf die Mütter geschrieben: »Der Verkehr des Kindes mit seiner Pflegeperson ist für dasselbe eine unaufhörlich fließende Quelle sexueller Erregung und Befriedigung von erogenen Zonen ... Die Mutter würde wahrscheinlich erschrecken, wenn man sie darüber aufklärte, daß sie mit all ihren Zärtlichkeiten den Sexualtrieb ihres Kindes weckt und dessen spätere Intensität vorbereitet ... Sie erfüllt nur ihre Aufgabe, wenn sie das Kind lieben lehrt: es soll ja ein tüchtiger Mensch mit energischem Sexualbedürfnis werden ...«*

* Sigmund Freud: *Drei Abhandlungen zur Sexualtheorie,* S. 124 f.

Sagen Sie mir mal, was Sie getan haben, damit Ihre Tochter zu einem erfüllten Sexualleben fähig wurde. Sind Sie nicht eher im gegenteiligen Sinn tätig geworden?

**Daran dachte ich gewiß nicht, wenn ich meine kleine Tochter saubermachte . . . Ich hätte mich geschämt . . . Und ich hätte nicht so früh Sexuelles mit ihr treiben wollen!**

Es gibt kein Zufrüh für die Masturbation eines Kindes! Jede Mutter, die ihr Kind sauberhalten will, ist doch verpflichtet, sein Geschlechtsteil zu berühren, zart und angenehm für das Kind!

Sie selbst bringen Ihrem Kind die Selbstbefriedigung bei. Sie beginnt beim ersten Windelnwechseln, wenn Ihr Kind nichts sieht, nichts weiß, aber schon sein Geschlechtsteil »spürt«, das Sie erregt haben, ohne es zu wollen. Ihr Kind wird sich niemals so viele Male täglich masturbieren, wie Sie es getan haben. Verschließen Sie nicht Ihre Augen davor, wenn Sie wollen, daß Ihre Tochter Sexualität positiv erlebt. Sie müssen wissen, daß an dem Tag, an dem sie sprechen und Ihnen Fragen stellen kann, ihr Körper die Freuden des »Sich-Berührens« schon eine Ewigkeit kennt. Es ist also *dringend* notwendig, ihr die Wahrheit über das zu sagen, was sie besitzt. Mit einem Mädchen muß man über seine *Klitoris* sprechen, die es nicht sehen kann. Sie mögen es »Knöpfchen« nennen, »Mädchen-Zipfelchen«, was immer Sie wollen, aber es ist unvorstellbar, sich auf dieses Gebiet nicht ebenso einzulassen wie auf alle anderen. Ihr Kind hat lange Zeit die Lampe gesehen, die am Abend leuchtet, und eines Tages will es wissen, warum es damit hell wird, was sie strahlen läßt, wie sie funktioniert. Es ist nicht leicht, ihm das Wesen der Elektrizität zu erklären. Dennoch antworten Sie ihm mit einer mehr oder weniger wissenschaftlichen, einer mehr oder weniger poetischen Erklärung, aber sie weichen der Frage nicht aus. Sonnenauf- und -untergang, sind sie leicht zu erklären? Dennoch haben wir versucht, das zu tun. Warum sich dann also auf sexuellem Gebiet nicht ebenso verhalten, wenn wir doch wissen, daß ein Kind »Gefühle« hat, seit seiner Geburt?

**Sie wissen doch aber, daß es uns selbst peinlich ist, mit unseren Töchtern über diese Dinge zu sprechen. Man kann ihnen doch schließlich nicht eine Gebrauchsanweisung zur Selbstbefriedigung im Alter von zwei Jahren geben!**

Ich sage es Ihnen noch einmal, Sie haben ihnen mehr als eine Gebrauchsanweisung gegeben. Sie haben ihnen ständig diese vermittelt. Und die bleibt: Das Kind löst Sie in dem Moment ab, in dem Sie es nicht mehr tun. Wenn das kleine Mädchen sauber ist und keine Windeln mehr braucht, werden Sie sehen, wie es seine Hand an sein Geschlecht legt, ebenso natürlich, wie es sich mit der Hand durch die Haare fährt oder seinen Mund berührt, aber dort unten läßt es sie ein wenig länger, einfach weil es angenehm ist und weil es an den beruhigenden Kontakt mit den Händen der Mutter erinnert . . . Es ist eine rasch vorübergehende und mehr zufällige Selbstbefriedigung, die sich eher aus den Umständen ergibt als aus einem echten Bedürfnis. Im übrigen führt sie nur zu einer kleinen körperlichen Entspannung, die Orgasmusfähigkeit stellt sich erst mit der Pubertät, durch Hormone ein.
Die Mutter oder der Vater werden gut daran tun, solche Handlungen ihrem Kind nicht zu untersagen, wenn sie wissen, daß Verbote dieser Art bei der Bildung des Unbewußten eine sexuelle Blockierung bewirken können, mit einer auf das Sexuelle bezogenen Schuldvorstellung. Da wir während unseres Sexuallebens als Erwachsene meistens darauf angewiesen sind, uns von unseren Partnern streicheln zu lassen, ist es sehr wichtig, daß diese Geste nie eine unangenehme Erinnerung heraufbeschwört. Es muß also für das Kind »angenehm« blei-

ben. Die einzige Beschränkung in dieser Sache sollte die Wahrung der Intimität betreffen: Man spielt nicht mit seinem Geschlechtsteil in der Öffentlichkeit!

Das Kind streichelt sich spontan, jedesmal wenn es nackt ist: beim Entkleiden, Baden, auf dem Topf usw. Auch beim Schlafengehen streichelt das Kind sich gerne, denn häufig braucht es vor dem Einschlafen eine Beruhigung, und die Masturbation wirkt beruhigend, weil sie an eine Vertrauenssituation mit der Mutter erinnert.

Masturbation geschieht nicht immer mit der Hand, viele Stellungen und Schaukelbewegungen können beim Mädchen wohlige Gefühle der Klitoris und der großen Schamlippen hervorrufen.

Selbst beim Erwachsenen behält die Masturbation ihre Bedeutung als *beruhigende* Lust, die man sich selber geben kann. Das ist nicht schlimmer als zu essen oder ein gutes Glas Wein zu trinken, um sich seelisch wieder aufzubauen . . . Die Masturbation darf die Eltern nicht beunruhigen, solange sie nicht zwanghaft, das heißt ständig nach rückwärts gerichtet ist. Sie *ist Teil des Lebens,* ebenso wie die Nahrung oder die Ausscheidungen.

**Das zu akzeptieren ist aber nicht einfach!**

Und doch entspricht es der Wirklichkeit! Von Geburt an, beginnend beim Verdauungstrakt, der, wenn er leer ist, durch Nahrung beruhigt werden muß, erlebt das Kind seinen Körper, die verschiedensten Lustempfindungen, und nach und nach lernt es, zwischen unterschiedlichen Lustmöglichkeiten zu wählen: Die sexuelle Lust ist ein Teil davon.

**Ist Sexualität Ihrer Meinung nach im Leben des Kindes immer gegenwärtig?**

Ganz gewiß, aber man hat es schwer, Eltern dazu zu bringen, dies anzuerkennen. Sie machen sich nicht klar, daß ihr Schweigen, wenn das Kind sie zur Sexualität befragt (man neigt dazu, immer dem Kind die Initiative zu überlassen), schwerwiegende Folgen haben kann, weil so zwischen dem Kind und den Eltern eine verbotene Zone entsteht, zu der noch andere Themen gehören werden als nur die Sexualität. Wegen ihrer Weigerung zu antworten wird das Kind zu dem Schluß kommen, daß es Sachen gibt, die man besser ignoriert, und es wird es sich später selbst versagen, in der Schule bestimmte Dinge zu begreifen, die ihm nicht einleuchtend erscheinen. Die sexuelle Thematik, zusammen mit der des Todes, ist der Bereich, in dem Psychoanalytiker am häufigsten den Ursprung eines intellektuellen und schulischen Versagens finden.

Weder das Kind noch das Wissen können sich in Stücke teilen. Die Eltern, die »Geheimnisse« säen, werden »Lücken« ernten, das ist vollkommen logisch. Entweder ist das Kind gewöhnt, mit Hilfe seiner Eltern alles zu verstehen, oder es findet sich damit ab, an verschlossene Tore zu schlagen. Dies beeinflußt später sein Verhalten in der Schule: Entweder es dringt zu allen Kenntnissen vor, oder es bleibt vor dem Tor; entweder es versteht alles oder nicht. Das Kind ist nämlich ein *Ganzes,* aber leider kennen diese Wahrheit nur wenige.

Falls Sie es ablehnen, Ihrem Kind auf eine seiner Fragen zu antworten, geht diese Frage nicht nur nicht verloren, sie wird das ganze Feld des Nachdenkens besetzen: Der Teil blockiert das *Ganze.* Wundern Sie sich nicht, daß Ihr Kind zerstreut ist, auf dem Mond, »weggetreten« . . .

Im übrigen wird ein Kind, dem gegenüber man sich geweigert hat zu »sprechen«, zu »tun« fortfahren, um eine andere Lösung für das zu finden, was es nicht versteht. Dies ist der Fall bei dem kleinen Mädchen, das aus der Reaktion seiner Mutter eine

eindeutig moralische Orientierung herausfühlt, die seine Fragen gar nicht richtig beantwortet. So spielt es weiter still für sich »damit«, wenn seine Eltern nicht da sind.
Dann finden sie es zu ihrer Überraschung mit einem Gegenstand in seiner Vagina, dabei erwarteten Sie, daß es diese Stelle nicht kennt. Es geht übrigens mit seinen Ohren oder seinen Nasenlöchern genauso um, nur sind diese anerkannt und werden benannt, die Vagina aber nicht.
Das Mädchen hat entdeckt, daß es »da« ein Loch hat, aber weil dieses »da« zum Tabu wurde, kann es darüber nicht sprechen. Wie soll es dann, wenig später, mit etwa fünf, sechs Jahren, zu Ihnen kommen, um Ihnen zu sagen, was die kleinen Jungen aus dem Viertel mit ihm machen, oder schlimmer noch, der Voyeur oder der Exhibitionist von nebenan? Die Eltern selbst haben den Weg für dieses Sprechen verbarrikadiert . . . Viele Leute sind betroffen von dem radikalen Schweigen des kleinen, dann des jungen Mädchens, schließlich der Frau, selbst dann, wenn sie eine schwere sexuelle Kränkung erlitten haben!

**Das ist sehr merkwürdig, weil doch weitgehend Bereitschaft besteht, darüber zu sprechen, besonders im Fall von Vergewaltigung.**

Man kann sich nicht darüber wundern, daß jemand unfähig ist, über etwas zu sprechen, worüber man bis dahin mit ihm nie gesprochen hat. So geht es dem kleinen Mädchen oder der Frau, denen man durch bedeutungsvolles Schweigen in Sachen Sex den Mund verschlossen hat.
Deshalb versucht das Kind sich *selbst* zurechtzufinden, wenn es um Sex geht, selbst wenn jener Mann von ihm ziemlich seltsame Dinge verlangt, selbst wenn der Onkel eine merkwürdige Vorstellung von Zärtlichkeit hat: Es weiß, daß man von diesen Dingen *nie* gesprochen hat, wie und wo dafür heute die Worte finden? Es denkt, daß es auch jetzt nicht gut wäre, das zu tun.

Angesichts der fehlenden Anerkennung seiner Weiblichkeit durch den Vater und des Schweigens seiner Mutter in Sachen Sex ist das Mädchen für dieses Thema »stumm« geworden. Um so mehr, als doch die Mama, Sie erinnern sich, dem Geschlechtsteil die geringstmögliche Aufmerksamkeit schenkte, während jetzt plötzlich der Onkel sich sehr dafür interessiert und dem Kind lauter reizende und verwirrende Dinge sagt. Das Mädchen wird ödipal angerührt, denn es hört, was es von seinem Vater hätte hören wollen, und das schafft ihm ein wenig *Lust,* aber auch so sehr viel *Scham* . . . Hin- und hergerissen sein zwischen Lust und Scham, das ist immer wieder die Situation der Frau. Aus Prüderei lehnt sie ab, was sie von Natur aus liebend gerne mag.

**Dies ist das erste Mal, daß ich den zweifachen Grund für das Schweigen der kleinen Mädchen verstehe.**

Und alles spielt sich zwischen null und fünf Jahren ab! Alles, was man nachher tut und sagt, gräbt sich nicht mehr ins Unbewußte ein. Eltern müssen begreifen, daß sich aus ihrer Haltung gegenüber der Sexualität vor dem sechsten Lebensjahr das gesamte Verhalten des Kindes und des Erwachsenen ergibt. Es ist also sehr wichtig, daß einerseits der Vater seine Tochter ödipal liebt, damit sie das nicht später mit einem anderen entdeckt, und daß andererseits die Mutter von dem spricht, was das kleine Mädchen *»hat«,* und nicht von dem, was es später erwartet. Wegen des Schweigens der Mütter leben ihre Töchter in Erwartung und in Träumen: Ein kleines Mädchen ist nicht das, was es *ist,* es erwartet, was es *sein wird.* Dazu gehören Ehemann und Kind, alle jene im weiblichen Unbewußten verankerten Begriffe . . . Was wird eine Frau nicht alles tun, um ein Kind zu *haben,* wenn das die unentbehrliche Bedingung dafür ist, eine Frau zu *sein?* Wir werden das später noch sehen.

Das kleine Mädchen, das in der Zeit seiner Kindheit glaubt, *nichts* zu haben, wird im Erwachsenenalter *alles* verlangen und erwarten und wird vielleicht enttäuscht sein . . . Wenn man die kleinen Mädchen erfahren ließe, daß sie uns zufriedenstellen, so wie sie sind, würde man sie vielleicht nicht als unerfüllte und schwer zu befriedigende Frauen wiederfinden, weil sie nie die Erfahrung gemacht haben, zufriedenstellend zu sein . . .
Wie viele mütterliche Blicke bleiben im Herzen der Frau eingegraben, die sich so oft schuldig fühlt, einer Situation nicht gewachsen zu sein, und fürchtet, daß eine andere ihren Platz einnehmen könnte! Welche »andere« könnte noch der Erwachsenen solche Ängste vermitteln, als die erste von allen, die Mutter, die ihre Tochter mit der ganzen Überlegenheit ihres Körpers erdrückt hat und ihr niemals ein Gefühl von Gleichartigkeit gab, von der das kleine Mädchen nichts ahnte.
Es sieht die Brüste der Mutter und bemerkt seine eigene Plattheit, es sieht das weibliche dichte Haar auf dem Venushügel, und es sieht sich ganz glatt und gespalten. Es ist durchaus normal, daß es von da an diejenige, die alles besitzt, »was es selbst nicht hat«, immer wieder ausfragt. Es ist schlimm, wenn eine Mutter die Fragen ihrer Tochter beiseite schiebt, die unbedingt eine Antwort von ihr braucht, um Gewißheit über das zu haben, was sie *ist* und was sie *hat.* Indessen schweigen sich die Mütter über die vorhandenen Lustgefühle des Kindes aus, die deshalb den Charakter des Verbotenen, Schuldhaften bekommen. Meistens begnügen sie sich damit, das auszusprechen, was kommen wird: der Busen, die Babys, der Mann, alles, was für das kleine Mädchen außer Reichweite ist. Es kann sich nur ärgern, weil es *nichts* von dem hat, was man braucht, um eine Frau zu sein, und es muß auf seine Mutter böse sein, weil sie ihm nicht gegeben hat, was die Frauen haben.

## Ist dies der Grund für die so offenkundige Eifersucht der Frauen untereinander?

Gewiß. Da das kleine Mädchen weder den gleichen Körper hat wie die Mutter noch die Aufmerksamkeit des Vaters, entwickelt es weder Heterosexualität (die seine Mutter ihm für später verspricht) noch Homo-Sexualität* (denn es gibt nichts Vergleichbares zwischen ihm und seiner Mutter, wenn man mit ihm nicht darüber spricht). Das kleine Mädchen hält sich gegenüber der anderen Frau für ganz und gar benachteiligt. Der *Vergleich* unter Frauen fängt genau dort an, zum Nachteil des kleinen Mädchens, das *eifersüchtig* auf seine Mutter wird und keine andere Wahl hat, als Mama zu »spielen«.
Frauen beurteilen sich immer im Vergleich untereinander. »Sag mir, daß ich die Schönste bin«, verlangt die Frau häufig vom Mann, wie die böse Königin in *Schneewittchen,* die ihren Spiegel befragte und die Vorstellung nicht ertrug, daß ein junges Mädchen schöner war als sie. Dies ist ein Märchen, das die Seele der kleinen Mädchen entzückt, denn dort ist nicht nur ein junges Mädchen schöner als eine sehr ansehnliche, reife Frau, sondern außerdem findet die Herrschaft der Frau ein Ende (die Königin stirbt), während diejenige des jungen Mädchens beginnt (Schneewittchen wird »geweckt« und dem Leben zurückgegeben). Bei diesem Märchen können kleine Mädchen einen Augenblick lang glauben, daß sie Chancen haben, über die Frau zu siegen.
In vielen Erzählungen für Kinder ist die Heldin ein schönes, unglückliches junges Mädchen, das schließlich über eine reife und reiche Frau den Sieg davonträgt. Auch in all den von Frauen so geliebten Romanen, die weltweit millionenfach ver-

* Der Leser möge auf den Unterschied achten zwischen »Homo-Sexualität« (in zwei Worten, was bedeutet »die gleiche Sexualität«) und Homosexualität (in einem einzigen Wort, das sich auf den üblichen Sinn sexueller Praktiken mit einer Person des gleichen Geschlechts bezieht).

kauft werden, ist die Heldin ein schönes, junges Mädchen, unglücklich oder Waise oder abgelehnt von den anderen Mädchen, die sein Unglück nur verschlimmern und es dazu bringen, sich sehnlichst die Ankunft von *ihm* zu wünschen, der es dann endlich lieben wird! Im Märchen für Kinder und in Liebesromanen für Frauen geht es um das gleiche. Es ist immer dieselbe Geschichte: Junge Mädchen, von ihrer Umgebung unglücklich gemacht, werden entweder vom Märchenprinzen oder vom »Mann ihres Lebens« gerettet. Warum lesen gerade Mädchen und Frauen so viele Romane? Doch wohl deshalb, weil dies ihr einziges Mittel ist, um ihre Träume vom Glück mit dem Mann verkörpert zu sehen, selbst wenn es nur auf dem Papier steht.

Das kleine Mädchen, das junge Mädchen, die Frau – für alle ist »die andere Frau« ein großes Problem. Es ist der innere Widerspruch des von einer anderen Frau aufgezogenen Mädchens: es ist durch deren Existenz behindert und zugleich auf sie angewiesen, um zu leben. So träumt es in seinem Innersten vom männlichen Retter.

Der Mann, wir wissen es, läßt die Frau teuer, manchmal sehr teuer, dafür bezahlen, daß er als Gegenmittel gegen die Mutter benutzt wurde . . . Ich habe oft Frauen voller Erstaunen berichten hören, im Mann nur eine zweite Mutter gefunden zu haben, noch sadistischer als die, vor der sie geflohen waren, um sich in die Ehe zu stürzen.

## Die meisten Frauen sagen aber, daß sie den Mann Frauen vorziehen!

Das ist ein Phantasma, das in der frühen Kindheit entstand. Das kleine Mädchen malt sich wegen seiner Schwierigkeiten mit der Mutter aus, daß es sicherlich besser wäre, wenn es bei seinem Vater wäre (was nicht bewiesen ist, denn man braucht auch eine Mutter!). Schon die Vorherrschaft des »abwesenden« Vaters lebt von der Ambivalenz gegenüber der Mutter. Seine Phantasmen kommen dem kleinen Mädchen zur Hilfe, weil es sonst Auge in Auge mit der Mutter verloren wäre.

Diese Phantasmen drängen nach Verwirklichung, denn vom Alter von achtzehn bis zwanzig Monaten an wird das kleine Mädchen (wenn es hauptsächlich von der Mutter erzogen wurde) versuchen, seinen Vater zu erobern. Wenn es schon nichts mit dieser Frau gemeinsam hat, so kann es ihr vielleicht den Mann wegnehmen; das wäre doch ein guter Trostpreis! Das Mädchen kommt jetzt auf diese Weise (leider verspätet!) in den Ödipus, den der Junge seit seiner Geburt kannte.

Es will seinen Vater verführen. Es nimmt Mutters Schuhe, Mutters Ketten, ihren Lippenstift, um einen Auftritt bei seinem Vater im Wohnzimmer zu veranstalten, Papa aber, überzeugt, daß seine Tochter glücklich ist, weil sie doch mit der Mutter lebt, sieht gerade fern. Da steht sie, die neue Stefanie, ganz Verführerin, verkleidet mit all Ihrem Putz. Lassen Sie sie auf jeden Fall gewähren! Ihr Mann sollte diese kleine Komödie mit Beifall aufnehmen, sollte seinen geliebten Fernseher ausschalten und Stefanie sagen, daß er sie »auch« liebt, wie sie *ist,* weil sie *seine* Tochter ist . . .

Mit zwei Jahren beginnt das Mädchen, mit all seinen Kräften das Interesse seines Vaters zu wecken, es bringt ihm seine Pantoffeln, seine Zeitung, es schmiegt sich an ihn, indem es vorgibt zu lesen . . . Und ausgerechnet dann wird es von Mama gerufen, um in die Badewanne zu gehen! Oh, wie ist Mama doch doof! Ach, wenn Papa, nach einer wohlverdienten Liebkosung, es doch baden würde, wäre das nicht besser für alle? Schließlich machen das doch die Mütter mit ihren Söhnen, warum machen es die Väter nicht mit ihren Töchtern? Sollten die unfähig sein, die Kinder zu waschen? Denken Sie einmal nach: Sind Sie es nicht, die unter einem Vorwand wie Schulaufgaben, Baden oder Essen Ihre kleine Tochter von ihrem Vater trennen? Stellen Sie sich womöglich Ihrem Kind in den Weg, unter dem Vorwand der »richtigen« Erziehung, die nur Sie allein ihm geben können?

**Meinen Sie wirklich, daß Mütter die ödipalen Bemühungen des Mädchens zum Vater hin bremsen?**

Das glaube ich, weil Männer, Familienväter, nach Konferenzen zu mir kommen und mir sagen: »Madame, das ist ja alles schön und gut, aber sagen Sie erst mal meiner Frau, daß sie mir da Platz macht ... Sie ist immer da, vertraut mir nicht mal eine Minute!«

Ich meine es auch wegen der Äußerungen, die von problembeladenen Erwachsenen kommen. Wie von jener jungen Frau, die mir sagt:

»Wie soll ich meinen Vater sehen, wenn die Mutter ihn immer abschirmt?«

Oder eine andere:

»Mein Vater? Sie hat alles getan, damit er sich nicht für mich interessierte, es durfte nur *sie* geben!«

Ohne sich dessen bewußt zu sein, sind die Mütter die ersten, die es ablehnen, den Vater dem Kind zu überlassen oder das Kind dem Vater: Manche glauben tatsächlich, sie seien allein sachkundig, um sich mit einem Mädchen zu beschäftigen, andere, ebenso ödipussüchtig wie ihre Tochter, wollen ihr exklusives Liebesobjekt, ihren Mann, zum Vorteil ihrer Tochter auf keinen Fall loslassen. Wieder andere gehören beiden Kategorien gleichzeitig an, was im Klartext heißt: »Meine Tochter hat ihre Mutter, und ich, ich habe meinen Mann.« Sie werfen dann auch noch dem Mann vor, sich um Dinge zu kümmern, die ihn nichts angehen, und der Tochter, den Vater zu belästigen, der angeblich Besseres zu tun hat ...

Sie alle kennen die Mütter, die ihre Macht über das Kind nur dann delegieren, wenn es ums Strafen geht, weil sie meinen, sie könnten so ihr Privileg der »guten Mutter« behalten. Sie sagen zum Kind: »Warte nur, bis Papa kommt!. . .«, wobei sie die schmutzige Rolle des Rächers dem Vater überlassen, der häufig keine anderen ödipalen Bindungen zu seiner Tochter hat als die abendliche Schimpferei: Dabei kommt heraus, daß sich das

Kind weder vom Vater, der schimpft, geliebt fühlt noch von der Mutter, die »petzt« . . .
Man möchte meinen, daß eine Frau, die Mutter geworden ist, alles aus der zwiespältigen Beziehung zur eigenen Mutter vergessen hat oder daß sie hofft, es besser zu machen . . . Es ist aber unmöglich, eine ständig geliebte, *gute Mutter* zu sein. Das ist ein ganz und gar utopischer Traum von Frauen, die unbedingt das geben wollen, was sie nicht gehabt haben.
Es kommt nämlich der Moment, in dem Sie es zum Wohle oder sogar um des Lebens Ihres Kindes willen ablehnen müssen, seinen Wünschen zu entsprechen. Von da an gibt es die »gute Mutter« nicht mehr. Das Kind lehnt Sie innerlich ab, es *verabscheut* Sie während eines mehr oder weniger langen Zeitabschnitts. Wenn man Vater oder Mutter ist, muß man dies unbedingt wissen: Unsere Kinder *lieben* und *verabscheuen* uns, je nachdem ob wir ihren augenblicklichen Wünschen entsprechen oder nicht.
Schon im ersten Lebensjahr erfüllen wir die Wünsche eines Kleinkinds von drei oder vier Monaten oft nicht. Es hat keine Sprache, um zu sagen, was es genau will! Vom ersten Lebensjahr an hat das Kind so für seine Eltern eine *ambivalente* Liebe, und das ist das Beste, was es zu bieten hat! Es ist wichtig, daß die Mütter dies wissen!

**Können Mütter, wenn sie dies wissen, die Macht ihres Unbewußten, das will, daß das Kind vollkommen glücklich sei, überwinden?**

Vielleicht werden sie dann weniger sicher, daß eine Mutter immer besser ist als ein Vater. Vielleicht werden sie den Vater nicht daran hindern, sich auch mit dem Kind zu beschäftigen, ihn den Ödipus mit seiner Tochter leben zu lassen, und seinem Sohn die Möglichkeit zur Identifikation geben, bevor die Kinder fünf oder sechs Jahre alt sind! Denn was sich nach diesem Zeitpunkt abspielt, kommt viel zu spät, um vom Speicherwerk des Computers im Unbewußten angenommen zu werden, der vom fünften Lebensjahr an das Zeichen »Sättigung« aufleuchten läßt.

Mütter glauben immer, besser zu sein als alle anderen. Sie wollen das so. Einige von ihnen – ich bin solchen begegnet, und auch Kinderärzten sind sie bekannt – versteifen sich darauf, ihr Kind bis zum Alter von zwei Jahren oder darüber hinaus zu stillen, unter dem Vorwand, ihm die Frustration beim Absetzen von der Brust zu ersparen! Wenn die Frauen bei der Erziehung die Vorherrschaft haben wollen, so deshalb, weil sie von ihrer eigenen Mutter verletzt wurden und ihren Kindern diese »Verwundung« ersparen wollen. Sie glauben, die einzigen zu sein, die das tun können.

Mit ihrem zähen Verlangen nach Glück, indem sie ihrem Kind ein Nirwana auf Erden schaffen wollen, stoßen diese Frauen es in Frustrationen und Konflikte, weil sie in die erste Freiheit des Kindes eingreifen. Alle sollten Melanie Klein* lesen, die große Psychoanalytikerin vom Anfang unseres Jahrhunderts, die immer wieder über den Haß und die Liebe geschrieben hat, die das Kleinkind abwechselnd beherrschen: Es hat manchmal schreckliche Zerstörungsphantasien gegenüber der Brust, der Mutter und sich selbst. Das Baby ist keineswegs jener kleine Engel, den wir so gerne in seiner Wiege betrachten, wenn er schläft und »selig« lächelt.

* Melanie Klein u. Joan Rivière, Seelische Urkonflikte. Liebe, Haß und Schuldgefühle, Neuauflage Frankfurt/M. 1983.

**Ein Kind, das im Schlaf manchmal lächelt, erscheint uns wie das Abbild des Paradieses . . .**

Nein, unser Kind hat nichts von einem Engel. Es kommt aus keinem Paradies, und wir haben ihm keinen Garten Eden zu bieten. Unsere Aufgabe als Eltern ist es gerade, es die Welt, die es umgibt, *bewußt* erfahren zu lassen, wozu auch gehört, daß seine Allmacht nur relativ ist. Der Glaube, daß man den vorgeburtlichen Glückszustand (obgleich wir nicht einmal genau wissen, was das ist) über die Geburt hinaus verlängern könnte, ist ein Trugbild, ein Erwachsenentraum.
Keine Mutter, und sei sie noch so »gut«, kann verhindern, daß ihr Kind vom Augenblick seines Eintritts in die reale Welt an unter all den mit dem Geburtsvorgang verbundenen, bekannten Schwierigkeiten leidet: die Schwerkraft, die ihm den Eindruck gibt, ins Leere zu fallen (so etwa wie in den Träumen Erwachsener von tödlichen Stürzen ins Nichts), das plötzlich ungefilterte Licht, der schreckliche Lärm, der sein Ohr ohne Dämpfung durch das Fruchtwasser direkt trifft, all das, was den enormen Streß bei der Geburt ausmacht und was das Baby brutal aus dem mütterlichen Garten Eden herausreißt.
Auch Sie waren nicht »gut« in jenem Augenblick, sondern Sie waren Mutter, und Sie werden es bleiben. Das bedeutet auch, Sie werden an der Seite Ihres Kindes sein, wenn es zum ersten Mal Angst erfährt. Sie werden dann die Angst nicht leugnen, sondern ihm zu verstehen geben, daß es nicht *allein* ist. Sie, die Eltern, sind es, die ihm beibringen werden, daß sich das Leben in Gemeinschaft besser bestehen läßt.
Alles in allem werden Sie das Kind nicht mit einem illusorischen Paradies umgeben. Es wird das beseligte Engelslächeln ablegen und mit Ihrer Hilfe die Mängel und die Vorzüge menschlicher Wesen kennenlernen, die endlos von dem Verlangen geplagt werden, »alles zu sein und alles zu haben«.

**Das Kind ist ein kleines wonniges Wesen, und wir erleben nur selten die Abgründe seiner Wut. Weder die inneren Zerstörungsphantasien noch die aufkeimende Sexualität. Deshalb müssen wir glauben, daß es von woanders herkommt und daß es *rein* ist!**

Das Kind rein? Man sieht deutlich, daß unsere Kultur noch ganz und gar vom christlichen Denken durchdrungen ist, mit dem Begriff der Schuld und mit der Reinheit als erstrebenswertem Ziel: »Wenn ihr nicht rein werdet wie dieses Kind, werdet ihr nicht in das Reich Gottes eingehen.« Dieser Satz klingt immer noch in unseren Ohren, obwohl wir seit langem nicht mehr an dieses Reich glauben!
Aber niemand ist *rein* auf dieser Erde, auch nicht das soeben geborene Kind, das schreit und bereit ist, alles zu verschlingen, was in die Reichweite seines Mundes gelangt, das Kind, das sich in seiner Wut über den ihm entgegengesetzten Widerstand das Gesicht zerkratzt, das Kind, das sich auf so wundersame Weise beruhigt, weil seine Mutter es in die Arme nimmt und in sinnlicher Weise ihre Wange an der des Kindes reibt, damit es sich geduldet. Nach Freud, der es aus nächster Nähe vor nicht einmal hundert Jahren studiert hat, ist das Kind ein »vielgestaltiges kleines Monster«. Man will aber weiter die kleinen Kinder als Engel sehen, selbstverständlich ohne Geschlecht.
Ich war gar nicht allzu erstaunt, als vor ein paar Tagen im Fernsehen bei einer Sendung über die Sexualität der Franzosen eine junge Mutter sagte, wie »traurig es doch wäre, festzustellen, daß unsere Kinder ab zwei, drei Jahren sexuell miteinander spielen«. Es sei betrüblich, daß sie solche Dinge in so jungem Alter schon kennen.
Wie kann man die Sexualität als die traurigste Sache der Welt ansehen, wo sie doch eine der schönsten ist? Haben wir die lieben Kleinen nicht in die Welt gesetzt, damit sie uns nach und nach einholen, um dann über uns hinauszuwachsen? Sie werden mit einem unzureichenden neuro-muskulären Apparat

geboren, und deshalb verbringen wir viele Stunden damit, sie zu tragen und sie laufen zu lehren. Die Sexualität aber, die ist schon vollständig da. Alle Organe sind vorhanden: das kleine Mädchen besitzt im Inneren seines Körpers die gleichen Dinge wie seine Mutter, und das Äußere, obgleich es sich unterschiedlich darstellt, umfaßt alle erregbaren Organe der Vulva. Es würde uns nicht so schwerfallen, davon ganz normal zu reden, wenn wir nicht so von der Vorstellung des Unreinen besessen wären, die wir uns von der Sexualität machen. Wir leisten hier einen Tribut an die Jungfrau Maria. Das Geschlecht ekelte sie so sehr, daß sie durch das Eingreifen des Heiligen Geistes empfing, ohne überhaupt einen Mann »gekannt« zu haben . . .
Diese Geschichte mit der Jungfrauen-Mutter hat uns ganz schön gezeichnet! Sie wurde von einem Gott entbunden, und wir, wir gebären kleine Engel (die dann häufig kleine Dämonen werden).

**Wollen Eltern sich einen lang gehegten Traum erfüllen? Den vom Wiederanfang bei Null, wenn sich noch nichts Böses und noch nichts Übles eingeprägt hat? Wollen sie »sich« unbedingt glückselig wiedererleben?**

Genau das ist es, was einen Abgrund zwischen Kindern und Eltern schafft und Ozeane zwischen Mutter und Tochter, denn die Mutter will nicht, daß ihre Tochter ein sexualisiertes Wesen wird. Sie meint, ganz naiv, sie könnte sie in Unwissenheit lassen. Was sie sich aber nicht klarmacht, ist, daß ihre Tochter einen Teil ihrer intimen Wahrheit kennt und daß sie die Gewohnheit entwickelt, ihn für sich zu behalten. Alle kleinen Mädchen masturbieren, aber alle diese Muttis wissen es nicht. Man sollte meinen, sie haben vergessen, was sie selbst in ihrem Bett gemacht haben, wenn das Licht aus und Mama gegangen war.

**Kommt das kleine Mädchen in der analen Phase, der Zeit des »Machens« und »Sagens«, zu Schaden, weil es auf die bewußte Weigerung der Mutter stößt, über sexuelle Dinge zu sprechen?**

Ja, die erste Schwierigkeit ergab sich für die Tochter im Oralstadium. Die Mutter »wollte« unbedingt ein »gutes« kleines Mädchen, das ihre eigene Kindheit wiedergutmachen könnte. Hierbei mußte das Mädchen für seine Mutter während des ersten Lebensjahres mehr oder weniger »seinen Körper aufgeben«, je nach Forderung der Mutter. Und jetzt möchte das Mädchen alles mit seinem Kopf verstehen, möchte endlich begreifen, wer es ist, und mit Worten ausdrücken, was es empfindet. Es prallt aber bei der Mutter gegen eine Mauer: »Du bist noch zu jung, um darüber zu sprechen.«
Ein Kind, das zu einem Thema eine Frage stellt, ist niemals zu jung für ein Gespräch darüber. Sonst würde es ja nicht fragen. Die Mutter ist in ihrem Kopf zu alt, um sich daran zu erinnern, daß sie auch hatte verstehen wollen, daß auch sie Fragen stellte. Warum die Brüste? Warum die Babys? Warum die Haare? Warum dieses Kitzeln unten zwischen den Beinen? Warum macht Papa die Tür vom Badezimmer zu (was er nicht hätte tun sollen)? Sie hat vergessen, wie ihr Vertrauen zur Mutter nach und nach zerrann, und doch fängt sie mit ihrer Tochter von neuem an. Und ihre Tochter gelangt von der Zwiespältigkeit der frühen Kindheit zur bewußten Ablehnung: Sie hat zu einer solchen Mutter kein Vertrauen mehr.

**Dennoch machen uns unsere kleinen Töchter oft große Liebeserklärungen: »Mama, wenn du wüßtest, wie lieb ich dich habe!«**

Verlassen Sie sich darauf nicht, das Glück ist nicht von Dauer . . . Wenn nämlich das Kind Sie in Sicherheit zu wiegen

sucht, dann aus Furcht, Sie könnten die Brüchigkeit seiner Liebe bemerken. Die Tochter liebt Sie nämlich nicht, wie Sie sich das vorstellen. Wenn Ihre Tochter Ihnen so etwas sagt oder es Ihnen zum Muttertag schreibt, sollten Sie darin ein konventionelles Geschenk sehen, das Teil der Verhaltensnorm ist. Falls Ihre Tochter Ihnen andererseits unablässig hinterherläuft, um mit Ihnen zu schmusen und um Ihnen zu sagen, daß sie Sie liebt, kann es sein, daß ihre extreme Liebe mit der Furcht einhergeht, Sie aus dem geringsten Anlaß zu verlieren: Unfall, Krankheit, Abwesenheit. Achten Sie sorgfältig auf die jeweilige Situation des Kindes. Seine übereifrigen Äußerungen zeigen, daß es schwer für es ist, Sie in diesem Moment zu lieben, und daß es seinen Standort in der Beziehung zu Ihnen neu bestimmen muß.
Fragen Sie sich, warum Sie Ihre Tochter verwirren. Versperren Sie ihr den Weg zum Vater? Oder sind Sie gar in einem Todeswunsch gefangen, der eine »ödipale Kampfsituation« mit dem Vater signalisiert? Zu Ihrer beider Wohl muß das Kind sich darüber klarwerden, daß Sie nicht wirklich der Feind sind, für den es Sie hält, sondern eine Mutter, die ganz und gar bereit ist, ihr bei der Eroberung des Vaters zu helfen.

## Wie kann ich dem Kind denn gefährlich erscheinen, wo ich mich doch nur um sein Glück bemühe?

Zunächst einmal gleicht das Glück, das Sie für das Kind erstreben, ohne Zweifel nicht dem, das es selbst will. Wir haben schon gesehen, was für schlimme Folgen die »guten« Phantasmen der Mütter während des ersten Jahres haben. Ihre Ideen von dem, »wie ein Mädchen sein soll«, haben das erste Jahr überdauert.
Was sagten mir solche Mädchen, die allzulange von der erdrükkenden Autorität der Mutter niedergehalten wurden?
»*Schlecht,* ich war *schlecht,* weil ich nicht ihrem Frauenideal

entsprach . . . Ich war schlecht, weil ich nicht das war, was sie wollte.«

»Wie sollte ich mich denn nicht *schlecht* fühlen, wenn ich es doch ablehnte, zu tun, was sie für *gut* hielt?«

»Sie konnte mich nicht lieben, ich war allzu *anders* als das, was sie erwartete.«

Manche Frauen bleiben immer der Vorstellung vom Blick des anderen verhaftet, und sie zittern davor, als *schlecht* angesehen zu werden oder als *unterschiedlich* von dem, wie man sein sollte. Diese quälende Vorstellung hat sich ihnen in ihrer allerfrühesten Jugend eingeprägt. Sie gehören zu den peinlich sauberen Frauen, immer dabei, Schmutz zu entfernen, fanatisch Staub zu wischen; sie versuchen, die Schändlichkeit zu tilgen, die sie glauben, sich zu haben und um sich herum zu sehen.

**Hat denn das Mädchen angesichts solcher Schwierigkeiten keinen anderen Ausweg als nur den Vater? Und wenn da kein Vater ist? Und wenn der Vater sich nicht in den Ödipus mit seiner Tochter einbringen will? Wie wird sie sich dann in so komplexen und manchmal widersprüchlichen Gefühlen zurechtfinden?**

Meistens wird das Kind, das der Intensität seiner Gefühle gegenüber den Eltern nicht mehr gewachsen ist, diese Gefühle mit einem Tier oder einem Spielzeug ausleben, das es in seiner Umgebung findet. So sehen wir manchmal, wie das kleine Mädchen seinen heißgeliebten Teddy in eine Ecke wirft, ihm den Rücken zudreht und weggeht. Im nächsten Augenblick kommt es zurück, hebt ihn auf und drückt ihn zärtlich an sein Herz. Dann geht es von neuem los. Mit zwei Jahren hat das kleine Mädchen schon einen Weg gefunden, seine Wut nicht mehr bei sich zu behalten: Es weist sie einem anderen zu. Das ist die eigentliche Grundlage für das Psychodramaspiel, das in

der Erwachsenentherapie angewandt wird, um das gefährlich angestaute »Verdrängte« zu befreien.
Ein anderes Spiel beginnt sehr viel früher, mit neun oder zehn Monaten, wenn das Kind von der Höhe seines Stuhls oder seiner Wiege sich damit vergnügt, alle Gegenstände auf die Erde zu werfen, die man ihm gibt. Es ist das berühmte von Freud beobachtete Karussell »Geh und komm zurück«, bei dem das Kind sich an das Weggehen der Mutter zu gewöhnen sucht. In der Tat, obgleich sie wiederkommt, leidet das Kind seit dem Alter von acht Monaten unter ihrem Weggehen.
Es ist gut, dieses Spiel mit dem Kind zu spielen, wie es gut ist, ein wenig später Verstecken zu spielen, da all das ihm beweist, daß Menschen verschwinden können, um wenig später doch wieder zu erscheinen. Der Weggang der Eltern könnte dann auch nicht schlimmer sein als das im Spiel Erlebte!

**Durch das Spiel versucht das Kind also, sich an das zu gewöhnen, was es innerlich ängstigt, um es so spielerisch auf ein alltägliches Ereignis zu reduzieren?**

Ja, durch das Spiel reproduziert das Kind die gleiche Situation, die es erleiden mußte und die es ängstigte, aber dieses Mal kann es selbst bestimmen: Es ist nicht mehr passiv, sondern wird aktiv.
Jeder kennt die Faszination des kleinen Mädchens für eine Puppe, mit der es Situationen wiedererlebt, die es mit seiner Mutter erfahren hat. Die Puppe wird für »hübsch« erklärt, wenn sie tut, was man ihr sagt, und für »häßlich«, wenn sie das nicht tut. Das kleine Mädchen versucht, auf diese Weise seinerseits die allmächtige Elternrolle anzunehmen. Das erlaubt es ihm, wenigstens in Gedanken, die Situation umzudrehen und nicht immer nur diejenige zu sein, die gehorchen muß.
Ich erinnere mich an die besondere Freude meiner Kinder, wenn ich bereit war, das »Baby« zu spielen, und sie die Eltern

waren. Alles, was sie mir in dem Moment angedeihen ließen, kam aus ihrem Gefühlsleben: Sie erklärten mir, was Eifersucht ist, hielten mir einen Vortrag über Sauberkeit, sagten, ich brauche im Dunkeln keine Angst zu haben. Sie zeigten mir, was zu tun ist, wenn das Baby weint, was zu sagen ist, um ihm zu erklären, wie es auf die Welt kam. Es war für mich der Spiegel, in dem ich die Mutter sehen konnte, die ich war, und für sie war es die Gelegenheit, zu erleben, wie es ist als »Große« mit einem »Kleinen«. Unsere Rollen waren nicht unveränderbar; eines Tages würden sie die Macht ergreifen. Was nicht gar so falsch ist, selbst in bezug auf die Eltern. Wenn unsere Kinder groß sind, kommt es vor, daß wir seltsam klein sind und daß sie nun unseren kleinen Wagen schieben . . .

**Ich verstehe jetzt, wie wichtig es ist, das Kind frei spielen zu lassen, wie es möchte, weil nur es selbst das Spiel in eine Richtung lenken kann, die für es nützlich ist.**

Es ist so, daß das Kind im Oralstadium nur in der Lage war, zu weinen oder die Nahrung zu verweigern, die man ihm anbot; Schwierigkeiten wurden allein über den Körper ausgedrückt. Mit fünfzehn Monaten, wenn das Kind gehen gelernt hat, kann es sich von dem, was es nicht will, entfernen und an das herangehen, was es begehrt, oder es sogar an sich nehmen. Es ist schon jetzt nicht mehr dem Willen der Eltern unterworfen. Im übrigen wird es lautstark sein ständig wechselndes eigenes Verlangen kundtun.
Und dann spricht es, was ihm die Möglichkeit gibt, seine heftigsten Gefühle »auszusprechen«. Im Spiel wird es seine eigenen Mißgeschicke reproduzieren, und über einen Gegenstand oder ein Tier wird es sich von seinen gewalttätigen Trieben befreien, die es denen gegenüber hegt, die sich seinen Wünschen in den Weg stellen, das heißt gegenüber den Eltern oder denjenigen, die es beaufsichtigen und Gehorsam von ihm

verlangen müssen. Sie sind es, die es schlagen und auf die Erde werfen, wenn es im Spiel seinen geliebten Teddy schlägt und in die Ecke schleudert. Mit achtzehn Monaten oder zwei Jahren kann sich das Kind eine Sprachsituation schaffen, in der es sich mit Hilfe eines Spielzeugs oder irgendeines Gegenstandes von einem Gefühlsstau entlastet, den es noch nicht für sich selbst artikulieren könnte. Dabei kommt es auf den gewählten Gegenstand oder das Spielzeug gar nicht an. Die Phantasie des Kindes ist so beschaffen, daß alles, womit es seine eigenen Gefühle verbindet, »die andere Sache« werden kann: Ein kleiner Stock kann ein Kind werden, das läuft, ein Auto kann bestraft werden, in die Garage geschickt werden, usw. . . .
Mit zwei Jahren spielt ein Kind, das noch nicht in den Kindergarten geht, allein, und wenn es ausnahmsweise Ihre Beteiligung verlangt, müssen Sie sich davor hüten, moralische Anschauungen zu haben zu dem, was es sich vorstellt. Sie sind in dem Augenblick ein Spielgefährte und nicht Eltern . . .
Von zweieinhalb Jahren an wird Ihr Kind im Kindergarten mit anderen Kindern zusammenkommen. Die Jungen sind darüber in den ersten Tagen lautstark verdrossen und bekümmert, aber die Mädchen frohlocken . . . Welche Genugtuung, endlich welche zu finden, die ihnen gleichen! Welche Freude, neue Dinge *tun* zu können, mit einer neuen Herrin! Endlich hört die erdrückende Beziehung zur Mutter auf, und das kleine Mädchen ist voller Tatendrang. An diesem Tag weinen kleine Jungen über die verlorene Vergangenheit, kleine Mädchen viel seltener!

**Spielt die Puppe noch lange eine Rolle im Leben des kleinen Mädchens, und soll man ihm eine geben? Würde es nicht bedeuten, es auf ein gewisses Weiblichwerden hin zu orientieren, das in unserer Zeit überholt ist?**

Das Püppchen oder die Babypuppe werden noch lange einen Platz im Leben des Mädchens einnehmen, als Alter ego, das mit dem Kind die »Schwierigkeiten teilt«.* Oft spielt es beim Heimkommen vom Kindergarten oder der Vorschule das Getane oder das Gelernte noch einmal mit einer Puppe nach. Natürlich indem es die Rolle der Kindergärtnerin annimmt, die ein neues weibliches Identifikationsmodell geworden ist! Mit allen Mitteln sucht dieses kleine Mädchen die Frau zu kopieren, von der es sich so weit entfernt empfindet und seit so langer Zeit! Es kann einen kleinen Freund einladen, am Spiel teilzunehmen, aber es wird immer das Mädchen sein, das die Rollen verteilt . . .

Es ist das Mädchen, das es genießt, so zu spielen. Der Junge, da er weniger Identifikationsprobleme gehabt hat (in diesem Alter bewegt er sich immer noch im Ödipus mit seiner Mutter), hat nicht so sehr das Bedürfnis, so zu tun, als sei er, was er nicht ist. Das Mädchen muß sich dem Weiblichen nähern, indem es die Frauenrolle übernimmt; er, der Junge, weiß, daß er ein Junge ist und daß das gut so ist, und *er weiß es seit dem Anfang der Beziehung* zu seiner Mutter.

Das Mädchen spielt mit seinen Freundinnen und spricht viel von seiner Mama, die dies gesagt hat und die jenes gemacht hat; als ob es sich auf jemanden berufen müßte. Nach und nach nimmt es sich die Lehrerin zur Norm und spielt Unterrichten. Das Mädchen geht an alles mit einem »Als ob man es wäre« heran. Es versucht sich in verschiedensten Identitäten, denn eigentlich hat es wirklich keine andere als die seines Vornamens. Sein Körper, immer noch flach und schmal, weist das Mädchen weiterhin als nicht sexualisiert aus, und manchmal fragt es sich, ob es etwas von einer Frau an sich hat oder nicht. Es ist immer vorneweg, wenn es darum geht, das Verliebtseinspiel oder das Doktorspiel zu beginnen, Spiele, die ihm einige Erkundungen erlauben. Und es ist ganz erstaunt, was es sieht.

* Eine meiner Patientinnen, die von ihrer Mutter mißhandelt wurde, erwähnt als Beispiel für den Mangel an mütterlicher Liebe: »Und sie hat mir nicht einmal eine Puppe gegeben, ich habe nie Puppen gehabt!«

Aber seine Mutter darf das nicht wissen. Man darf mit ihr nicht darüber sprechen, es ist ohne Zweifel schändlich, Christophs Po zu betrachten; denn für das Kind verbindet sich alles, was »da unten« ist, mit etwas Verbotenem. Deshalb sprechen die Eltern nicht darüber, sagen sich die Kinder . . .

**Gehen die Schwierigkeiten mit der Mutter weiter?**

In dem Maße, wie das kleine Mädchen sich mit der Schule und der Außenwelt verbindet, mildern sie sich. Es ist in eine andere Welt eingetreten; es ist nicht mehr der Wettkampf mit der Mutter, der seine Aufmerksamkeit erfordert, sondern sein Platz unter den »Mädchen«. Die Probleme mit der Mutter sind »verdrängt« zugunsten der Beziehungen zur Lehrerin und zu den Freundinnen. Die Beziehung zur Mutter *scheint* eine andere Färbung anzunehmen, und Mama wird, *vorübergehend*, die auserwählte Vertraute für das, was in der Schule geschieht. Diese Zeit der relativen Ruhe wird Latenzperiode genannt. Sie dauert von vier bis zu zehn oder zwölf Jahren und ist vom Verdrängen der Konflikte mit der Mutter gekennzeichnet, verbunden mit einem deutlichen Rückgang der verborgenen und einsamen Selbstbefriedigung: In dieser Zeit ist das Mädchen vollauf damit beschäftigt, ein soziales Wesen zu werden, wobei es die intimeren Probleme vernachlässigt.
Im übrigen gibt es beim Mädchen eine Leidenschaft zu lernen und zu wissen, und in der Schule kann es endlich das Maß seines wahren Verlangens bestimmen, weitab von dem Verlangen seiner Mutter. Sofern die Mutter nicht aufhört, ihre Tochter auch dort fernsteuern zu wollen, hat das kleine Mädchen die Chance, die Schule wirklich gern zu haben, als den Ort seiner Selbstverwirklichung.
Alle Lehrerinnen werden Ihnen sagen, daß die Mädchen in der Grundschule die Spitzengruppe bilden, während die Jungen gleichen Alters viel weniger neugierig und zum Lernen viel

weniger motiviert erscheinen. Immerhin, die Neugierde ist also nicht immer ein häßlicher Fehler! Dies ist eine der ersten Wahrheiten, die das Mädchen in der Schule erfährt, wo man es dazu auffordert, eine Antwort zu suchen und zu erraten. Das findet es aufregend: Es ist so lange her, daß es allein seine eigene Mädchenwahrheit suchte!

**Ist das ein übliches Phänomen, auf das man da trifft? Kann man sagen, daß die Mädchen von Geburt an intelligenter sind als die Jungen?**

Nein, keineswegs. An Neugeborenen vorgenommene Tests erbrachten die gleichen Ergebnisse für beide Geschlechter. Aber der Abstand zwischen ihnen beim Erwachen der Sinne scheint vom ersten Jahr an zu beginnen. Das Mädchen ist früher sauber und unabhängig als der Junge, das Mädchen spricht früher als der Junge, das Mädchen versucht, seiner Mutter zu helfen oder sich bereits mit zwei Jahren um den kleinen Bruder zu kümmern. Wir haben schon gesehen, die Aktivität der kleinen Mädchen ist sehr groß: Besorgt, keine Frau mit einem sexuellen Körper zu *sein, tut* das kleine Mädchen alles, um den Anschein zu erwecken, eine zu sein, was dann wie ein innerer Beschleuniger wirkt.

Aus dem starken Verlangen heraus, dem Wollen, zu »sein wie«, bezieht das Mädchen die erstaunliche Leichtigkeit, mit der es die Aussagen der Lehrerin in sich aufnimmt. Es entdeckt darin eine ganz andere Art und Weise, die Welt zu sehen, als die, die es von der Mutter her kennt: die mathematische, die geschriebene und die literarische ... Das kleine Mädchen erfährt im Unterricht in den Lesebüchern, daß es eine lange, erzählte Geschichte hat. Ob sich die Heldin nun Britta, Marianne oder Ronja nennt, das sind *auch* kleine Mädchen.

Der Unterricht wird vom Mädchen als ein neues, aufwertendes *Tun* empfunden, und sein Erfolg in der Schule, der von der

Reichhaltigkeit seiner Vorstellungskraft herkommt, ist einer der ersten Trümpfe seines Lebens. »Oh! Sie macht sich gut in der Schule« ist die erste Anerkennung, die es als etwas Eigenes empfindet, da Mama in der Klasse nichts zu sagen hat . . .
Die Frühreife und die Neugier, die beim Mädchen so viel größer sind als beim Jungen, bleiben ihm bis zum Jungmädchenalter erhalten, in dem die offensichtlichen Zeichen seines Körpers ihm seine Weiblichkeit beweisen. Von da an wird dieser begehrenswert gewordene Körper, der so sehr von seinen Klassenkameraden betrachtet wird, einen Teil seiner Energien beanspruchen. Das junge Mädchen wird viele Stunden damit verbringen, sich im Spiegel zu betrachten, sich zu fragen, ob ein gewisser »Er« es hübsch findet, es liebt usw. . . . Es ist endlich auf die Erde zurückgekehrt!

**Wollen Sie damit sagen, daß die weibliche Intelligenz im Leben der Frau nur ein Strohfeuer ist?**

Nicht notwendigerweise. Alle Lehrer und Wissenschaftler vergleichen auch weiterhin die schulischen Leistungen der Mädchen mit denen der Jungen.
In *L'Express* vom Januar 1989 findet sich folgende Erklärung von Professor Jean Guichard: »Alle Untersuchungen zeigen es: Die Mädchen erreichen von der ersten Grundschulklasse an bessere Ergebnisse. Sie wiederholen die Klasse weniger häufig als die Jungen und bestätigen ihren Vorsprung im Gymnasium.«
»Zunächst ist bei gleichem Alter ihre Reife größer. Die Mädchen sind folgsamer, besser an das Schulwesen angepaßt«, erläutert Robert Baillon, Wissenschaftler am Nationalen Forschungszentrum.
Allerdings ist festzuhalten, daß man sie beim Abitur etwa auf gleicher Ebene mit den Jungen wiederfindet. Übrigens meistens in den sprachlichen Fächern, weniger in den Naturwissenschaf-

ten, was sich auf der Universität fortsetzt. Die Mädchen herrschen in der Literatur und in den Geisteswissenschaften, als ob die menschliche Geschichte sie weiterhin auf besondere Weise zu interessieren scheint: im Grunde *ihre* Geschichte.

**Jungen und Mädchen wachsen in derselben Familie auf. Wie können sie sich dann so verschieden entwickeln?**

Man wagt es kaum noch zu sagen, nachdem die Feministinnen es so unerbittlich ans Tageslicht gefördert haben, aber es ist immer die Umgebung des Kindes, die den Unterschied zwischen Mädchen und Jungen verstärkt. Während man der Gleichberechtigung und der gleichen Bezahlung für Männer und Frauen nach und nach mehr Bedeutung beimißt, wird in der Familie, im Alter von null bis fünf Jahren, weiterhin eine Ungleichheit erzeugt, die tiefer gehend nicht vorstellbar ist, und zwar dadurch, daß die eine Mutter, die ihr Mädchen und ihren Jungen überhaupt nicht auf die gleiche Weise *sieht,* für beide die Verantwortung hat. Wir haben gesehen, wie das kleine Mädchen in seinen ersten Jahren die von der Mutter kommenden Vorstellungen vom Weiblichen wahrnimmt und meistens ablehnt, wobei es als einziges Gegenmittel im Konflikt mit der Mutter die vom Vater – vielleicht – gegebene Liebe hat. Danach, wie der Konflikt in der Latenzperiode, dank der sexuellen Gleichheitssituation mit den anderen Mädchen, verdrängt wird. Diese Periode relativen Friedens zwischen Tochter und Mutter wird unter dem Hormonschub der Adoleszenz, der das kleine Mädchen zur *Frau* macht, ein jähes Ende finden. Jetzt stellt sich wieder in vollem Umfang die ursprüngliche Frage: Eine Frau *wie* die Mutter sein oder nicht . . . Greifen wir aber nicht vor, all das erklären wir noch, und Sie werden dann die Bedeutung mütterlicher Phantasmen für die Existenz einer Frau, die von der Mutter allein aufgezogen wurde, ermessen können . . .

## Aus gynäkologischer Sicht

Das kleine Mädchen bemerkt den Unterschied zwischen den Geschlechtern um den fünfzehnten und den achtzehnten Monat: Es bemerkt das Geschlecht seines Vaters, sieht das dichte Schamhaar seiner Mutter und fragt sich, was es hat, es selbst. Es betrachtet sich hockend, es setzt sich vor einen Spiegel, aber es sieht an dieser Stelle nichts, weil da nichts zu sehen ist.

Sobald es kann, spricht es über diese Dinge, die der Vater hat und die Mutter, es zeigt ihnen, daß es nicht so ist wie sie. Es ist Sache der Mutter, ihm zu erklären, was da ist, in seiner Spalte, und was dieser kleine, so empfindliche Knopf bedeutet. Nachdem sie es war, die die Sexualität des Kindes weckte, muß die Mutter auch diejenige sein, von der das kleine Mädchen erfährt, wie das Geschlecht gestaltet ist und wozu es dient.

Das kleine Mädchen ist nämlich durch das Gehen und Sprechen fähig geworden, die Dinge zu berühren und ihre Nützlichkeit zu erkunden. Das gilt genauso für das Geschlecht, das es berühren oder gegen etwas Weiches reiben kann. Seine Eltern werden hoffentlich diese *aktive* Sexualität nicht unterbrechen, denn das Kind wird insgesamt aktiv, und man untersagt ihm nur gefährliche Dinge. Sein Geschlechtsteil zu berühren tut dem kleinen Mädchen indessen manchmal gut, da es an die köstliche Zeit erinnert, in der das empfangene Vergnügen von den Eltern kam ...

Die *orale* Aktivität wird *anal,* das heißt, das Kind kann, außer Dinge in den Mund stecken, um sie zu erkennen, etwas Warmes in seine Windeln machen. Es mag dieses Gefühl, das es selbst fördern oder sich versagen kann, und es ist ärgerlich, daß ausgerechnet jetzt seine Eltern ihm dieses Vergnügen nehmen wollen. Man muß das Kind verstehen, dem es Freude macht, auch mit anderen Materialien als den Exkrementen zu *machen,* zu *nehmen,* zu *drücken,* zu *quetschen:* Wasser und

Erde sind die wichtigsten Spielzeuge. Seine Kleidung ist völlig unwichtig: Es hat das Bedürfnis, seine *Herrschaft* zu genießen, da es doch gerade dem Beherrschtsein entkommt!

Das Kind gelangt im Verlauf des zweiten Lebensjahres aus dem Stadium der Machtlosigkeit in das Stadium der Übermacht . . . Aber bitte Vorsicht, die Eltern dürfen nicht bereit sein, zu Objekten zu werden, die das Kind mit Erpressung oder Launenhaftigkeit dominiert! Es sind die Eltern, die das Kind nicht mehr so sehr beherrschen wie früher, was nicht bedeuten darf, daß jetzt das Kind herrscht und sie nach seiner Pfeife tanzen läßt . . .

Von Beherrschung zu Beherrschung wird das Kind zwei Jahre oder zweieinhalb und kann sich dann der Macht der anderen Kinder stellen . . . Es wird sozialisiert und ist bereit, Macht zu teilen, einer Anordnung Folge zu leisten, an einem Spiel teilzunehmen. Ihr kleines Mädchen zeigt sich in der Schule besonders begabt dafür.

Es kann sein, daß Gespräche und Spiele mit sexuellem Inhalt das Kind mehr oder weniger lange interessieren. Das ist ein Zeichen, daß es sich zu vergewissern sucht, ob die anderen ihm ähnlich sind oder anders. Es ist mehr Neugierde, die hier eine Rolle spielt, als Sinnlichkeit.

Je weniger ein Kind die manchmal vagen Erklärungen seiner Eltern verstanden hat, desto mehr wird es versuchen, die Wahrheit mit seinesgleichen herauszufinden, mit den Kindern gleichen Alters oder mit etwas älteren. Je richtiger und klarer das Kind von seinen Eltern aufgeklärt ist, desto mehr ist es gegen die Herumfragerei gefeit und kann sich anderen Entdekkungen widmen, insbesondere dem Sammeln von schulischen Erfahrungen, die im Anfang auf die Entdeckung der Welt ausgerichtet sind, in der das Kind lebt.

Die hormonale Ruhe ist vollkommen in dieser Zeit, und von seinem ganzen vorhandenen Geschlechtsapparat bemerkt das Mädchen nur die extreme Empfindlichkeit in der Umgebung der Vulva und der Klitoris. Die Häufigkeit der Masturbation

nimmt ab, denn das Kind verausgabt sich physisch in Gruppenspielen, die es auf ganz andere Art interessieren. Sie kann aber mit Unterbrechungen fortbestehen, weil sie für das Kind immer einen wohltuenden, beruhigenden Effekt hat und es ihm so möglich wird, zur Glückseligkeit zurückzukehren, die seinerzeit von der Mutter oder den Eltern bewirkt wurde.
Vom vierten bis zum zehnten Lebensjahr gilt das ganze Interesse des kleinen Mädchens den schulischen Entdeckungen und Unterweisungen sowie Spielen, die nach Regeln gespielt werden. Alles scheint sich im Kopf des kleinen Mädchens logisch zu ordnen, und das Problem, »die zu sein, die nichts Sichtbares hat«, verschwindet zum Vorteil derjenigen, die »mit ihrem Kopf Erfolg hat«. Das Mädchen von vier bis zehn oder elf Jahren durchlebt im Bereich des Körpers eine Ruheperiode, die Latenzperiode genannt wird.
Diese Zeit wird jäh unterbrochen von der einsetzenden Pubertät, in der das junge Mädchen seinen Körper sich verändern sieht und in der es begreift, daß sich in ihm noch vieles verändern wird, bevor es eine Frau ist.

*Wir halten fest*

Im Alter von dreizehn Monaten bis zur Pubertät nur ein Rat: Achten Sie auf das, was das Kind Ihnen sagt, antworten Sie auf jede seiner Fragen, in aller Offenheit, aber mit Worten, die seinem Alter angemessen sind.
Von Ihrer Gelassenheit und Ruhe in dieser Zeit wird das gesamte sexuelle Vertrauen abhängen, das das Kind Ihnen entgegenbringt, und auch das volle *Vertrauen* insgesamt, das Sie brauchen, um ihm in seinen schwierigen Momenten helfen zu können.

## Kapitel 3

# Das Jugendalter (Adoleszenz)

**Kann man, nachdem sich Mutter und Tochter gegenseitig enttäuscht haben, auf eine Annäherung hoffen, wenn der Körper des Mädchens wie der der Mutter wird?**

O nein, leider nicht ... Denn wenn sich früher das kleine Mädchen verhielt, wie es sich gehörte, um der Mutter nicht zu mißfallen, um sie nicht zu verlieren, wird jetzt die Tatsache, daß sich bei ihr die gleichen sexuellen Reize entwickeln wie bei der Mutter, sie grundsätzlich vor das Problem stellen, ob sie sich den Wünschen der anderen anpassen soll oder nicht. Die Konstellation besteht weiter. Die Frage verschärft sich sogar noch: »Wird meine Mutter mich auch jetzt noch bevormunden?«

Wenn das kleine Mädchen darauf beschränkt war, die »Puppe« seiner Mama zu sein, um wenigstens etwas zu haben, womit es sie befriedigen konnte, um von ihr akzeptiert zu werden, ist es dann noch notwendig, sich weiter um die Anerkennung der Mutter zu bemühen? Jetzt, da der Körper beginnt, sichtbare und von allen zu erkennende Zeichen aufzuweisen? Muß man von der Mutter als Frau anerkannt werden, wenn alle Welt darin übereinstimmt, daß Franziska sich in der letzten Zeit sehr »verändert« hat?

Die Antwort der Heranwachsenden ist *nein,* es ist nicht mehr erforderlich: »Ich muß weder gehorchen noch der Vorstellung entsprechen, die Mama sich von mir macht.« Bis dahin wurde Opposition nur auf Umwegen betrieben. Jetzt wird sie sich klar gegen die Mutter richten, die darüber sehr erstaunt und ver-

letzt sein wird, denn meistens hat sie sich von der Latenzperiode täuschen lassen und das Gewitter, das sich über ihrem Kopf zusammenbraute, nicht bemerkt . . .
Vor der Mutter wird sich jetzt oft eine kleine Furie erheben, die ihr geharnischte Antworten gibt, jedem mütterlichen Vorschlag widerspricht, kurz, sich nur nach ihrem Kopf richtet und so oft wie irgend möglich das Haus verläßt, um mit der »Clique« zusammenzusein . . .

**Wenn die Mutter ihre Tochter nicht ganz verlieren will, so bleibt ihr also nur, das zu akzeptieren?**

Es gibt keine andere Lösung. Die Zeit, in der das kleine Mädchen an den Rockschößen seiner Mutter hing, ist endgültig vorbei! Es war früher soviel einfacher, an den hingehaltenen Köder vom fügsamen Mädchen zu glauben, als heute die nörgelnde Heranwachsende anzuerkennen . . . Und die Mutter fängt plötzlich an, der Vergangenheit nachzutrauern, die nicht mehr wiederkommt . . . Nach einer Zuflucht zur Mutter während der ersten Menstruationsblutung ändert die Heranwachsende sehr schnell den Kurs und »verschließt« sich der Mutter vollständig, als ob sie ihr sagen wolle: »Meine Kindheit war *deine* Angelegenheit, aber mein Leben als sexualisierte Frau ist *meine* Sache.«

**Geht dieser Kurswechsel so schnell vor sich?**

Er hat sich während geraumer Zeit vorbereitet. Das Mädchen von acht oder neun Jahren lebte schon mehr mit seinen Freundinnen als mit der Mutter und zeigte sich mehr an schulischen Erfolgen interessiert als am Leben zu Hause. Die Latenzperiode hatte es ihm erlaubt, das Problem mit der körperlichen Gleichheit mit der Mutter beiseite zu lassen, sie zum Vorteil der Gleichheit des Denkens mit den Mädchen seines Alters auszublenden, unter der Ägide einer Lehrerin, die sich eher als das Modell der intelligenten Frau darstellt denn als physische Rivalin.

Das Mädchen von zehn oder elf Jahren besitzt eine gewisse persönliche Unabhängigkeit. Sein Leben bewegt sich zwischen Sport, Kunst und Schule, ohne die Ferienlager zu vergessen, in denen es sich allgemein von den Zwängen und Gewohnheiten seiner Familie und besonders von denen seiner Mutter lösen kann.

Wenn sich am beschleunigten Wachstum das erste Anzeichen der Pubertät zeigt, ist die Heranwachsende zunächst etwas überrascht, dann recht glücklich, sich mit ihren Gefährtinnen vergleichen zu können. Genauso geschieht es in bezug auf das eher verborgene Wachstum der Brüste.

Wichtig ist eines: Auch wenn sie mit Freude der pubertären Veränderung entgegensieht, die sie in dem beruhigenden Vergleich mit ihresgleichen absichert, so beunruhigt es sie doch, diesen Körper, mit dem sie zehn Jahre von der Mutter entfernt gelebt hat, die Formen von *dieser da* annehmen zu sehen, die sie als »schlecht« verworfen hatte, weil sie ihr nicht von Anfang an gab, was sie zur »Frau« gemacht hätte. Wie soll sie sich bei dieser gefährlichen Annäherung an eine Mutter verhalten, die nur darauf zu warten scheint, die Verbindung mit ihrer Tochter wiederaufzunehmen?

Die Veränderung ist, und auch das ist nicht einfach, von außen, durch die Hormone, *erzwungen.* Es ist eine unvermeidliche Entwicklung, der man sich nur entgegenstellen kann, indem man magersüchtig wird, um dem Körper die normale Entwicklung zu verweigern.

Das Mädchen möchte schon gerne eine »Frau« werden wie seine Freundinnen, aber keinesfalls eine Frau wie seine Mutter, denn vor langer Zeit hat es die körperliche Identität mit *dieser Frau da* aufgegeben. Das Mädchen kann es also nur akzeptieren, eine Frau *»nicht wie die Mutter«* zu sein. Dies ist es, was die Heranwachsende gegen alles, was von dieser Mutter kommt, aufbegehren läßt.

**Die Adoleszenz ist der Moment der Annäherung an die Mädchen des gleichen Alters und der Entfernung von derjenigen, die weder das gleiche Alter hat noch den gleichen Körper, denn sie ist fünfunddreißig oder vierzig Jahre alt und wiegt einige Kilo mehr . . .**

Ja, aber merkwürdigerweise kommt es vor, daß das Mädchen bei dieser für die Pubertät typischen Entwicklung als Mutterersatz die Mutter einer Freundin oder die Mutter einer Cousine adoptiert, kurz, eine Frau! Nur aber nicht die, mit der es den Vergleich in der Kindheit erleiden mußte. Das Mädchen zeigt hiermit deutlich, daß es nicht die Frau ablehnt, die in ihm selbst heranwächst, wohl aber die, die der Mutter *gleichen* könnte.

**Ist das nicht schrecklich für die Mutter, die schon auf die Versöhnung nach der physischen Veränderung durch die Pubertät wartete?**

Ja, das ist für die Mütter schrecklich. Sie müssen aber wissen, daß dies eintreten kann, ja eintreten muß und daß es der normale Weg des heranwachsenden Mädchens ist. Weil sie sich die Erziehung ihrer Tochter allein vorbehielt, darf die Mutter nicht vergessen, daß sie, ohne es zu wollen, die Ressentiments ihrer Tochter, die unter der Inferiorität ihr gegenüber gelitten hat, verzehnfachte, während sie ihre Unterschiedlichkeit mit dem Vater hätte positiv erfahren können. Die Frauen müssen dieses grundlegende Erziehungsprinzip begreifen: Das Kind braucht zum Vergleich einen Bezug zum selben Geschlecht und einen Bezug zum gegenseitigen, also dem

ödipalen Geschlecht, mit dem allein die Unterschiedlichkeit erfahren werden kann.
Daran, daß ihre Tochter sich als minderwertig empfinden könnte, hat die Mutter nicht gedacht. Sie hat geglaubt, daß sie das Kind mit in die Zukunft weisenden Erklärungen leben lassen könnte. Das Kind aber braucht Gegenwart, und die kommt jetzt endlich mit der Pubertät; die Gegenwart nimmt vom Körper Besitz und drückt sich als sichtbarer und vom Mann geschätzter Unterschied aus. Was die Mutter dem drei Jahre alten Kind nicht geben konnte, kommt endlich, aber das Mädchen verdankt dies nicht der Mutter.
Die Heranwachsende möchte ihre neuen Trümpfe nutzen, ohne sich auf ihre Mutter zu beziehen: Das Mädchen von vierzehn, fünfzehn Jahren wird aufreizend, kokett. Es will die Macht seines neuen Körpers ausprobieren. Es versucht aber auch, ihn zu zähmen, denn sein Unbewußtes hat einen anderen Körper verinnerlicht, flach und rosafarben, und es weiß nicht, was es mit diesem neuen Körper hier tun soll, dessen Formen hervortreten, mit deutlichen Brustwarzen und mit schlanker Taille. Das Mädchen hat recht, wenn es seine Verführungschancen gegenüber dem anderen auslotet, denn es macht sich damit den Körper, diesen Neuankömmling, zum Verbündeten. Es verführt nicht, um den anderen zu »nehmen« oder ihn zu »behalten«; gerade nur, um ihn zu erregen. Es könnte in diesem Alter noch nicht wirklich körperlich lieben, höchstens als Parodie, als Herausforderung den Erwachsenen gegenüber . . . Das Verhalten heranwachsender Mädchen hat etwas Unzüchtiges: Sie wollen zeigen, daß sie *auch* einen Körper haben.

**Eine Heranwachsende kann also nicht vergessen, was ihr durch die Mutter widerfahren ist?**

Nein, keiner von uns schafft es jemals, auf der Ebene des Unbewußten seine Kindheit »beiseite zu lassen«, wie unangenehm sie auch gewesen sein mag . . . Man muß mit seiner Vergangenheit zurechtkommen und sie in die Zukunft integrieren. Die Mutter hat übrigens ihrer Tochter das Verführen angewöhnt: Sie, die Mutter, mußte verführt werden, indem man ihren Forderungen nach dem »guten« kleinen Mädchen entsprach. Heute zeigt nun das Mädchen, daß es verführen kann, nur mit anderen Mitteln.

Die einzige, mit der die Heranwachsende über all das sprechen kann, ist ein Mädchen gleichen Alters, das die gleichen Veränderungen erfährt wie sie selbst. Es darf Sie also nicht irritieren, wenn Ihre Tochter auswärts schlafen geht, um sich in das Zimmer oder sogar das Bett ihrer besten Freundin zu flüchten, mit der sie bis tief in die Nacht redet . . . über seine Mutter, über sich selbst, über die Jungen.

Dies ist gleichzeitig der Beginn echter Freundschaften unter Mädchen. Mit der Mutter war die Beziehung allzu ungleich, als daß das kleine Mädchen sich als »die gleiche« hätte fühlen können! Jetzt, mit einer anderen Heranwachsenden, können die Körper vorgezeigt, verglichen und liebkost werden; es kann eine Zeit außerordentlich zärtlicher und sinnlicher physischer Beziehungen einsetzen, ohne echte Sexualität. Es ist ein Sich-vertraut-Machen mit dem Körper des *anderen,* das sich mit der Mutter nicht einstellen konnte. Es ist der Beginn der latenten Homo-Sexualität unter Frauen. In diesem Alter ist das Bedürfnis nach Freundschaft intensiv. Häufig besuchen sich Gruppen von Mädchen und Jungen, aber immer als Gruppen, wobei ein jeder sich auf seine eigene sexuelle Gruppe stützt. Wenn es dabei irgendwelche Absonderungen gibt, dann immer mit der mehr oder weniger offiziellen Billigung durch die Gruppe, die so gewissermaßen die Spielregeln der Familie übernimmt.

**Ich erinnere mich noch gut an diese Zeit, wie ich mich auf die Mädchenclique stützte, um mich sicher zu fühlen, und wie ich abhing von der Gruppe der Jungen, um einen Blick einzufangen oder ein Wort, das meine Weiblichkeit bestätigte.**

Ja, merkwürdig genug, im Heranwachsendenalter schaffen sich die jungen Leute so etwas wie Familien, wo sie einerseits die Homo-Sexualität und die Hetero-Sexualität erleben können, meistens sentimentaler Art. Kurz gesagt, sie erschaffen sich das, wozu sie in der Kindheit, allein mit der Mutter, nicht die Gelegenheit hatten. Das Mädchen befindet sich dabei in einer Sonderstellung im Vergleich zum Jungen: Es erwartet von ihm, daß er es durch seine Worte »narzissisiert« (ich erinnere daran, daß der Junge dies nicht braucht: Seine Mutter hat ihm zum Narzißmus verholfen, während das Mädchen ihn von seinem Vater nicht bekam). Dies bedeutet, daß ein Junge mitunter allzu wichtig für ein Mädchen wird.

**Das stimmt. Was haben doch die ersten Blicke und die ersten männlichen Worte für mich bedeutet! Ich brachte sie aber immer in Beziehung zu dem »wenigen« oder dem »gar nicht«, das meine Mutter mir hatte zuteil werden lassen, und ich verdammte sie deswegen . . .**

Dies war die Wirkung Ihrer unbewußten Empfindungen. Sie waren Ihrer Mutter nicht wegen des »wenigen« gram, das sie Ihnen gegeben hatte, sondern wegen der »Art und Weise«, auf die sie es Ihnen gab: Sie hat Sie »ohne den Vater« geliebt. Das ist es, wofür die meisten jungen Mädchen sich zu entschädigen suchen. Nach einer im wesentlichen mit der Mutter verbrachten Kindheit nimmt die Heranwachsende es ihr übel, daß sie von allem, was männlich war, ferngehalten wurde, während die Mutter selbst sich in der Position »die Frau von . . .«

sonnte. Zum ersten Vergeltungsschlag gegen die Mutter holt die Tochter aus, wenn sie mit einem Jungen »ausgeht«. Hören Sie sich übrigens die Worte gut an, die unsere Jugendlichen benutzen, um ihren Flirt zu qualifizieren: Sie »gehen miteinander«, was bedeutet, daß sie aus einer Struktur (zweifellos der familiären) herausgehen, um in eine andere (private) einzutreten. Mit seinem ersten Flirt »geht« das Mädchen heraus aus der Beziehung mit seiner Mutter. Es kann das wie etwas ganz Normales und Erwartetes ankündigen, oder es kann es verschweigen und zum Geheimnis machen: Es nimmt dann in aller Stille eine verspätete Rache an der Mutter, oder es greift sie an, mit einer dröhnenden Siegeserklärung: »Ich gehe sowieso heute abend mit Markus weg!«
Wie sich das Mädchen im einzelnen verhält, das hängt ganz davon ab, wie vertrauensvoll die Beziehung ist, die zwischen ihr und der Mutter besteht.

### Ist die Mutter-Tochter-Beziehung in diesem Alter immer konfliktgeladen?

Die Beziehung mit der Heranwachsenden ist einfach deshalb voller Konflikte, weil das Mädchen jetzt neue Trümpfe hat, die es in das alte Spiel werfen kann. Dies ist meistens überholt, hat aber im Unbewußten der beiden Partnerinnen einen aggressiven Nachgeschmack hinterlassen. Dies ist der Moment des Lebens, in dem man klar erkennt, daß Rivalität die Beziehung stört und daß diese Rivalität bei der Tochter nicht »vergessen« ist. Es regnet nur so von Bemerkungen und Argumenten wie »Du hast doch keine Ahnung« oder »Du wirst fett, das sieht nicht gut aus« oder »Guck dich doch bloß mal im Spiegel an!« Solche Äußerungen weisen deutlich auf den Ursprung des Konflikts. Früher hatte sich die Mutter des *Körpers* ihrer Tochter bedient, um sich ihren Wunsch, ihren Identifikationstraum, zu erfüllen; heute rächt sich die Tochter am *Körper* ihrer Mutter und zeigt ihr, daß sie sie von nun an mit ihrem neuen *Körper* hinter sich läßt.

## Dauert dieser Konflikt an, oder geht er vorüber?

Ich wiederhole es: Das hängt von den tiefsitzenden Ressentiments der Heranwachsenden gegenüber einer Mutter ab, die in der frühen Kindheit mehr oder weniger besitzergreifend war. In den meisten Fällen dauert diese Rebellion einige Monate oder Jahre und macht dann einer neuen Beziehung der Gleichheit Platz, von dem Zeitpunkt an, an dem die Tochter verkünden kann, daß sie »auch« ein Liebesobjekt geworden ist – für einen Peter oder Paul. Jetzt endlich finden sich Mutter und Tochter in einer Situation der Gleichheit, und das zum ersten Mal.

In vielen Fällen aber wird die Pubertät als endgültige Opposition gegen die Eltern erlebt, die zu anspruchsvoll waren oder sind. Zwischen den beiden Frauen wird die bis dahin entstandene Distanz nach und nach zu einem Abgrund. Manche außergewöhnliche Ereignisse können die Illusion einer Annäherung vermitteln, aber das wird immer nur eine Unterbrechung sein – in Erwartung der nächsten Auseinandersetzung. Wie viele Töchter verlassen bei der nächstbesten Gelegenheit das familiäre Dach, unter dem sie ersticken! Wie viele Frauen haben mir gegenüber zugegeben, sich mit dem Erstbesten verheiratet zu haben, nur um »wegzugehen«, um vor der Mutter zu fliehen! Bei solchen Frauen setzt sich der pubertäre Befreiungskampf endlos fort, von Revolte zu Revolte, von Scheidung zu Scheidung. Sie meinen immer, daß der andere für ihr Unglück verantwortlich sei, und viele von ihnen landen auf der Couch des Analytikers, wo sie endlich entdecken, daß das, was sie ihr Leben lang ferngesteuert hat, die negative Beziehung zu ihrer Mutter war . . .

Freud hatte recht, als er sagte, daß der Mann, wenn er glaubt,

die Beziehung zum Vater zu übernehmen, meistens das Ressentiment gegenüber der Mutter erbt!
Die Adoleszenz wird also zum wesentlichen Orientierungspunkt für den Weg, der das kleine Mädchen von der Frau trennt. Es ist der Augenblick, in dem alles aufbricht, was in der Kindheit verdrängt wurde und nach der Oppositionsphase wieder verdrängt wird.

**Ob nun zwischen Mutter und Tochter Frieden geschlossen wird oder nicht – es gibt also einen immerwährenden Streit zwischen den beiden?**

Notwendigerweise, weil jede Frau, mehr oder weniger, für ihre Tochter etwas ganz Bestimmtes möchte und weil von da an alles vorprogrammiert ist. Der Widerstand gegen dieses Verlangen, der in der ersten Zeit verdrängt wurde, kommt in der Adoleszenz wieder hervor, um vorübergehend mehr oder weniger wieder zu verschwinden, sobald eine gewisse Identifikation mit dem Verlangen der Mutter eintritt, zum Beispiel durch Heirat oder die Geburt von Kindern.

**Ist es nicht ein wenig traurig für die Mütter, daß sie sich immer wieder so in Frage stellen lassen müssen?**

Nein, denn sie brauchen sich nur ihre eigene Beziehung zur Mutter ins Gedächtnis zu rufen und sich daran zu erinnern, in was für einem Gefängnis des Schweigens sie sich im gleichen Alter befanden. Sie werden dann verstehen, wieviel vorteilhafter es ist, wenn ein Kind ganz offen mit seinen alten Ressentiments abrechnen kann, anstatt schweigen zu müssen. Es ist normal, daß ein Mädchen von zwölf oder dreizehn Jahren Schwierigkeiten damit hat, sich mit einer Mutter auseinanderzusetzen, der es immer hat gehorchen müssen; es ist normal, daß es das tut

und daß es das offen zum Ausdruck bringt. Die Mutter sollte sich darüber nicht unangemessen aufregen. Die Aggressivität einer Heranwachsenden darf sie nicht beunruhigen; genau das Gegenteil muß für sie ein Problem sein: Wenn ein Mädchen von elf oder zwölf Jahren keine andere Freundin hat als seine Mutter und ihr weiterhin »alles« sagt, bedeutet dies, daß das junge Mädchen sich davor fürchtet, seiner Mutter die Stirn zu bieten, und keine eigene Individualität entwickelt.
Keine Mutter dürfte sich freuen, wenn ihre Tochter sie über die Pubertät hinaus als Vertraute behält. Ein sehr ernstes Beispiel für einen verlängerten symbiotischen Zustand zwischen ihnen findet man beim jungen Mädchen, das magersüchtig ist. Ein solches Mädchen verweigert sich dem Älterwerden (im Gegensatz zu anderen), um nicht eine Mama zu »verlieren«, die ganz offensichtlich durch ihre Tochter lebt und die sich unablässig um das Leben ihrer Tochter sorgt. Bei der Anorexie ist die Mutter empfangender Teil in einem System – vergleichbar dem der kommunizierenden Röhren –, in dem die Heilung der Tochter eine Depression bei der Mutter auslösen kann.

**Können Sie uns etwas mehr über jenes rätselhafte Symptom erzählen, das sich immer mehr ausbreitet?**

Magersüchtige bringen ihre Opposition gegen die Eltern auf ganz eigene Weise zum Ausdruck. Manche von ihnen waren schon im Säuglingsalter schwierig, andere werden es, heftig und urplötzlich, erst in der Pubertät. Der übliche Protest in der Zeit der Heranwachsenden genügt ihnen nicht, und sie drohen ihren Eltern unmittelbar, zu sterben, wenn sich nichts ändert.
Sie können die Beziehungen zu ihren Angehörigen nicht mehr ertragen, die oft erpresserisch sind: »Wir sind nur glücklich, wenn du glücklich bist . . .« In vielen Fällen wurde gerade für

diese Mädchen »alles getan«, was auch die Häufigkeit dieses Symptoms in wohlhabenden Kreisen erklärt, in denen Eltern dazu neigen, für ihre Kinder »noch mehr zu tun«.

Eine Magersüchtige versucht selbst, die Gründe für ihr Verhalten zu verstehen. Warum ergreift sie panische Angst bei der Vorstellung, zuzunehmen? Warum kann sie sich nur sehen lassen, wenn sie einer Vogelscheuche gleicht? Sie kann die Antwort darauf weder finden noch formulieren – selbst wenn sie es schafft, sich die Fragen auf so klare Weise zu stellen –, denn die Antwort liegt im Bereich des Unbewußten und würde sich nur ergeben, wenn das Mädchen bereit wäre, über sich selbst nachzudenken: »Ich will und ich kann nicht die Frau werden, die sie erwarten und die sie brauchen, um sich als gute Eltern zu beweisen. Ich kann nur die sein, die ihnen Schande macht und sie als ›schlechte Eltern‹ entlarven.«

Merkwürdig genug: Im Bereich des Realen ist so ein Mädchen seinen Eltern gegenüber oft hingebungsvoll, gehorsam und liebenswürdig; nur sein Unbewußtes ist grausam, bis zur Bereitschaft zu sterben, eher als daß es sie mit einigen Kilo mehr erfreuen würde.

Auf die Frage: »Warum hast du Angst zuzunehmen?« antwortet die Magersüchtige stets dasselbe: »Weil ich mich mit mehr als zweiundvierzig Kilo nicht wohl fühle.« Und wenn man in der Unterhaltung weiter vordringt, kommt man unweigerlich zu der Antwort: »Ich wünschte, man sähe mich nicht, ich wäre gerne durchsichtig, ich meine, ich wäre gerne da, aber ohne daß man mich sieht.« Sie wagt nicht hinzuzufügen: »Ohne daß man mich begehrt.« Was hat ihr bloß »der Blick« angetan, so daß sie ihn nicht mehr ertragen kann? Sie hat es in diesem Blick lesen können, in dem ihrer Mutter und manchmal auch in dem ihres Vaters, wie sehr ihr Leben sie betraf und wie sehr sie für sie »alles war«.

Die gleichen Zusammenhänge machen den Jungen im schulischen Bereich und das Mädchen in bezug auf den Körper »anorexisch«. Jedes Kind, das einziges Objekt seiner Eltern

geworden ist, signalisiert auf seine Weise sein Mißbehagen und seine Weigerung, Fortschritte zu machen, wenn ihm seine Freiheit nicht wiedergegeben wird.
Durch das Nichtessen erreicht es die Magersüchtige in der Tat, auf einem Gewicht stehenzubleiben, das sie nahezu unsichtbar macht: Ihre Arme sind wie Fäden, ihr Körper bleibt der eines Kindes, flach und ohne Formen, und sie verbirgt dies alles noch unter großen und wallenden, bemerkenswert unerotischen Kleidern, die jeden abschrecken, der sich ihr nähert. Alle würden sie sich so sehr anders »wünschen« . . .
Während sie ihren kindhaft gebliebenen Körper vernachlässigt und mißhandelt, sammelt sich ihre gesamte Libido (Lebenskraft) in ihrem Kopf. Sie entwickelt eine wilde Intelligenz, sie ist bei weitem die Beste ihrer Klasse, aber sie fühlt sich verzweifelt einsam in einem Kampf, den überhaupt niemand zu verstehen scheint . . . Außer vielleicht irgendeinen Psychoanalytiker, den sie ohne Wissen ihrer Angehörigen aufsucht und dem sie schnell offenbart, daß sie sich gefangen fühlt zwischen ihrem eigenen Verlangen zu leben und dem Verlangen der *Ihren* . . . Sie wird dann gerettet, wenn sie die Begrenztheit ihrer Freiheit einsieht und auch, daß nicht einmal ihr Tod ihr gehören würde, weil sie ihn ja nur wegen *ihnen* gewählt hat . . .
Da er nichts von ihr verlangt, ist der Therapeut der erste, der es ihr im Hinblick auf ihre Heilung ermöglicht, auf freigelegtem Gelände voranzukommen und nach und nach die Trümmer ihrer Jugend wieder zusammenzufügen, die sie dem elterlichen Verlangen geopfert hat.

**Die Magersucht wäre also letztlich eine übertriebene Reaktion der Ablehnung gegenüber einem ebenso übertriebenen Verlangen nach Leben von seiten der Eltern?**

Diesen Schluß kann man ziehen und sich sagen, daß die besten Eltern nicht diejenigen sind, die dieses oder jenes erwarten, sondern die, welche ihren eigenen Wünschen leben und dies nicht zwanghaft über ihr Kind tun. Ohne gleich von Magersucht zu sprechen, kennen wir zahlreiche Beispiele von Mädchen, deren Freiheit schon zu Beginn der Pubertät enorm eingeschränkt war und die das Gefühl haben, unter dem Fluch zu stehen, so werden zu müssen, wie die Mutter es will, ohne Ausweg. Wie viele Mädchen erleiden ihre Pubertät eher, als daß sie Freude daran haben! Es sind die der Mutter allzu Gefügigen, die diese Zeit als einen pflichtmäßigen, schamhaften Übergang durchleben und nicht als Inbesitznahme ihrer eigenen Identität. Diese Art von passiver Hinnahme zieht sich von der ersten Menstruationsblutung bis zum letzten Koitus hin! Man kann sagen, daß solche Adoleszenzprobleme in der Kindheit keimen, weil diese Kindheit allzu häufig dazu mißbraucht wurde, mütterliche Wünsche zu erfüllen . . .

Man kann auch sagen, daß aus der unter den Entbehrungen des Krieges aufgezogenen Kindergeneration eine Elterngeneration wurde, die besonders aufmerksam darum bemüht ist, auch dem kleinsten Wunsch ihrer Kinder zuvorzukommen, übertrieben besorgt um deren angebliches Wohlbefinden (dabei wissen wir schon, daß das von den Eltern ausgedachte und angestrebte Glück ihnen den eigenen Entwicklungsweg abschneiden kann).

Es ist sehr gut möglich, daß der Wunsch, stellvertretend eine schwierige Kindheit aus den vierziger Jahren zu kompensieren, Eltern dazu gebracht hat, in den Siebzigern allzu besorgt um ihren Nachwuchs zu sein. Dazu kommt noch die 68er Krise mit ihrer Infragestellung von Macht und Autorität. Die ohnehin übertrieben dazu neigenden Eltern, dem Kind »alles« zu geben, sind unfähig geworden, ihre Autorität auszuüben, ohne dabei Schuldgefühle zu haben. Geführt vom »sie wollen« der Eltern und überschüttet vom »sie geben«, hatten diese Kinder in der ersten Zeit nichts zu wollen oder gar zu wünschen. Aus ihnen wurden Bataillone schlechter Schüler und, merkwürdigerweise, in den Augen ihrer Erzeuger »problemlose Heranwachsende«; sie nahmen alles hin, sie vermochten es nicht einmal, sich ihren Eltern zu widersetzen, die sich ihnen so sehr hingaben.

Wir schleppen immer noch die vielen Überbleibsel dieser eigenartigen Generation mit uns, in der die Kinder nie ganz sicher waren, ob sie als Eltern wirkliche Eltern hatten oder nicht eher altgewordene Kinder, die leiden mußten, als sie klein waren, und die jetzt zu ihrem Trost gute und liebenswürdige Kinder haben wollten.

**Die Adoleszenz ist übrigens wegen der langen Ausbildungsdauer nicht mehr nur eine Übergangszeit, sondern sie ist ein Lebensalter geworden, nicht wahr?**

Ja, deshalb finden auch die ersten sexuellen Erfahrungen in der Adoleszenz statt. Jeder wird wünschen, daß sie unter den bestmöglichen Bedingungen gemacht werden, also warum dann nicht bei Papa und Mama, im eigenen Zimmer des Heranwachsenden?

**Sind nach Ihrer Ansicht diese Bedingungen besser als früher, wo man es heimlich machte, an irgendeinem Ort und voller Angst?**

Die Bedingungen sind gewiß besser, denn die Heranwachsenden lieben sich auf die natürlichste Weise der Welt, ohne auf Zurechtweisungen oder auf Verachtung zu stoßen, was der

Sexualität die ihr zukommende lustvolle Erfüllung gibt, auf die alle Menschen Anspruch haben und nicht nur verheiratete Paare . . .
In diesem Alter muß die Sexualität als eine neue Lebensfunktion angesehen werden und nicht als eine endgültige Verbindung zwischen zwei Lebewesen. Dies reicht aber nicht immer aus, um die Heranwachsenden in ihren ersten Beziehungen die notwendige Freiheit erfahren zu lassen. Ihr Unbewußtes ist noch das eines Kindes, und wir erinnern uns, wie wenig Bedeutung die Mutter der Sexualität ihrer Tochter beimaß.

**Wollen Sie damit sagen, daß die Mädchen bei solchen ersten Begegnungen weniger frei sind als die Jungen?**

Ja, nach einer engelhaften oder von den Erwachsenen so gewünschten Kindheit tun sich die Mädchen insgesamt schwerer, die Zeichen der Sexualität an ihrem Körper anzunehmen. Noch schwerer aber fällt es ihnen, eine Sexualität zu leben, über die sie manchmal noch nie mit jemandem gesprochen haben.* Ihre Selbstbefriedigung, einzige Äußerung ihrer Sexualität, blieb im allgemeinen geheim und wurde als schändlich empfunden. Wie sollen sie zur gegenseitigen Sexualität mit einem Jungen übergehen ohne ein gewisses Gefühl der Schande?
Dieses Gefühl kann nur überwunden werden, wenn zu diesem Zeitpunkt die gefühlsmäßige Zuneigung sehr stark ist. Da die Heranwachsende den Eindruck hat, sich zum ersten Mal einem Mann »hinzugeben«, ist es unerläßlich, daß sie ihn mit allen Fasern ihres Herzens begehrt. Ein Mädchen liebt mit sehr viel mehr Gefühl als ein Junge gleichen Alters, einfach deshalb, weil das Gefühlsmäßige alles ist, was man diesem ehemaligen »braven« kleinen Mädchen beigebracht hat.

* 50 Prozent der Heranwachsenden haben *nie* über Sexualität mit ihren Eltern gesprochen.

Sie ist ein Dornröschen (mit schlafender Sexualität), das der Junge jetzt in seinem Bett hat. Ihr Körper, von einer Frau (der Mutter) niedergehalten, erwacht ganz allmählich in den Armen eines Mannes. Vorausgesetzt, der Erwählte ist zärtlich und charmant! Dann überläßt sie ihm nicht nur das ganze Tun, sondern weiß auch, daß er ihr ein wenig weh tun wird bei dieser ersten Penetration, und deshalb ist sie etwas beunruhigt. Aber die beiden sind jung, können es kaum erwarten, auf die Reise zu gehen, hin zu der großen Entdeckung, beieinander, ineinander zu sein, und das wird ihnen helfen, die Angst zu überwinden, Schmerz zu empfinden oder dem anderen weh zu tun. Was den lustvollen Genuß angeht, so entdecken sie ihn vielleicht nicht heute, aber sie haben die ersten Schritte zu ihm hin getan.
Daß sich der Junge nur ja nicht zu schnell anzieht nach dem Abschluß der Sache, daß er sie wenigstens die zum ersten Mal gehörten Liebesworte genießen läßt, denn es sind genau diese Worte, auf die sie wartet, schon immer gewartet hat. Die Worte über ihren Körper, die ihr gefehlt haben, jetzt kann er sie ihr geben. Nur, er hat nichts zu sagen, hat keine Worte, um etwas zu sagen . . . Es ist ihm peinlich, wenn sie ihn fragt: »Liebst du mich?« Er weiß es nicht, weiß es noch nicht, aber er ahnt, daß bei ihr etwas ist, das durch Sex allein nicht erfüllt wird . . .

## So ein großer Unterschied besteht zwischen Mädchen und Jungen?

Ja, und man wird ihn während des ganzen Lebens eines Paares wiederfinden. Die Unsicherheit des Mädchens in bezug auf seinen Körper hat sich in ihm in den ersten Lebensjahren (die ohne direkten Kontakt mit dem Körper des Vaters verbracht wurden) unauslöschlich festgesetzt. Sobald es einen Mann trifft, stellt es ihm die brennende, ödipale Frage: »Warum liebst du mich?« Leider wird die Antwort niemals angemessen sein, denn der Mann wird nie an der Stelle des Vaters antworten können: »Weil du *meine* Tochter bist.« Die Frau wird ihm weitere Fragen stellen, zu ihren Augen, ihrer Nase, ihrem Mund, ihren Beinen usw., das heißt, immer an dem eigentlichen Problem vorbei, das seinen Ursprung in der Vorzeit hat, weit in der Vergangenheit, unlösbar verbunden mit dem, was mit dem Vater nicht stattfand . . .

**Kann man sagen, daß das Mädchen von seinem ersten Geschlechtsverkehr fast immer enttäuscht ist?**

Das ist keine absolute Regel, aber angesichts der körperlichen und psychischen Erwartungen, die es daran geknüpft hat, verglichen mit seinen Prinzessinnenträumen von der Ankunft des Märchenprinzen, erscheint ihm der Geschlechtsakt ziemlich blaß. Die Jugend und die Unerfahrenheit der beiden Partner machen außerdem, daß die Sache ein wenig nüchternrealistisch und armselig erscheinen mag.
Diese Gleichheit in der Unerfahrenheit beim Mädchen und beim Jungen stellt indessen auch einen Vorteil dar. Sie verhindert nämlich, daß der eine oder der andere sich in einer beherrschenden Rolle sieht oder in der des Beherrschten (was in der vorhergehenden Generation fast immer der Fall war, wenn der ältere Junge schon Erfahrungen mit anderen hatte). Weiter hat jeder von beiden den Eindruck, daß er etwas von der Lust des anderen zu lernen hat, was der eigenen Lust nicht vergleichbar ist. Letztlich ist die Enttäuschung nur so groß, wie der Akt überbewertet wurde, den viele als ideales symbiotisches Aufeinandertreffen ansehen. Wenn der Traum bei dieser ersten, häufig wenig romantischen Begegnung löcherig wird, ziehen die Heranwachsenden daraus wenigstens den Schluß, daß die Liebe niemandem geschenkt wird und daß jeder sie erlernen muß.

**Sie ziehen daraus den Schluß, daß eine frühzeitige sexuelle Beziehung eine gute Sache ist, selbst wenn sie für das Mädchen »enttäuschend« ausgeht?**

Ja, denn die Neigung des Mädchens, sich zu erträumen, was es nicht hat, kann es nur auf gefährliche Pfade führen: zunächst zu Illusionen in bezug auf das Liebesleben, dann zu sich immer wiederholenden Niederlagen wegen des Abstands zwischen dem, was es sich vorstellte, und dem, was es findet. Wenigstens macht es so die Erfahrung mit der Realität schon im Heranwachsendenalter, und Frauen, die ihr ganzes Leben lang den idealen Mann suchen, der nur in ihrem Kopf existiert, wird es nach solchen frühen Erfahrungen nicht mehr geben.

**Ist der Zugang zu Verhütungsmitteln ein Entspannungsfaktor schon von dieser ersten Erfahrung an?**

Nein, nicht in dem Fall, in dem zwei junge Menschen zum ersten Mal die Körperbarrieren und jede Distanz zwischen sich überwinden wollen, denn wie wir noch sehen werden, ist die Kontrazeption eine Sache, die den Körper frei macht, gewiß, die aber das Phantasma der Vereinigung beeinträchtigt. Neulinge in der Liebe sind immer voll Gefühl und voller Wunschvorstellungen und Phantasmen, sie vernachlässigen die körperlichen Risiken, auf die sie sich einlassen. Es ist selten, daß bei der ersten Erfahrung ein Präservativ, und noch seltener, daß die Pille verwendet wird. Es wird wohl meistens die Pille am Morgen danach sein, die Romeo und Julias Unvorsichtigkeit wieder in Ordnung bringt . . . Was wollen Sie, man kann nicht an alles denken, jedenfalls nicht gleich! Erst beim dritten oder vierten Mal wird das Mädchen (natürlich gefährdeter als der Junge) die Antibabypille haben wollen, von einem Arzt, von einer Freundin, von der Mutter der Freundin oder manchmal von der eigenen Mutter, wenn diese eine aufgeklärte und weitsichtige Frau ist.

**Diese erste sexuelle Vereinigung wird also nicht auf die leichte Schulter genommen, wie man meinen könnte?**

Keineswegs. Sie ist Ziel und Ergebnis eines langen, im Innern zurückgelegten Weges, der mit der Sexualität des Kindes beginnt, über die Latenzperiode geht, in welcher der Sexualtrieb schlummert, um dann hier anzulangen mit einer Vielzahl von Träumen, die unterwegs entstanden sind. Man erinnert sich sein ganzes Leben lang an diese Begegnung, selbst wenn man meint, daß es sich damals, an jenem Tag, nur um Sexualität gehandelt habe! Beim Menschen lassen sich Körper und Kopf nicht trennen, und das macht alle unsere sexuellen Beziehungen so schwierig!

**Können diese Beziehungen im Kopf der Heranwachsenden eine unauslöschbare Spur hinterlassen, wenn sie schlecht verlaufen?**

Nein, das menschliche Wesen ist dann nicht mehr in dem Stadium, in dem alles in der geheimen Kammer der unbewußten Verdrängung gespeichert wird. Diese erste Erfahrung wird zu einer Erinnerung werden, mehr oder weniger gut, mehr oder weniger schlecht, aber sie wird in keiner Weise die innere Struktur des Lebewesens verändern, die lange davor, im Alter von null bis fünf Jahren, festgelegt wurde. Wenn diese Beziehung allerdings inzestuöser Art ist, wird sie als etwas *Verbotenes* erlebt, extrem mit Schuld beladen und während vieler Jahre bewußt nicht zu vergessen. Dies dürften die Brüder, die Väter, die Onkel und die Großväter niemals außer acht lassen.

**Wenn diese Beziehungen *gut* verlaufen, kann sich dann daraus ein vollkommener Austausch ergeben mit dem Entstehen einer echten Liebe?**

Warum nicht? Allerdings macht die affektive Unreife der Heranwachsenden und die Fixierung auf ihre Eltern (im Negativen wie im Positiven), die den größten Teil ihrer Bindungsfähigkeit besetzt hält, sie für eine andere Beziehung wenig geeignet.

In manchen Fällen jedoch kann diese neue Beziehung eine gefühlsmäßige Reaktion auf ein neurotisches Verhältnis zu den Eltern sein, die wenig geliebt werden, weil bei ihnen die Bindungsfähigkeit der Jugendlichen keinen wirklichen Nährboden fand. So erscheint die erste Liebe als eine Art Retter, und der oder die Jugendliche engagiert sich mit seiner bzw. ihrer ganzen Libido. Solche Beziehungen sind im allgemeinen stark neurotisch, aber man darf nicht vergessen, daß die ganz große Liebe immer auf Neurosen basiert . . . Es wird deshalb nicht erstaunen, daß diese Liebesbeziehungen in ihrer Dauerhaftigkeit bedroht sind: Wenn man auf dem Vulkan tanzt, setzt man sich auch den Ausbrüchen aus . . .

**Man kann also den Schluß ziehen, daß die Adoleszenz nicht mehr nur ein einfacher, vorübergehender Zustand der Rebellion gegen die Eltern ist?**

Nein, die Adoleszenz kann nicht mehr, wie seinerzeit, als »Übergang« bezeichnet werden. Einerseits beginnt sie eher, die Geschlechtsreife setzt zunehmend früher ein (physiologisches Entwicklungsphänomen der Rasse). Andererseits dauert sie länger und länger, wegen der Verlängerung der elterlichen Hilfe (Studienzeit, Erhöhung des Lebensstandards). Dieser Zeitabschnitt zieht sich über acht oder neun Jahre hin, das heißt über einen ziemlich langen Zeitraum, während dessen,

außer anderen wichtigen Ereignissen, das Mädchen und der Junge aus der Latenzperiode herauskommen, um in das Sexualleben einzutreten, wobei sie damit wieder an die Kindheit anknüpfen.
Während dieser Zeit geraten die unbewußten Probleme ins Licht des Bewußten, wobei jetzt eine definitive Position zu den Eltern eingenommen wird. Das Mädchen, wie wir gesehen haben, wird in der Lage sein, der Mutter zu »widerstehen« und seine Energien woanders einzusetzen. Es wird sich die wesentliche Frage gestellt haben: »Bin ich zufrieden, eine Frau zu sein?«, und es wird darauf geantwortet haben, entweder mit dem Wunsch zu verführen oder mit dem Verlangen, unsichtbar und nicht begehrenswert zu sein wie die Magersüchtige.
Eltern müssen in dieser Zeit die Verhaltensschwankungen des Kindes akzeptieren, denn es geht dabei um nichts Geringeres als um die Art und Weise, wie es in der Zukunft mit seiner Neurose leben wird.

**Gibt es denn immer eine »Neurose« beim Kind, wie beim Heranwachsenden?**

Gewiß doch, es gibt nicht einen Analytiker, der Ihnen das Gegenteil sagen würde! Wir sind alle überzeugt, daß die Kunst, gut zu leben, immer nur die Kunst ist, sich mit seinem Unbewußten . . . und mit seiner Neurose einzurichten.

## Aus gynäkologischer Sicht

*Die Pubertät*

Die Pubertät ist das erste große Ereignis im Leben eines Mädchens, denn unabhängig von seinem Willen und in einem Zeitraum von drei bis vier Jahren erlebt es, wie sein flacher und glatter Körper sich in den Körper einer Frau verwandelt, mit Formen, deutlichen Brustwarzen und Farben ... Dies alles durch den Einfluß von neuen Hormonen, die sein einförmiges Kinderleben zu einem sexuierten Universum werden lassen, das von den Veränderungen während des Menstruationszyklus gesteuert wird. Von der Adoleszenz an wird die Frau ihr Leben durch das Uhrwerk ihrer Hormone bestimmt sehen. Es ist gut zu wissen, daß dieser Mechanismus in der Großhirnrinde seinen Ursprung hat und jede bedeutende Gefühlsstörung einen Einfluß auf die Entstehung der Neurohormone der Frau haben kann.

Die Pubertät ist eine tiefgreifende hormonale Veränderung, die bestimmte körperliche Verwandlungen bewirkt, die die Taille, die Brüste, die Behaarung, die inneren und äußeren Geschlechtsorgane betreffen.

Diese körperlichen Veränderungen setzen mit unterschiedlichem Alter ein, je nach Bevölkerungsgruppe, Familie, aber auch nach Individualität innerhalb einer Familie.

*Die Taille*

Das erste sichtbare Zeichen der Pubertät ist ein ungestümer Wachstumsstoß, den das Mädchen erlebt: fünfzehn bis zwanzig Zentimeter in drei Jahren, das ist sehr viel schneller als das bisherige Wachstum des Kindes. Dieses auf die Wachstumshormone zurückzuführende Phänomen gibt der Heranwachsenden ein langes und schlankes Erscheinungsbild, das ihren Charme ausmacht oder ihre Unbeholfenheit ...

Dieses schnelle Wachstum wird zwei oder drei Jahre anhalten

und sich beim Einsetzen der ersten Menstruationen verlangsamen.

*Die Brüste*
Gleichzeitig mit dem Wachstumsstoß und durch den Einfluß der Östrogene wird aus der Brustknospe des Mädchens eine kleine Kugel, die für Berührungen sehr empfindlich ist. Die Entwicklung der Brust wird sich über zwei oder drei Jahre hinziehen, wobei diese Entwicklung dem Einsetzen der Menstruation immer um ein oder zwei Jahre vorausgeht.

*Die Behaarung*
Kurz nachdem die Brüste begonnen haben, sich zu weiten, erscheinen die ersten Körperhaare, die noch zwei oder drei Jahre weiterwachsen.
Zunächst erscheinen einige isolierte Härchen auf den großen Schamlippen, die sich dann im Laufe von Monaten zunehmend verdichten, um das für die Frau charakteristische Schamdreieck zu bilden, das sich mit vierzehn oder fünfzehn Jahren abschließend formt.
Gleichzeitig erscheint unter den Armen des Kindes ein leichter Flaum, der nach und nach tiefer gefärbten Haaren Platz macht, die zur Achselbehaarung werden.

*Äußere Geschlechtsorgane*
Die *Vulva* wandelt sich: Die großen und kleinen Schamlippen individualisieren und färben sich, sie liegen vor der *Klitoris,* die an Umfang zunimmt und ihre endgültige Größe und Form erreicht. Die Schamspalte *ändert ihre Position:* Von ihrer kindlichen, nach vorne gerichteten Lage geht sie über in die Erwachsenenlage, nach unten gerichtet und horizontal.
Die Membranhaut des *Hymen* verdickt sich, und seine unterschiedlich geformte Öffnung mißt etwa ein bis zwei Zentimeter, wobei die unregelmäßigen Ränder sich aneinanderfügen, um sie geschlossen zu halten.

*Innere Geschlechtsorgane*
Die *Vaginalwand* verdickt sich und ordnet sich in einer Reihe von übereinanderliegenden Falten an. Der Vaginalbereich wird säurehaltig und bleibt es das ganze Leben der Frau hindurch. Dieser Säurezustand (er wird durch die Döderleinschen Stäbchen [Milchsäurebakterien] ausgelöst) schützt die Vagina vor zahlreichen Infektionen. Jede Infektion der Vagina geht mit einer Veränderung des Säuregehalts einher.

Die *Schleimhaut der Vagina* nimmt eine dunklere Färbung an und wird feucht durch hormonale Absonderungen, die die Aufgabe haben, ständig eine Gleitfähigkeit bei der Frau sicherzustellen. Diese Gleitflüssigkeit nimmt bei direkter oder indirekter sexueller Erregung zu, so daß bei dem jungen Mädchen unter dem Eindruck bestimmter Filme, Theaterstücke, Worte oder Lektüre sein Slip naß wird, ohne daß es im Anfang versteht, was mit ihm geschieht . . . Sein Körper nimmt an seinen psychischen Empfindungen teil: Er gibt das fühlbare Signal, das jede Frau bei sexuellem Verlangen zeigen wird: ein beschleunigtes Feuchtwerden.

Die *Zervix* (der *Gebärmutterhals)* nimmt leicht an Volumen zu und wölbt sich in die Vagina hinein. Durch sein Zentrum verläuft der Zervikalkanal (Länge: zehn bis fünfzehn Millimeter), der den Uterus mit der Vagina verbindet. Eine Vielzahl kleiner Drüsen sondert auf der ganzen Länge dieses Kanals den Zervixschleim ab: eine zähe und farblose Flüssigkeit, die bei der Befruchtung eine präzise Funktion hat.

Der *Uterus* (die *Gebärmutter)* wächst ganz wesentlich, Form und Größe entsprechen einer Birne. Obgleich seine Kontraktionen unwillkürlich und reflexhaft sind, sind sie die allerstärksten des menschlichen Körpers.
Dieser dicke Muskel beherbergt in seinem Zentrum die Uterus-Höhle, die im Inneren mit einer Schleimhaut verkleidet ist, die

*Endometrium* genannt wird. Dieses Gewebe verdickt sich unter dem Einfluß der Hormone während der Adoleszenz und ist in der Lage, im Verlauf der Menstruationszyklen, die das Leben einer Frau im Alter von 15 bis 55 Jahren bestimmen, zuzunehmen und sich wieder abzubauen.

Die *Ovarien (Eierstöcke)* erreichen die Größe einer Mandel und können bald ihr erstes Ei abgeben.

Die *Tuben (Eileiter),* eine Art Röhren, die die Verbindung zwischen den Eierstöcken und dem Uterus sicherstellen, nehmen ebenfalls in ihrem Durchmesser zu, um jeden Monat den Durchgang der Eizelle zu ermöglichen.

*Auslösung der ersten Menstruation*

Das Einsetzen der Menstruation zeigt, daß der weibliche Zyklus in Gang kommt, ein oder zwei Jahre nach den ersten äußeren Zeichen der Veränderung am Körper der Heranwachsenden.

Der Mechanismus des weiblichen Zyklus ist komplex. Er hat seinen Ursprung im Hypothalamus; dieser ist die oberste Schaltstelle des vegetativen Nervensystems, das seinerseits Einfluß auf ihn ausübt. *Gefühle* und *Streß* können sein Funktionieren beeinflussen, wodurch die Auslösung der hormonalen Signale, die er als erster auf den Weg bringen muß, angehalten oder verzögert wird.

Unter normalen Bedingungen schüttet der Hypothalamus das Hormon LHRH aus, das seinerseits die Aufgabe hat, eine winzig kleine Drüse anzuregen, die sich an der Basis des Gehirns befindet: die *Hypophyse.* Diese reagiert, indem sie nicht nur ein, sondern zwei Hormone erzeugt, das FSH (Follikel-stimulierendes Hormon) und das LH (Luteothropes Hormon).

Die beiden Hormone verlassen die Gehirnregion zu sehr unterschiedlichen Zeiten der Zyklen und werden über das Blut bis zu den Eierstöcken geleitet, wo das eine die Produktion von *Östrogenen,* das andere die von *Progesteron* auslöst.

*Schema der inneren weiblichen Geschlechtsorgane (frontale Schnittebene)*

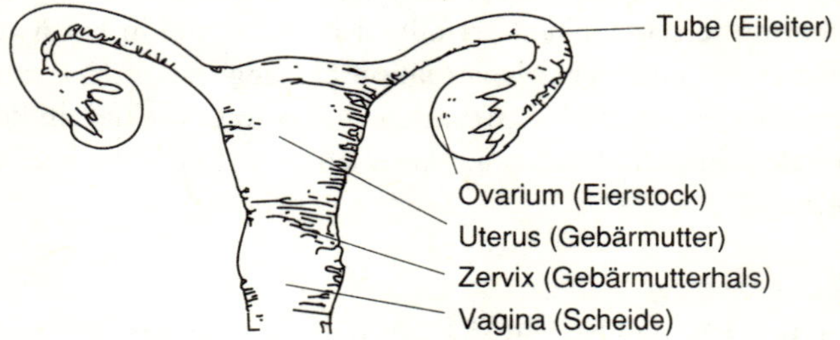


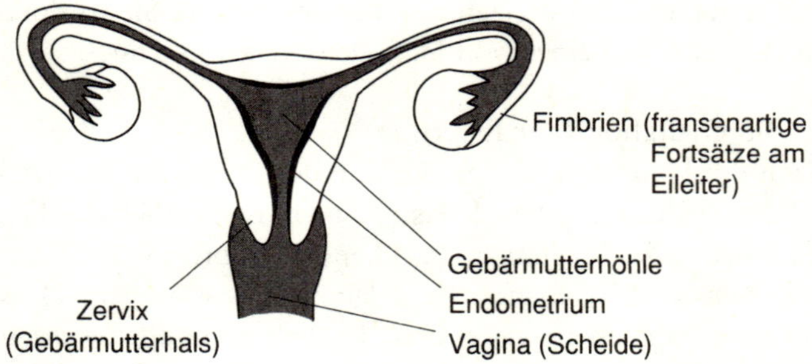


Diese beiden Hormone sind für den gesamten Ablauf des Menstruationszyklus und für die Fortpflanzung verantwortlich. Die Östrogene ermöglichen jeden Monat im Inneren des Eierstocks die Umwandlung des Follikels (Eiträger) in ein *Ei* mit anschließender Reifung und Absonderung, das heißt die Ovulation am zwölften oder dreizehnten Tag.

Nach der Absonderung des Eis durch Platzen des Follikels wandelt sich das, was von ihm bleibt, in den *Gelbkörper* um. Als eine vorübergehende Bildung sondert der Gelbkörper Progesteron ab, das zusammen mit den Östrogenen in der zweiten Hälfte des Zyklus auf das Endometrium einwirkt (das sich in seiner Dicke verdreifacht) in Erwartung einer eventuellen Nidation (Einnistung) des Eis.

Kommt es zu keiner Implantation eines Eis, werden am achtundzwanzigsten oder dreißigsten Tag durch Steuerung der Hypophyse plötzlich Hormone ausgeschüttet; worauf die Gebärmutterschleimhaut zerfällt, sich ablöst und in Form von Überresten mit der Menstruationsblutung ausgeschwemmt wird. Der weibliche Menstruationszyklus folgt exakt dem hormonalen Funktionsschema, das man wie folgt beschreiben kann:

1. Die Östrogen-Phase
Ihre Bezeichnung bezieht sich auf die Aktivität der Östrogene vom ersten bis zum dreizehnten Tag des Zyklus: Sie ist durch ein Gefühl allgemeinen Wohlbefindens gekennzeichnet.

2. Die Ovulation (der Eisprung)
Wenn das Follikel unter dem Einfluß der Östrogene im ersten Teil des Zyklus reif geworden ist, platzt es und entläßt das Ei in den Eingang des Eileiters, wo es über die Fimbrien in die Tuben und dann in die Gebärmutter gelangt. Dieser Augenblick ist sehr kurz, kann aber von der Frau deutlich empfunden werden; manchmal ist er von einem Schmerz im Unterbauch begleitet, der einen halben Tag lang anhalten kann.

3. Die Progesteron-Phase
Aus den Überbleibseln des geplatzten Follikels bildet sich im Eierstock der Gelbkörper, der dann das Progesteron absondert. Während dieses zweiten Teils des Zyklus empfindet die Frau eine leichte abdominale Schwellung sowie ein Spannungsgefühl in den Brüsten: die Folge einer Tendenz, im Gewebe Wasser zurückzuhalten, die auf den doppelten Einfluß der Östrogene und des Progesterons zurückzuführen ist, der den Körper auf eine eventuelle Mutterschaft vorbereitet.

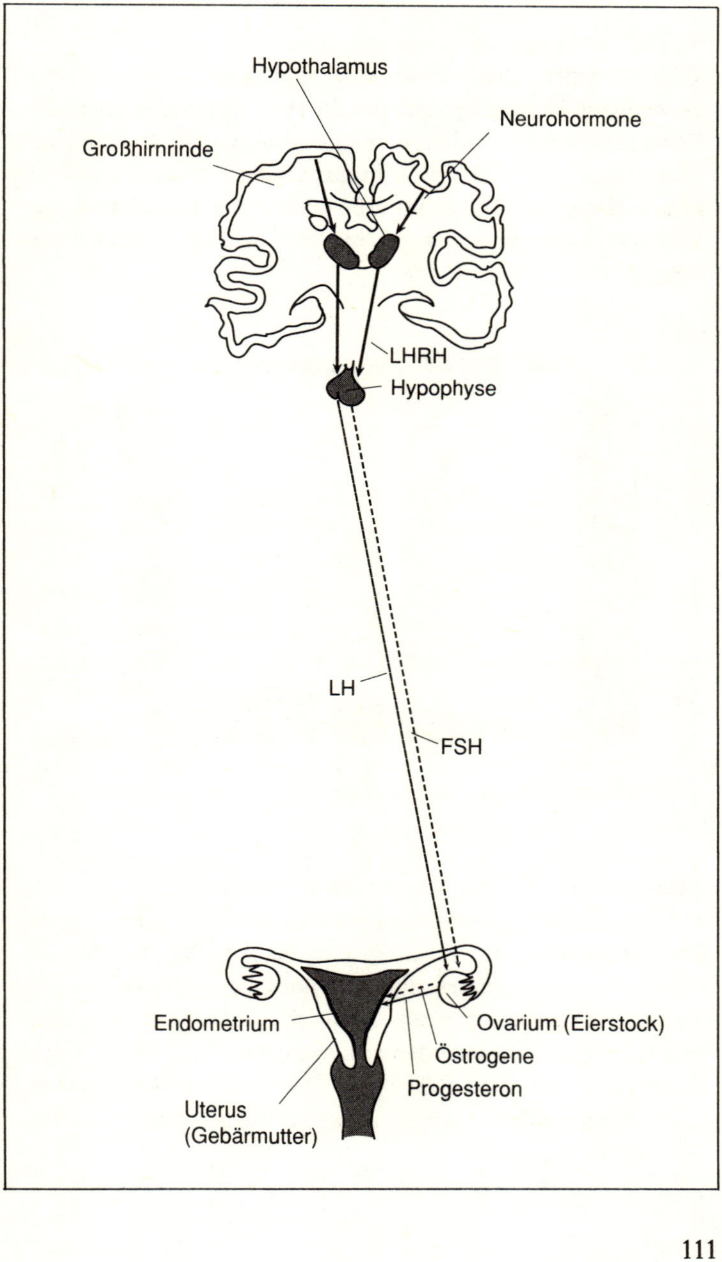
Hypothalamus
Neurohormone
Großhirnrinde
LHRH
Hypophyse
LH
FSH
Endometrium
Ovarium (Eierstock)
Östrogene
Progesteron
Uterus
(Gebärmutter)

4. Die Menstruation

Wie bei jeder neuen Phase des Zyklus ist es der im Blut vorhandene Hormonspiegel, der die Hypophyse reagieren läßt. Beim Fehlen einer Nidation (Eieinnistung) wird die Hormonproduktion gegen den siebenundzwanzigsten oder achtundzwanzigsten Tag brüsk unterbrochen, und der Zerfall des Endometriums mit seiner anschließenden Ablösung wird hervorgerufen.

*Schema des Menstruationszyklus*

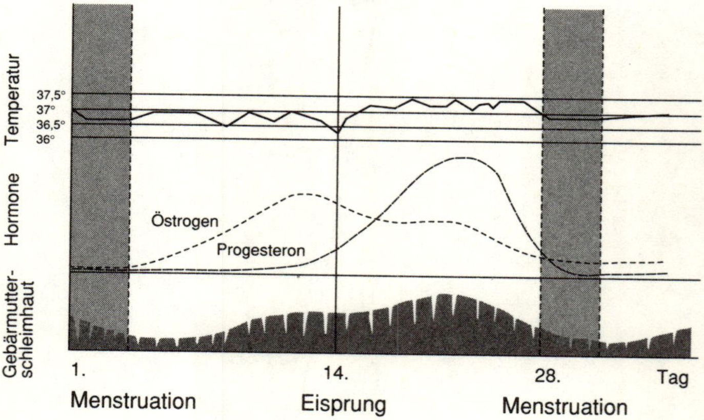


*Einsetzen des Zyklus bei der Heranwachsenden*

Der Anfangszyklus ist etwa ein Jahr lang nicht regelmäßig, die Dauer der Menstruation beträgt zwei bis fünf Tage, was mit der noch unregelmäßigen Hormonabsonderung zusammenhängt.

Die ersten Menstruationen können schmerzhaft sein oder auch nicht. Einige Heranwachsende klagen über Bauchweh, Kopfschmerzen und Abgeschlagenheit während der Menstruation. Diese kleinen Beschwerden schwächen sich im weiteren Verlauf des Lebens ab.

*Sexuelles Verlangen und Adoleszenz*
Hormone nehmen Einfluß auf das sexuelle Verlangen, und das junge Mädchen ist unvorhersehbaren Stimmungsschwankungen unterworfen, die den Perioden hormonaler Ausschüttung entsprechen. Manche Jungen, die am Tag vorher als »uninteressant« eingeschätzt werden, können plötzlich zum Blickfang der Heranwachsenden werden, die beginnt, von der Liebe zu träumen, sich Romane auszudenken und sie manchmal auch aufschreibt.

*Der erste Geschlechtsverkehr*
Er ergibt sich im allgemeinen früher als bei der vorhergehenden Generation und findet für Mädchen und Jungen etwa zwischen fünfzehn und siebzehn Jahren statt.
Für das Mädchen, geprägt von der Furcht, Schmerzen zu empfinden, und für den Jungen, Schmerzen zu verursachen, wird er meistens eher aus Neugier vollzogen als aus wirklicher Liebe, die in diesem Alter kaum entsteht. Wegen der Unerfahrenheit der beiden Partner ist orgastische Befriedigung dabei selten mit von der Partie.

*Schwangerschaftsrisiko*
Es dauert häufig ein Jahr, bis sich die Ovulation reguliert hat, aber das Mädchen kann von seiner ersten Menstruation an *fruchtbar* sein.
In diesem Alter ist lokale Kontrazeption nicht vorzunehmen, weil das junge Mädchen zuwenig über seine eigenen Geschlechtsorgane weiß. Für diese ersten Beziehungen ist *eine einzige Verhütungsmethode* sinnvoll: die am ersten Tag der Menstruation, die der sexuellen Begegnung vorangeht, eingenommene Pille. Es genügt, die Ereignisse ein wenig vorauszusehen ... Von der Einnahme der ersten Pille an ist die Kontrazeption wirksam, man muß aber die Monatspackung bis zum Ende einnehmen, wie es die Gebrauchsanweisung vorsieht.

Das *Präservativ* ist eine exzellente Verhütungsmethode, die darüber hinaus gegen übertragbare Geschlechtskrankheiten schützt. Aber trotz der Werbung für diese Methode – wie viele Heranwachsende sind fähig, die Emotionen ihrer ersten Begegnung durch etwas so Nüchternes zu stören?

*Wir erinnern uns:*
Die Adoleszenz des Mädchens ist eine schwierige Lebensphase, denn durch die Besetzung seines Körpers mit den Zeichen der Weiblichkeit findet es sich wieder vor dem während der Latenzperiode beiseite gelassenen Problem: »Werde ich eine Frau sein wie meine Mutter?«

## Kapitel 4

# Liebe

Die Feder nehmen und den Namen des Gottes der Liebe, Amor, niederschreiben, dieses kleine Wort, ist ein aussichtsloses Unterfangen, denn sein Name fängt mit einem A an und läßt uns an einen Anfang glauben, während es doch immer nur die Fortsetzung unserer Liebe als Kind ist, ausgestattet mit der gleichen Farbe, den gleichen Erwartungen, den gleichen Träumen . . .

**Die Liebe zwischen Erwachsenen ist also keine neue Situation für das Individuum, dem sie begegnet?**

Oh! Absolut nicht, im Gegensatz zu dem, was man glauben könnte. Jeder der beiden Partner hat nämlich einen langen Weg auf der Straße der Liebe zurückgelegt, bevor er den Moment erreicht, in dem er glaubt, dem begegnet zu sein, den er schon immer erwartete.
Lange vor diesem Tag hat jeder von uns, seit der Geburt, die ganze Palette der Liebesgefühle gekannt: zunächst im Alter von null bis acht Monaten den Zustand der vollkommenen Symbiose, die das im Uterus schon Gekannte weiterführt. Alles was die Mutter erlebt, wird mit dem Kind geteilt, ohne daß die beiden es wissen: Ist sie besorgt, fühlt es sich nicht wohl, ist sie entspannt, schläft es ein; mit drei Monaten lächelt sie ihm zu, es tut das gleiche; sie grollt, es fängt an zu weinen. Mit acht Monaten kennen wir schon alle den Austausch von Liebesgefühlen . . . Dann, wenn es das Gesicht der Mutter über die

Augen wiedererkennt, beginnt das Kind unter der »Trennung« zu leiden, sobald sie seinen Gesichtskreis, sein Geruchsempfinden oder seine räumliche Wahrnehmung verläßt. Manche Babys, die bei ihrer Mutter oder ihrem Vater eingeschlafen sind, wachen unvermittelt auf, bevor die Eltern die Tür erreicht haben, weil sie sich davonschleichen. So sind wir schon hier sehr empfindlich für die Abwesenheit des anderen.

Um die Mutter oder den Vater zurückzuholen, sind wir fähig, bis zur Verzweiflung zu weinen, zu rufen, zu reden. Das Kind hat mit seinen Eltern alles erlebt, was für das Verliebtsein von Erwachsenen charakteristisch ist: die Symbiose am Anfang, der Trennungsschmerz, die Worte und die Schreie aus der Not, die die Unmöglichkeit bezeugen, ohne den anderen leben zu können . . . Der »das Unbewußte« genannte Computer hat alles gespeichert, von Anfang an, und er nimmt sein Programm auf das kleinste Signal hin wieder auf.

**Soll das heißen, daß die Liebesbegegnung schon eine »alte« Bekannte ist?**

Ja, schauen Sie sich zwei Verliebte an, die sich umarmt halten: Würde man nicht sagen, daß sie das fundamentale Körper-zu-Körper wiedergefunden haben und daß sie sich nicht mehr werden trennen können? Sie sind reglos, wie für eine Ewigkeit physisch erstarrt, obwohl ihr Verstand weiß, daß es ein Ende finden wird.

Sie brauchen nicht mehr Worte als in den ersten Tagen ihres Lebens, die Wärme des Körpers des anderen breitet sich in jedem von ihnen aus und stillt alle Not: Es genügt ihnen, »mit« dem anderen zu sein. Möge das doch lange dauern, lange! Während sich ihre Atemzüge vermählen, umarmt sich ihr Unbewußtes (der archaischste Teil ihres Selbst, das heißt die vor der Sprache liegenden Erinnerungen) und läßt sie glauben, daß dieser Moment derselbe sei wie damals und daß sie endlich

diejenige oder denjenigen gefunden haben, die bzw. der alles geben kann, was seit so langer Zeit verloren war, von dem sie insgeheim erwarteten, es eines Tages wiederzufinden.
»Damals« und »mit«, diese beiden Worte bilden in unserem Unbewußten einen Reim: Ein Baby, das seine ersten Tage »mit« einem Elternteil erlebt (wer er auch sei), kennt die Einsamkeit nicht, und es ist dabei, sich für später auf der Ebene des Unbewußten seine Geschichte von »damals« zu schaffen. Ohne Worte, ohne Sätze, ohne wirkliches Gedächtnis, die Erinnerung des Körpers empfindet, daß es gut ist. Später hat der Erwachsene nur einen Traum: »mit« zu sein wie »damals«. Das ist fundamental und charakteristisch für das menschliche Wesen. Sein ganzes Leben lang wird es den anderen suchen. Welchen anderen? Das ist nicht wichtig, der eine sagt Ihnen, daß er mit einer Frau lebt, der andere mit einem Mann, noch ein anderer mit einem Kind, der vierte mit einem Tier, und wenn von all diesen keiner paßt, wird der Mensch mit einem Gott leben. Der Mensch ist dafür geschaffen, »mit« zu leben, denn das ist es, was er während der langen Zeit seines Säuglingsalters lernt, in dem alles zu ihm vom Anderen kommt.
Das Problem ist, daß es »damals« mit Mama war und daß es eine Art von natürlichem Unter-einer-Decke-Stecken gab, während man sich heute eben dies wünscht, aber mit jemandem, den man nie gekannt und nie gesehen hat, der nicht einmal aus der gleichen Familie kommt! Die Besonderheit der Liebe ist, daß sie mit einer süßen Illusion beginnt und in einer grausamen Einsicht mündet: Der andere ist nicht *wie* wir.

**Stört denn die Liebe von früher durch den Vergleich die nachfolgende Liebe, die unter Erwachsenen?**

Selbst wenn das so ist, was könnten wir daran ändern? Wir sind die einzigen Lebewesen, die über ein so komplexes Unbewußtsein verfügen, das unseren Reichtum ausmacht, aber manchmal auch unser Elend.

Es gibt einen deutlich erkennbaren Unterschied zwischen der Erwachsenenliebe und der Kinderliebe: Im gleichen Maße, wie das Unbewußte zwischen dem Elternteil und dem Kind gleich und gegenseitig war, ist es von den Liebenden nicht veränderbar, da die unbewußten Computer der zwei Partner von heute zwischen null und fünf Jahren nicht den gleichen Film gespeichert haben. Nur die Phantasie läßt uns glauben, daß wir »dem gleichen« wiederbegegnet seien, den wir als Traum in unserem Innersten trugen. Wie ich es schon in *Jokastes Kinder** geschrieben habe: »Seit wir die Symbiose mit der Mutter über die ›Spiegelstufe‹ im Alter von acht Monaten verließen und die Einsamkeit erfahren mußten, erwartete jeder von uns diesen Augenblick, der die damals erlittene Dualität aufheben und die ursprüngliche Einheit wiederherstellen würde. Die Liebe ist der Versuch, das ›Spiegelerlebnis‹ nach rückwärts zu wiederholen, den Unterschied aufzuheben, auf das Individuelle im Namen der Symbiose zu verzichten . . . Die Liebe ist das ins Extreme gesteigerte Verlangen nach einer einzigen Identität für zwei, ist das unbewußt herbeigezwungene frühe Phantasma des Einsseins mit der Mutter.«

Der Augenblick der Liebesbegegnung zeichnet sich durch das starke Gefühl aus, daß das Lebewesen vor uns derjenige oder diejenige sei, der bzw. die im gleichen Moment das gleiche empfindet wie wir: Ein Blick genügt häufig, um uns den Eindruck zu geben, verstanden worden zu sein, uns in dem anderen wiederfinden zu können. Zu sagen »Ich liebe dich«

* Ebd., S. 148.

bedeutet meistens dies: »Ich liebe dich – dich, dessen Blick mir sagt, daß ich gut bin.« Der andere wird in der Liebe ein *Spiegel,* der auf jeden der zwei Verliebten ein narzistisch aufwertendes Bild zurückwirft, das so lange verloren war. Dank der narzistischen Verstärkung ist die Zeit der Liebe eine Zeit des persönlichen Aufblühens für jeden unter uns. Im Augenblick der Begegnung gibt es etwas, das in uns erwacht, siedend heiß und leidenschaftlich erregend, als etwas nie Dagewesenes. Wir glauben, zum ersten Mal zu lieben, während es doch nur das erste Mal ist, daß wir für ein beglückendes Gefühl Worte finden, das wir seit unserer frühesten Kindheit kennen.

**Verwirklicht das »Ich liebe dich« die Vereinigung von Körper und Seele in der Beziehung zum Anderen?**

Ja, und das macht auch seine Zerbrechlichkeit aus, denn wenn wir eines Tages vom Kopf her nicht mehr einverstanden sind, sind sehr oft auch unsere Körper nicht mehr einverstanden . . . Umgekehrt kann ein Versagen der Körper einen heimlichen Zwist der Seelen anzeigen. Sexologen erkunden nicht umsonst immer zuerst das psychische Funktionieren des Paares im täglichen Leben, obwohl sie im Grunde für die Probleme im Bett zuständig sind.

Das Unbewußte ist ein innerer, unsichtbarer Motor, der Tag und Nacht läuft. Im Leben des Paares kann dies das Übergreifen des Tages auf die Nacht und umgekehrt erklären.

Die Liebe wird direkt und ständig von den Phantasmen eines jeden beeinflußt, von Visionen, einer Art kompensierender Träume, die jeder von uns als Baby in seinem Kopf zu erzeugen lernte, wenn irgend etwas oder irgend jemand ihm fehlte. Ganz klein, durch eine spontane, innere Anstrengung haben wir gelernt, mit dem »Mangel« fertig zu werden, und jeder hat sich, wegen der unterschiedlichen Mängel, nach und nach sein *ideales Objekt* geschaffen, das er mit all den Qualitäten aus-

stattet, die geeignet sind, ihn glücklich zu machen. Je zahlreicher die Mängel waren, um so bedeutender sind die Phantasmen und um so *idealer* ist die *Liebe.* Die großen Leidenschaften finden sich immer bei Individuen, die viel gelitten haben und die alle Hoffnung auf den *Anderen* setzen . . .
Alle Welt weiß, daß die große Leidenschaft nicht dauerhaft ist. Unabwendbar kommt der Moment, in dem einer der Partner nicht mehr der Erwartung des anderen entspricht: »Er (sie) ist nicht derjenige (diejenige), den (die) ich mir vorgestellt habe . . . Also ist er (sie) *nichts.*« Alles fällt tatsächlich auf einen Schlag zusammen. Auf das größte Feuer folgt die kälteste aller Beziehungen, brüsk wird Maß genommen an dem, was man sich eingebildet hatte, und dem, was ist . . .

**Ist denn Liebe ein Trugbild?**

Nein, eigentlich nicht, aber sie beginnt immer mit einer mehr oder weniger langen Periode des Überschwangs bei beiden Verliebten, von denen man häufig sagt, »sie haben den Kopf verloren«, sie sind »allein auf der Welt« oder sie sind »blind«. Es trifft zu, daß die Verliebten während dieser Zeit so sehr damit beschäftigt sind, im anderen ihre Träume zu suchen, daß sie die Wirklichkeit um sich herum vergessen . . .
Früher fand die Heirat in diesem Moment, mitten in der Traumperiode statt. Die Hochzeitsreise diente dem Einüben der Sexualität, und selbst wenn sich die als enttäuschend herausstellte, war das kein ausreichender Grund für einen Bruch, denn es war ja noch viel vom Aufbau der Paarbeziehung zu erwarten, das Leben zu zweit, die zu erwartenden Kinder . . . Solange etwas zum Träumen bleibt, läßt sich das Unbewußte, das von Träumen lebt, nicht entmutigen!

**Aber wie soll man erklären, daß das lange Zusammenleben zu zweit und die Empfängnis eines Kindes, auf das dann heutzutage die Verheiratung der jungen Menschen folgt, sie wenige Jahre danach zur Scheidung führt?**

Von außen gesehen erscheint ein solches Verhalten in der Tat nicht logisch. Es ist mehr als berechtigt, sich zu fragen, warum es notwendig ist, bis zur gemeinsamen Zeugung eines Kindes zu kommen, um festzustellen, daß auch sein Eintreffen nicht die Symbiose zwischen den Eltern schafft. Mitunter sorgt das Kind sogar für Sprengstoff, weil es eine bis dahin geheimgehaltene Unübereinstimmung zutage bringt. Das Kind hat nicht den Platz bekommen, den man für ein Kind wünscht, es hat als Instrument gedient, damit beide Eltern einsehen, daß sie sich geirrt haben. Die Entwicklung des Kindes erscheint als geringeres Problem gegenüber den Schwierigkeiten der Eltern, die sich von Traum zu Traum bewegten, immer hofften, ihre Liebesbeziehung zu verbessern, und denen vor der Wiege ihres Kindes schließlich klar wird, daß sich nichts geändert hat.
Das Unbewußte ist die Grundlage der Liebe, es treibt die Liebenden weiter und weiter; ihre Symbiose scheint immer bevorzustehen, allerdings an gewisse Bedingungen geknüpft: zusammen leben, ein Kind haben, sich verheiraten, wobei diese Dinge nicht immer in der gleichen Reihenfolge ablaufen. Jedes neue Stadium wird als Voraussetzung für den Höhenflug erwartet. Man bewegt sich von einem symbiotischen Traum zum nächsten, bis man die ersten Pflöcke für eine familiäre Zelle einschlägt. Ich habe meine Zweifel, ob diese Zelle jemals der ideale Ort für die Träume wird, weil sie häufig bis dahin unbemerkt gebliebene Differenzen ans Tageslicht befördert. Das Leben der Eltern und das von Ehepartnern verlangt eine echte Übereinstimmung in ganz bestimmten Bereichen, wie Erziehung, alltäglicher Lebensstil, Freunde, Freizeit, kulturelle Bedürfnisse, Geld. Lauter Dinge, die man in dem »no man's land« des Lebens junger Verliebter in einer Miniwohnung

nicht angehen muß. Die Liebe hält sehr häufig dem wirklichen Verheiratetsein, seiner Routine und dem Zwang, sich zu organisieren, *nicht stand.*
Wenn die Ehe früher ohne die Liebe *auskommen* konnte, dann deshalb, weil alles, was sie umgab, im Interesse der beiden Gatten organisiert war; heute *stützt* sich die Ehe *nur* auf die spontane Liebe zwischen Individuen, das heißt auf die unbewußte Anziehung, die sie aufeinander ausüben. Nichts sonst wird um das Paar herum geschaffen, das allein mit dem Unbewußten alle realen Schwierigkeiten überwinden muß, die sich einstellen werden: Unterschiede in der Herkunft, der Kultur, ja sogar der Rasse! Das ist viel! Wie kann man sich denn auf die Logik der Leidenschaften verlassen, um die Probleme der Wirklichkeit zu lösen?

**Wenn ich Sie richtig verstehe, wird das, was wir Leidenschaft nennen, von Ihnen »Unbewußtes« genannt . . . Im entscheidenden Moment ist es sicher der erste Stein für das familiäre Gebäude, denn kein Paar wird es ertragen, eine Beziehung lange fortzusetzen, die sich nicht zunächst auf die Liebe stützt, also auf das Unbewußte . . .**

Das ist absolut richtig, und deshalb beobachtet man gegenwärtig, daß sich in Paris ein Paar von zweien scheiden läßt; in der Provinz liegt die Scheidungsrate bei eins zu drei. Man begegnet nicht selten Männern und Frauen (hauptsächlich Frauen), die mit dreißig Jahren bereits eine Ehe hinter sich haben mit ein oder zwei Kindern, geschieden sind und zu dem werden, was man die Alleinerzieherfamilie nennt. Sie ist das Ergebnis der zerbrochenen Paarbeziehung und nicht das eines festgefügten Wunsches, mit den Kindern ohne Partner zu leben, wie man es uns glauben machen möchte. Alle Soziologen werden es Ihnen bestätigen: Die Einelternfamilie ist das Ergebnis der Unmöglichkeit, als Paar zu leben.

Das Kind ist häufig das erste Opfer der Leidenschaft zwischen seinen Eltern, die zunächst lodert, dann zerbricht und stirbt. Es fällt dem Kind schwer, sehr schwer, sich nicht verantwortlich zu fühlen: Bei der Beratung schweigen Kinder geschiedener Eltern häufig über ihre eigenen Probleme, weil sie fürchten, ihre Angehörigen mit dem, was sie sagen, in Schwierigkeiten zu bringen.
Alle Kinder Geschiedener tragen ein besonderes Zeichen, das Zeichen des Bruchs. Sie haben die beruhigende Symbiose mit den Eltern nicht erfahren und den Bruch tief verinnerlicht. Er wird sie ihr Leben lang verfolgen.
Wie die Statistiken zeigen, lassen sich Kinder aus geschiedenen Ehen auch selbst oft wieder scheiden. Weniger bekannt ist, daß sie eine größere Sensibilität für Zerwürfnisse entwickelten als andere und sie auch weniger gut ertragen. Sie sind anspruchsvoller und werden von den zu einer Paarbeziehung gehörenden Schwierigkeiten schneller entmutigt.

**Bildet die Scheidung die Krönung für die Niederlage der Phantasmen des Individuums?**

Ganz und gar, je mehr jemand von Ehe und Liebe erwartet, um so wahrscheinlicher ist eine Scheidung. Und es ist ganz offensichtlich die Frau, die das meiste erwartet – nach einer Kindheit ohne Mann. Sie ist es, die in fünfundsiebzig Prozent aller Fälle die Scheidung verlangt.
Frauen sind von der Paarbeziehung und der Ehe enttäuschter als Männer. Die von ihrer Mutter nur »unter Bedingungen« geliebten kleinen Mädchen haben frühzeitig begonnen, *vom Mann zu träumen,* der kommen wird und der niemand anders ist als der Märchenprinz: derjenige, der sie auf einen einfachen *Blick* hin liebt.
Wie viele Frauen wollen nicht so geliebt sein, ohne jede Vorbedingung! Und trotzdem sind sie die ersten, die eines Tages von

ihrem Geliebten wissen wollen: »Sag mir, weshalb du mich liebst.« Diese Frage bringt den Mann sehr in Verlegenheit, denn er liebt ja gerade auf eine allumfassende Weise und hat nie über Gründe nachgedacht, die seine Liebe rechtfertigen würden ...

Über die Märchen ihrer Kindheit gelangt die Frau nacheinander zu den imaginären Lieben der Jugendzeit und dann zur schwindelerregenden ersten Liebe, denn es gehört zum Wesen des Weiblichen, *alles* Glück vom Mann zu erwarten.

Die Lektüre von Frauen ist hier sehr aufschlußreich: Von *Aschenputtel* bis *Vom Winde verweht,* von *Die Schöne und das Biest* über *Lady Chatterley* bis zu Hedwig Courths-Mahler, Lore- und Arztromanen, die als Lesestoff für den Zug gekauft werden, mögen Frauen vor allem Liebesgeschichten ...

»Wenn 25 Prozent gebildeter Frauen diese Literatur lesen, obwohl sie ganz genau wissen, daß es Schwindel ist, dann müssen ihre Phantasmen wirklich mächtig sein«, schreibt Michèle Coquillat.*

Solche Romane handeln fast immer von der gleichen Geschichte. Die Frauen erkennen sich in ihr wieder: Eine junge Frau, verwaist oder von einer anderen Frau aufgezogen (von Kindheit an ungeliebt) wird von einem schönen, großen Mann bemerkt, der das Leben kennt (idealisiertes Bild des ödipalen Vaters, der ihr gefehlt hat). Nach mannigfachen Umwegen und Schwierigkeiten, die dem Roman seine Originalität geben, erklärt er ihr schließlich seine *Liebe,* und die junge Frau findet ihre Erfüllung.

»Es war die totale Kapitulation ihres Seins, und sie wußte, daß er es verstand ... All ihre Besorgnis wurde von der Freude hinweggefegt, die sie empfand, jemanden getroffen zu haben, der sie so gut verstand.«**

* *Romans d'amour,* 1988, S. 244.
** Ebd., S. 144.

Sie empfand sich als für ihn »durchscheinend« . . .*
Man glaubt zu träumen. Denn wenn die Frau vom Mann verstanden wird, kann das mit Sicherheit nur im Roman vorkommen. Als Folge einer nur mütterlichen Erziehung wird ein Mann nämlich weder jemals zu »verstehen« suchen noch auf etwas »hören« wollen, was von einer Frau kommt!**

**Kann der Mann also die Frau nie verstehen?**

Nur mit Hilfe ihrer Phantasmen glaubt die Frau, von dem in sie verliebten Mann »verstanden« zu sein. In Wirklichkeit weiß er nicht, wie sehr das Narzißtische der Frau durch eine andere Frau beeinträchtigt wurde, eine schönere und vom Vater mehr geliebte Frau.
Er hat eine solche Situation nicht erlebt. Er ist von seiner Mutter nur narzissisiert worden, und sogar in der Rivalität mit dem Vater hatte seine Mutter eine eher beruhigende Funktion.
Er weiß nicht, was die Frau mit ihrer Mutter auf der Ebene der *Weiblichkeit* an Unangenehmem hat durchmachen müssen, und er weiß *nichts* davon, daß sie besonders in diesem Punkt Bestätigung braucht.
Da er von all dem nichts weiß und vor sich eine Frau sieht, die bestrebt ist, ihm zu gefallen, wird er von ihr verlangen, alles zu sein, was er bei einer Frau mag, und so fällt sie in das ewige Stereotyp vom Weiblichen zurück. Wenn die Frau sich dem Mann zuwendet, um eine Bestätigung ihrer Weiblichkeit zu bekommen, dann ist das eine »gewisse« Weiblichkeit, von der sie reden hört und deren Zutaten wir leider alle kennen.
Es genügt, die sogenannten Frauenzeitschriften zu lesen, die werden Ihnen sagen, »wie er zu verführen ist, wie man ihn behält, wie man ihn mit einer anderen teilt« usw. Alle Rezepte

* Ebd., S. 144.
** *Jokastes Kinder,* S. 170–171, Claassen 1987.

werden angeboten, wobei vorausgesetzt wird, daß sie dem Mann gefallen, natürlich! Die Frau gelangt von ihrer Mutter unmittelbar zum Mann. Erinnern wir uns noch einmal an dieses so wahre Wort Freuds: »Er sollte die Vaterbeziehung erben, und in Wirklichkeit erbt er die Mutterbeziehung . . .«, denn die Frau wird den Mann »zufriedenstellen« wollen, wie sie die Mutter zufriedenstellen mußte, um ihren Platz als Mädchen zu bewahren. Der Platz für die Frau ist auf die gleiche Weise zu sichern. Es ist wahr, daß es den Mann nicht stört, daß seine Frau arbeitet, wenn sie nur weiterhin das Haus auf Touren hält und auch die Waschmaschine. Von daher kommt die Doppelbelastung der jungen Mütter von heute, von daher die Unzufriedenheit der Superfrauen . . .

Solange die Frauen, wie mir heute morgen eine sehr deutlich sagte, auf das Den-anderen-»Freude-Machen« festgenagelt bleiben, bleiben sie für immer jene Sklavinnen, die jeder so schätzt . . .

Bleibt am Abend eines Arbeitstages und Haushaltstages noch genug Energie übrig, um die Traumgeliebte zu sein? Steht ihr um elf Uhr oder um Mitternacht noch der Sinn danach, etwas zu »wollen«, während der letzte Schleudergang läuft? Läuft sie nicht Gefahr, wegen einer anderen, freieren Frau verlassen zu werden?

Und da sind sie wieder, die Konturen der »anderen Frau, die *besser* als man selbst« ist: Die Eifersucht, dieses Krebsgeschwür der Liebe, schleicht sich ein bei dem Paar . . . Und wenn das Unglück es will und die Vorahnung wird Wirklichkeit, wird die Frau mit ihrem Haß und ihrer Rachsucht nicht den Mann verfolgen, der sie betrügt, sondern die »andere Frau«. Wie ist sie? Was macht sie? Was macht sie mehr für ihn? Was sagt sie ihm? Wut gegen die andere Frau ergreift die betrogene Frau, denn sie ist daran gewöhnt, daß eine andere ihr wegnimmt, was sie hat, daß eine andere ihr ihr Leben nimmt. Sie hatte es ja sowieso kommen sehen . . .

Der eifersüchtige Mann fragt nichts über den anderen Mann, er

will nichts wissen ... Er leidet, weil seine Frau ihm entkommt, ihm, demgegenüber die erste Frau, seine Mutter, sich nie etwas zuschulden kommen ließ ...
Eifersucht ist in der Liebe deshalb ein so schreckliches Gefühl, weil es jeden in archaische Empfindungen zurückfallen läßt, die im Körper verankert sind. Der erwachsene Eifersüchtige wird wie das kleine Kind in seiner Wiege, das weinte, schrie und kaum noch Luft bekam, weil seine Mutter es verlassen hatte, um etwas anderes zu tun. Alles das kann man auf einen Schlag wiederfinden, weil der, den wir liebten, gegangen ist, »woandershin«.

## Ist die Eifersucht Teil der Liebesgefühle?

Ja, denn man hat immer Angst, das zu verlieren, woran man hängt, und nicht durch Zufall erfährt meistens die Frau dieses Gefühl. Erstens haben wir gesehen, daß sie es schon bestens kennenlernte, mit ihrer Mutter, der ersten der »anderen« Frauen ... Zweitens, da sie ihren Vater nicht als ödipales Objekt hatte und auch kein anderes Ersatzobjekt, erlebt sie in der Liebe zum ersten Mal das Gefühl, daß ihr jemand gehört, und zwar ihr in allererster Linie. Zwei Gründe, die bewirken, daß der Liebe im Leben der Frauen mehr Bedeutung zukommt als im Leben der Männer. So legen sie um so mehr Wert darauf und sind um so enttäuschter, wenn es sich mit dem Mann nicht so entwickelt, wie sie erwartet hatten. In ihrer Enttäuschung sind sie es – inzwischen besitzen sie ja das Recht der freien Rede und auch das Wahlrecht –, die zeigen, daß es so nicht weitergehen kann und die als erste die Scheidung verlangen.

**Heute haben wir wenigstens die Freiheit erworben, den Mann zu verlassen, der uns nicht versteht . . . Das ist immerhin besser als zu Zeiten unserer Mütter . . .**

Ja . . ., was man bei dem einen nicht bekommen hat, sucht man oft bei dem anderen . . . Der andere aber ist sehr häufig das Kind. Die Freiheit, den Mann zu verlassen, hat häufig die zwangsläufige Folge, daß das Kind seinen Vater verliert, und die Frauen führen in aller Öffentlichkeit nur das fort, was unsere Mütter und Großmütter im Falle eines ehelichen Zerwürfnisses taten: Sie leben mit ihren Kindern. Im Unterschied zu dem, was heute vor sich geht, blieben damals die Fassaden unversehrt, aber die Alleinerzieherfamilie gibt es schon seit langem! Mit der Mutter als dem einzigen Elternteil!
Und das ist für mich das Betrübliche für die Mädchen von gestern wie für die von heute. Früher äußerte man Vorwürfe gegen seinen Mann nur im Flüsterton in den Salons, heute haben die Frauen die Freiheit, ihre Männer zu verlassen. Und was tun sie? Sie leben *mit* einem Kind, genau wie früher!

**Was wollen Sie damit sagen?**

Das Kind ist heute allzu häufig der »ideale Partner« der Frau. Sie weiß es nicht, wenn sie es in einer symbiotischen Begeisterung mit ihrem Partner empfängt, als die Inkarnation einer dauerhaften Verbindung mit ihm. Das Kind aber läuft Gefahr, für sie wichtiger zu werden als der Mann, mit dem sie es gemacht hat. Sobald die Frau weiß, daß sie ein Kind in sich trägt, erfährt sie mit ihm eine körperliche Gemeinsamkeit, die bei weitem die wenigen Minuten oder Sekunden des Koitus mit dem Mann übersteigt . . . Eine schwangere Frau erkennt schnell, daß sie ein einzigartiges symbiotisches Stadium im Leben erreicht hat. Ohne sich darüber wirklich klarzuwerden, gleitet sie langsam vom Mann zum Kind hin, als dem »Alter ego«.

Die Vorrangstellung der Mutter gegenüber dem Vater setzt mit der Schwangerschaft ein und wird in vielen Fällen vom Mann als unausweichlich angesehen. Nur fünf Prozent der Väter erfahren mit dem Kind das großartige Gefühl körperlicher Nähe des mit ihm Unter-einer-Decke-Steckens, die Wärme seiner Ärmchen, die sich um den Hals schmiegen, aber die anderen wissen auch weiterhin nicht, daß das Neugeborene bereit ist, *mit* dem Vater zu leben wie *mit* der Mutter. Nur wenige Paare nutzen diese Möglichkeit, und neben dem Duo Mutter-Kind verwandelt sich der Mann in den heiligen Joseph: der in dieser Sache nicht gebraucht wird, nichts zu tun weiß und nichts dafür kann.
Der Vater lebt viele Stunden lang woanders, weit weg von seinem Zuhause, und weder seine Firma noch sein Chef, noch der Staat geben ihm frei, damit er sein Kind »bevatern« kann. Weder der Chef noch der Vater werden etwas an ihren Gewohnheiten ändern. Die Mutter aber *muß* sich darauf einrichten: Das Kind hat nur *sie,* auf die es sich verlassen kann, und sie muß *zuerst* an *es* denken.
Dies hat unmittelbare Folgen. Wenn die Paarbeziehung gefährdet war auseinanderzubrechen, wird die Ankunft des Kindes diese Gefahr vergrößern, weil die psychologische Position der Eltern auseinanderläuft. Jeder klammert sich an das, was er für seine Domäne oder sein Privileg hält, die Mutter ans Kind, der Vater an die Arbeit. Sie sind nicht mehr auf der gleichen Wellenlänge; das Kind, das als ein gemeinsamer Wunsch gesehen wurde, ist nur zur Verwirklichung für die eine geworden. Die Frau beginnt sich zu sagen: »Da ich mit dem Kind *allein* bin und auf meinen Mann nicht zählen kann, kann ich auch gleich gehen. Da ich nur *mit* meinem Kind leben kann, muß ich also François verlassen, ich werde mit ihm reden . . . Ein Abend vergeht, der nächste und auch noch der übernächste; es ist nicht leicht zu sagen: »Ich möchte mit dem Kind gehen, das wir gemacht haben.« Was wird François sagen, er, der von morgens bis abends arbeitet und erschöpft nach Hause kommt mit dem Gefühl, daß er für »sie« arbeitet? Er wird als erstes

sagen, daß das verrückt sei und dumm, dann, durch ihre geschickt vorgebrachten Argumente, wird er anfangen zu begreifen, daß er hier unnütz ist, daß der Haushalt sehr gut ohne ihn funktioniert, daß er nur eine zusätzliche Belastung darstellt, ein Esser mehr, zusätzliche Hemden zu bügeln, mehr Geschirr... Schließlich ist er *da, wohin er sich seit der Geburt des Babys begab,* im Abseits, »überflüssig«, neben Mutter und Kind, die ein Ganzes bilden und die er jetzt verliert.

Die Statistiken sind eindeutig: Von hundert Scheidungskindern leben fünfundachtzig bei der Mutter und sehen den Vater nur gelegentlich, fünfzig Prozent verlieren den Kontakt mit dem Vater endgültig!

**Wenn die Frau die Scheidung verlangt, geschieht das also weniger aus Enttäuschung über das, was sie mit dem Mann erlebt hat, sondern eher weil sie eine andere, befriedigendere Symbiose entdeckt hat?**

Die Frau, von dem Mann enttäuscht, der sie nicht »versteht«, hält in der Tat an der Beziehung fest, bis das Kind kommt, denn sie glaubt, daß sie dieses Kind »gemeinsam« haben werden. Aber nichts kommt wie vorgesehen, und das Kind trennt sie als Eltern nur noch mehr. Dies gibt dem Kind eine *Schlüsselposition* im Leben der Frau.

Mit der Ankunft des Kindes entdeckt die Frau nämlich eine ideale symbiotische Situation, in der sie permanent mit dem »anderen« kommuniziert. Was sie manchmal mit ihrem Partner nicht gefunden hat, kann sie jetzt mit dem Kind erleben und kann dabei zu dem Schluß kommen, daß ihre Einsamkeit ausgefüllt ist und sie sich ohne Schaden zu nehmen darauf einlassen kann, als Alleinerziehende zu leben. Die Illusion ist nur von kurzer Dauer, denn sobald das Kind alt genug ist, um sich auszudrücken, macht es ihr durch seine

Opposition begreiflich, daß sie auch diese Symbiose aufgeben muß, um sich wieder der Einsamkeit zu stellen, selbst neben dem so geliebten Kind . . .

**Wenn Sie davon überzeugt sind, daß weder Mann noch Frau durch nichts zufriedengestellt werden, warum sich dann noch bemühen, sie in der Beziehung zum Kind »anders« leben zu lassen?**

Weil mich meine Arbeit als Analytikerin hat erfahren lassen, wie tief die Unzufriedenheit der Frauen sitzt und wie ganze Leben gelebt werden in Furcht und mit Schuldgefühlen, nicht das zu sein, was von ihnen erwartet wird. Wenn der Mann unter Einsamkeit leidet, zeigt er kein solches Maß an Minderwertigkeitsgefühlen . . . Ich weiß, daß ich das Leben einer Frau nicht vollständig umformen kann, aber ich kann ihr gewiß dabei helfen zu verstehen, woher ihr seltsames, weibliches Leiden kommt, und es ihr vielleicht erträglicher machen, indem ich ihr aufzeige, unter welcher Benachteiligung ein kleines Mädchen leidet, das von einer Frau aufgezogen wird.
Ich glaube, daß die Mütter, wenn sie selbst den Grund ihres Unglücks nicht verstehen, es wiederholen und weitergeben, fest davon überzeugt, es zu vermeiden. Der Ödipus zwischen den Vätern und den Töchtern wird nur in dem Maße zustande kommen, wie die Väter sich dabei engagieren, aber wiederum nur so weit, wie die Mütter ihn zulassen werden. Es ist deutlich geworden, daß sich gegenwärtig zu viele vom Mann enttäuschte Frauen über das Kind zu entschädigen suchen, das dann nur den Frauen gehören darf.

**Ödipus, immer Ödipus, heißt das nicht, vom Ödipus zu viel zu erwarten?**

Der Ödipus ist der erste vom Kind als »wohltuend« erkannte und daher annehmbare Unterschied. Mit seinem ödipalen Elternteil empfindet sich das Kind als »das, was man sein soll«. Ist das nicht ein »wohltuender« Anfang für ein menschliches Wesen? Es ist ganz entscheidend und vorrangig, in der Zeit bis zum Alter von fünf Jahren als zufriedenstellend anerkannt zu sein und nicht sein Leben lang der Anerkennung hinterherzulaufen, anderer Art vielleicht, aber immer teuer bezahlt, besonders von den Frauen. Anerkennung übrigens, die nie mehr wirklich verinnerlicht wird, da unser Unbewußtes im Erwachsenenalter die für den Narzißmus des Individuums entscheidenden Wahrheiten nicht mehr »erntet«. Jedes menschliche Wesen muß sein Leben mit dem bestreiten, was es im Alter von null bis fünf Jahren als Bestätigung seines Rechts auf eine Existenz, »so wie es ist«, erfahren hat.

Alle, die den Platz eines vorherigen Kindes eingenommen haben, alle, die nicht im richtigen Augenblick oder mit dem falschen Geschlecht auf die Welt kamen, und alle die, denen man nur in dem Maße ein Existenzrecht gewährt, in dem sie der Norm vom Wohlverhalten eines kleinen Mädchens, einer Frau, einer Mutter entsprechen, haben es nicht leicht.

Sobald man von der Rolle der Frau spricht, gibt es offenbar immer nur denselben Refrain: Sie bekommen die Kinder. Was muß das für ein Privileg sein, wenn ihm jede andere Art der Existenz nachgeordnet wird.

Selbst Frauen, die ein anderes Leben wählen, wagen es nicht, dieses Privileg aufzugeben, und ziehen es vor, eine Doppelexistenz auf sich zu nehmen. Die Frauen fordern die Gleichheit mit dem Mann im Arbeitsleben, gleichzeitig verlangen sie aber das Kind. Der Mann beginnt sich zu sagen, daß diese Frau da, die »Superfrau«, geradezu gefährlich wird. Er, der seine Frau in

das Haus zu den Kindern abschob, um ihr nicht mehr da zu begegnen, wo er ist (wie zur Zeit Jokastes), wird von panischer Angst erfaßt, wenn er sieht, daß sie Mittel und Wege gefunden hat, aus dem Gefängnis herauszukommen, sei es, daß sie weniger Kinder hat, sei es, daß sie sie in der Kinderkrippe, in der Tagesstätte usw. unterbringt.
Die Frau hat die List durchschaut, die der Mann ihr gegenüber anwendet. Sie verleugnet ihren Uterus nicht, aber sie lehnt es ab, sich *allein darauf beschränkt* zu sehen. Es geht ihr darum, nicht mehr Sklavin ihrer Hormone zu sein, die Macht zu haben, dem Kinderwunsch des Mannes entgegenzutreten, ein Kind nur zu bekommen, wenn die Arbeit es zuläßt, und niemals Sklavin dieses Kleinen zu werden. Alles in allem ist die Vermehrung keine Verpflichtung mehr für die Frau, und der Koitus kommt keiner Unterwerfung mehr gleich. Das Pflichtkind ist durch das Wunschkind ersetzt worden.

## Kann es sein, daß Sie die sexuellen Schwierigkeiten mit dem Mann herunterspielen?

Nein, ich weiß aber, daß die sexuellen Schwierigkeiten den Frauen angelastet werden, nur aus der Gewohnheit, sie zu beschuldigen. Ich glaube, daß es ebenso viele Schwierigkeiten dieser Art bei den Männern gibt.
Die große Gleichung bei den körperlichen Beziehungen, gültig für den Mann wie für die Frau, ist folgende: Unbewußt *wollen* = unbewußt *können.* Umgekehrt: Nicht *können* = unbewußt nicht *wollen.*
Gerade bei körperlichen Beziehungen ist der Anteil der unbewußten Vorgänge fundamental. Im allgemeinen begreifen die Leute nicht klar genug den Ursprung ihrer Störungen, weil dieser Ursprung sich nicht aus dem bewußten *wollen* ergibt, sondern aus einer Kette unbewußter Reflexe, von denen sie einfach nur die Auswirkungen sehen, nämlich: Es geht nicht.

Kehren wir noch einmal zum Ursprung zurück. Ein sehr kleines Kind, das gestreichelt oder berührt wird, kann diese Liebkosungen mit Worten nicht zurückweisen, selbst wenn es sie als störend empfindet. Es wird sie auf *somatische* Weise *ablehnen,* sein ganzer Körper zieht sich dann zusammen; im umgekehrten Fall wird es das wohlige Gefühl, die Lust, die ihm dieser Kontakt vermittelt, *akzeptieren,* indem es sich entspannt, sich der Berührung und dem Gefühl überläßt. Anders gesagt, die Antwort auf eine Ansprache, eine Aufforderung, *teilt sich zuallererst über den Körper mit.* So kann es geschehen, daß ein kleines Mädchen, das sich in einem Konflikt mit seiner Mutter befindet, ihr darüber aber nichts sagen kann, eine Anorexie entwickelt, indem es bei der Annäherung der Mutter jedes Hungergefühl blockiert. Dieses kleine Mädchen wird wahrscheinlich, wenn es groß ist, einem Mann gegenüber auf die gleiche Weise reagieren. Dieser Mann, den es aus x Gründen nicht mag, wird es unbewußt an den Konflikt von damals erinnern, und das herangewachsene Mädchen, also die junge Frau, wird alle Empfindungen auf der Haut blockieren und »unerregbar« werden, also »frigide«.
Solche Blockierung äußert sich nicht immer auf die gleiche Weise: Einige können Zärtlichkeiten bis zu einem bestimmten Punkt akzeptieren, und erst dann wird alles blockiert. Andere folgen der Erregung bis zum Augenblick des Orgasmus, der dann aber verweigert wird, um zwischen ihr und ihm einen notwendigen Abstand zu schaffen. Das Unbewußte gerät hier ganz besonders im Augenblick des Orgasmus in Aufregung, wobei jeder, über geheime Mechanismen (das gilt auch für ihn), seine Freiheit sichert, *mit* oder *ohne* den anderen zu sein. Auf der Ebene des Bewußten mag all dies erstaunlich erscheinen, dennoch ist wahr, daß jedes Individuum, das in der Lust mit dem anderen ein Problem hat, einen Moment der Verschmelzung vermeidet, der die Erinnerung an eine früher erlebte Gefahr wachruft. Das Individuum schützt sich nicht so sehr vor der *Lust,* als vielmehr vor dem Fortgetragenwerden,

*hin zum Verlangen des anderen.* Jede Verteidigungshaltung dieser Art zwischen einem Mann und einer Frau hat tiefe Wurzeln, die bis in ein schon *in der Kindheit* mit den Eltern erlebtes Verhalten hinunterreichen.
Der Körper scheint eine *Geschichte* zu haben. Diese hat von den ersten Tagen an ihren Anfang genommen: mit dem Erwachsenen, der sich um das Kind kümmerte, und sie *setzt sich fort,* sogar bis ins Ehebett, wo jeder sich weit weg von den Eltern wähnt . . . Auf das gleiche Verlangen die gleiche Antwort: Auch dreißig Jahre später noch ist es der Körper, der als erster verstimmt ist . . . und der länger schmollt als der Kopf! Zwei Partner, die sich tagsüber gestritten haben, erleben, selbst wenn sie abends einverstanden sind, sich zu lieben, mit großer Wahrscheinlichkeit ein Fiasko.

## Ersetzt der Körper an manchen Abenden die Worte?

Ja, wir haben ja gesehen, daß das Unbewußte und der Körper in der Kindheit das gleiche ausdrücken. Es ist die Basis des psychosomatischen Ausdrucks überhaupt: *Man drückt mit dem Körper aus,* was man *mit Worten* nicht sagen kann. Dies gilt ganz besonders für den *sexuellen* Bereich, in dem der Körper sich verweigert, wenn ein Verlangen sich meldet, das nicht mit der Anerkennung des Wertes einer Person einhergeht: Die Glücklichsten in der Liebe sind die »Verliebten«, die das geliebte Objekt stark idealisieren und ihm ein Wohlwollen entgegenbringen, das jedes vernünftige Maß übersteigt. Ein Mann und eine Frau, die zusammenleben, wundern sich mitunter, daß sie den Schwung von früher nicht wiederfinden. Sie sind sich im gemeinsamen Leben ganz einfach über den relativen Wert des einen wie des anderen klargeworden, sie sind nicht mehr Romeo und Julia.

**Und der Orgasmus in all dem? Kann man auf den noch hoffen?**

Der Orgasmus ist doch kein Problem. Jede Frau, die sich selbst befriedigt, erreicht ihn vollständig und schnell (in zwei oder drei Minuten, nach dem Hite Report).* Problematisch ist, wenn wir uns einmal in die Situation hineinversetzen, zu jemanden Vertrauen zu haben, der uns im Leben nicht versteht. Der Orgasmus ist nur dann ein Problem, wenn ihn der andere »will«; wenn er von unserer eigenen Lust abhängt, funktioniert er vollkommen problemlos . . . Beim Mann ist es genauso, er kann während eines Geschlechtsverkehrs auch mechanisch ejakulieren, ohne daß er einen Orgasmus hat.
Der Orgasmus zwischen zwei Liebenden hängt mit dem Vertrauen zusammen, das sie zueinander haben. Um dahin zu kommen, muß man jede Vorstellung von Widerstand (also von Ablehnung) beiseite lassen können. Die Hand des Partners muß der eigenen gleichgestellt werden können, denn wer würde sich selbst etwas anderes als nur Gutes antun? Dem anderen müssen ebenso gute Absichten uns gegenüber unterstellt werden, wie wir sie für uns selbst haben. Nichts ist egoistischer als der Orgasmus, und nichts ist altruistischer, als ihn sich vom anderen geben zu lassen.
Mißerfolge stellen sich immer zu Zeiten ein, in denen wir einander verletzt haben und in denen der Grad an Mißtrauen zugenommen hat: »Er versteht mich nicht«, »Mit dem würde ich mich immer allein fühlen«, »Wenn er wüßte, was ich von ihm halte . . .« Das sind die Gedanken, die den Orgasmus im Keim ersticken (außer in Fällen einer sado-masochistischen Perversion).

* *Hite Report,* München 1976.

**Und die sprichwörtliche Langsamkeit der Frauen beim Erreichen des Orgasmus?**

Die angebliche Langsamkeit der Frauen bei der Erregung wird ganz klar von ihrer orgiastischen Schnelligkeit bei der Selbstbefriedigung widerlegt. Was Probleme zu machen scheint, ist die von tiefem Mißtrauen geprägte Haltung der Frau gegenüber dem Erfahrungswissen des Mannes. Sie denkt, daß er nicht das Richtige, das in dem Moment Passende tun wird oder daß er nicht sagen wird, was sie gerne hören würde; also wird sie auf die eine oder andere Weise *behindert* und also in der Schnelligkeit ihrer Reaktion auf die Zärtlichkeiten des Mannes verlangsamt.

Es kann auch vorkommen, daß der Mann wirklich keine Ahnung hat und die Frau vor lauter Furcht, daß er zu schnell zum Ziel kommt, blockiert ist. Man spricht zwar gern von der allzu großen Langsamkeit der Frau, aber man inkriminiert nicht oft genug die zu große Schnelligkeit des Mannes, der eine gewisse Unfähigkeit zeigt, dem Verlangen seiner Partnerin zu entsprechen.

Der körperliche Erfolg zwischen zwei menschlichen Wesen ist immer mit vom Grundsatz bestimmt: »Ich *will* das, was du *willst.«*

Diese Formulierung ist für den Mann schwierig, weil er allzulange ödipal »das Objekt einer Frau« war und es unbewußt nicht *wieder werden* will; sie ist auch für die Frau schwierig, die niemals irgend jemandes *Objekt* war, da sie keinen Ödipus hatte, und die es unbewußt nicht zu *werden* vermag. Von dieser Art sind die Schwierigkeiten im Augenblick des Erreichens des Orgasmus, für den Mann wie für die Frau.

Wir sehen deutlich, wie weitgehend die *erwachsene sexuelle Beziehung* auf die *ursprüngliche Beziehung* zur Mutter zurückgeht. Der Erfolg hängt von der Vorstellungskraft ab, die es uns erlaubt, den anderen für eine *»gute«* Mutter zu halten, selbst wenn man eine solche nie gehabt hat.

**Gibt es denn kein Kind, das eine *gute* Mutter gehabt hat?**

Es gibt nur »ausreichende« Mütter, das heißt Mütter, die dem Kind nur »erträgliche« Frustrationen zumuten. Das Kind hat nämlich in den ersten Monaten außer mit Tränen keine Möglichkeiten, sich auszudrücken, und es ist unvermeidlich, daß die Mutter (oder der Vater) nicht genau auf die Bedürfnisse eingeht. In den allerersten Tagen hat es das Bedürfnis, »in utero« zurückzukehren, zurück in eine ständige orale Befriedigung, ins Innere eines abgedichteten Universums, in das Geräusche und Licht nur gefiltert gelangen . . . Unvermeidbar verfehlen die Eltern das Ziel. Ein für allemal müssen wir uns damit abfinden: Ein Kind zur Welt bringen bedeutet, es auf den Weg des Mangels schicken und ihm als Wegzehrung das Imaginäre mitgeben, das den Mangel ausfüllen muß.
Das Imaginäre also, die große Hilfe, auf die der Mensch sich im Falle von Schwierigkeiten stützt. Das Imaginäre in der Liebe sind die *Phantasmen,* die insoweit ihr Wohnrecht haben, als sie der realen Situation das hinzufügen, was ihr fehlt, um die Vollkommenheit des Augenblicks auszulösen: den Orgasmus, das für uns so erstaunliche und ungewöhnliche Geschehen, daß wir vergessen zu atmen, den Tag nicht mehr wahrnehmen und Geräusche nicht mehr hören . . . Während des Orgasmus sind wir »schwebend«, sind unendlich köstlich der Welt enthoben. Es ist im übrigen unser einziges Mittel, die tägliche Welt unserer Unzufriedenheiten für einen kurzen Augenblick zu verlassen.
Der Sexologe Swang sagt uns, der Orgasmus sei »das beste Mittel gegen die Lebensangst des Menschen«, was all die vom Menschen und seiner Einbildungskraft erfundenen Mittel und Wege erklärt, um ihn zu erreichen. Die Analytiker nennen den Orgasmus »den kleinen Tod«. Sie sehen, jeder weist ihm einen ganz besonderen Platz bei der Ordnung der menschlichen Orientierungspunkte zu. Die Tiere, die beinahe alle fertig geboren werden, kennen weder die Mängel des kleinen Men-

schenkindes noch die mit der Liebe von Erwachsenen verbundenen Freuden.

**Ist nach Ihrer Meinung alles, was uns hilft, einen Orgasmus zu erreichen, »gut«?**

Außer wenn das, was für die Lust des einen notwendig ist, zum *Tod* oder zur *Vergewaltigung* des anderen führt.
Es kann vorkommen, daß das Kind die extreme Grausamkeit der Abwesenheit oder der Anwesenheit eines oder beider seiner Eltern als lustauslösend erlebt hat und in diesem Fall einen Orgasmus nur im Zusammenhang mit einer ebenso grausamen Situation wie der verinnerlichten haben kann (heftiger Streit, Schreie, Schläge usw.). Das Kind wird ein »psychopathischer« Erwachsener, logisch für sich selbst, aber unlogisch für alle anderen.

**Gehört Homosexualität zu den normalen Wegen in der Liebe?**

Was für eine Frage! Alle Formen der Liebe, die sich aus einem gleichen Verlangen zwischen zwei menschlichen Wesen ergeben und die nicht auf physischen oder moralischen Zwang zurückgreifen, sind Formen der Liebe, die ein Psychoanalytiker nicht als anormal behandeln kann. Er erkennt sie genauso an wie die anderen. Die heterosexuelle Liebe dient nur deshalb als Bezugsmuster, weil sie die einzige ist, die einerseits Lust bringt und andererseits den Fortbestand der menschlichen Spezies sichert, also Abwehr des Todes bedeutet.
Wenn aber zwei Menschen, gegebenenfalls zwei Frauen, für sich entscheiden, daß die mit einer anderen Frau erlebte Liebesform ihnen am meisten Befriedigung gibt, warum nicht?
Es kann sich durchaus ergeben, daß die kindliche Beziehung

zur Mutter so sehr »unbefriedigend«, ja sogar »destrukturierend« war, daß ein Mädchen in der Adoleszenz überhaupt nicht bereit ist, sich als Frau zu empfinden und auf jeden Fall nicht als »Frau wie die anderen«. Wenn es den Weg anderer Heranwachsender kreuzt, mit gleicher Struktur und ebenfalls auf der Suche, nicht, wie allgemein üblich, dem Mann zu *gefallen,* sondern nach einem endlich befriedigenden Zusammentreffen mit einer anderen Frau (eine Empfindung, die vorübergehend auch Teil der weiblichen Adoleszenz ist), und wenn es dieses Zusammentreffen als geglückt anerkennt, kann es sein, daß es sich endgültig darauf einstellt.
Festzuhalten ist, daß die Identifikation mit weiblicher Sexualität im Falle einer sehr schlechten Beziehung zur Mutter *mehr oder weniger abgelehnt* und die männliche Identifikation *mehr oder weniger gesucht* wird; so daß man verschiedene Arten von Homosexualität findet: Einige haben *episodische* homosexuelle Beziehungen, manche gehen *abwechselnd* von der Frau zum Mann, andere sind nur *homosexuell,* wieder andere schließlich träumen von der Transsexualität und von chirurgischen Veränderungen, um der anderen Frau »wirklich« das geben zu können, was sie erwartet . . . Aber alles geschieht so, als ob die Lust von einer Frau empfangen oder *einer Frau* gegeben werden müßte, bei der sie endlich die weibliche Liebe findet, die ihre Mutter ihr nicht gegeben hat.
Man kann feststellen, daß die weibliche Homosexualität, eine Wiedergutmachungsbeziehung mit einer anderen Frau, von starker Emotionalität geprägt ist, daß sie sich also auf eine andere Motivation gründet und andere Wesenszüge trägt als die männliche Homosexualität. Der homosexuelle Mann sucht nämlich sein Geschlecht, weil er das andere flieht. Da er eine zu große Liebe mit der Mutter erfahren hat, kann er eine andere Frau nicht mehr begehren, ohne daß ihn ein tiefes Erschrecken überkommt, und nur die männliche Welt erscheint ihm als sicher. Sie aber, die homosexuelle Frau, hat vom anderen Geschlecht nichts zu befürchten . . . außer daß es

nicht zu lieben versteht, wie sie es sich wünscht. Sie sucht nicht so sehr den Mann zu fliehen, als vielmehr die Frau wiederzufinden.

**Erscheint denn nun die Ehe in diesem ganzen Mann-Frau-Wirrwarr als aufbauende oder als abbauende Kraft für die Liebe?**

Das kommt darauf an, und auf diese Frage ist nur eine sehr differenzierte Antwort möglich. Es gibt Partner, die sich nach einem Versuch von einigen Monaten gemeinsamen Lebens gut kennen und ihre Verschiedenheit ohne Schwierigkeiten akzeptieren, die weiterhin ihre gegenseitigen Qualitäten schätzen und ihre Schwächen tolerieren. Sie lieben sich innig, haben den Zustand des Verliebtseins mit all seinen Illusionen beendet und sind der Meinung, daß sie ihr Leben miteinander teilen können. Die Heirat ändert nicht viel an ihrer Liebe, sie wird als der Beginn einer familiären und sozialen Einheit betrachtet, in der das Kind günstige Voraussetzungen hat, weil es von seinen ersten Lebenstagen an und auf gleiche Weise die Anwesenheit von Mutter und Vater ganz besonders braucht. Selbst wenn die Liebesträume während des gemeinsamen Lebens ein wenig an Glanz verloren haben, entdecken beide Partner eine neue Symbiose über das Kind, das in allererster Linie das »du und ich« ist, dann nach und nach »es« und schließlich »wir«. Innerhalb oder außerhalb der Ehe ist dies die gewöhnliche Entwicklung der Symbiose der menschlichen Liebe: du und ich, dann du und ich *im* Kind, dann du und ich *mit* dem Kind. Die Symbiose hat eine andere Färbung angenommen, aber sie ist immer da und ist das, was das Paar zusammenhält.
Diejenigen, die sich eine immerwährende intensive Symbiose bewahren wollen, werden wohl erkennen müssen, daß sie sich nicht auf ewig einen Verliebtheitszustand erhalten können, der dem Beginn der Liebe entspricht, besonders wenn sie ihre

Symbiose auf die gemeinsam erlebten, körperlichen Glücksgefühle gründen wollen ... Vielleicht werden sie ihr Leben mehrmals »von vorne anfangen« müssen, um jedesmal die Liebe wiederzufinden und ihre Verzauberung aufs neue zu erleben ...

Es gibt auch solche, die nach einem Zusammenleben von mehreren Monaten oder mehreren Jahren nur schwer ihre Verschiedenheit ertragen. Falls sie vorhaben, den anderen zu »ändern«, anstatt ihn zu akzeptieren, dürfen sie ja nicht glauben, daß die Ehe irgend etwas »ändern« wird oder ihnen bringt, was sie nicht haben, das heißt genug Gemeinsamkeiten, um ein ganzes Leben damit zu gestalten.

Vor allem sollen sie bloß nicht glauben, daß ihnen das Kind eine ausreichend tragfähige Gemeinsamkeit geben kann! Das Kind wird im Gegenteil in manchen Fällen zum lebenden Streitobjekt zwischen den Eltern werden. Und die Trennung wird als immer unausweichlicher erscheinen.

Mit anderen Worten: Die Ehe ist nicht die ideale Lösung für alle. Einige erleben darin eine unvergängliche Verbindung, während andere sie als Gefängnis empfinden, aus dem sie unaufhörlich zu entkommen suchen, auch wenn sie das erst nach Jahren verwirklichen. Sie haben dann eine lange Zeit der Unzufriedenheit durchlebt, die sie ihren Kindern weitergegeben und denen sie so eine falsche Lebenseinstellung vermittelt haben.

## Ist für solche Paare eine Scheidung die richtige Lösung?

Für die ist es sicherlich eine Lösung. Man läßt sich aber im allgemeinen zu spät scheiden, nach Jahren voller Konflikte, die nach und nach die Achtung zwischen den Partnern untergraben, und an dem Tag, an dem sich die Eltern trennen, zwingen sie das Kind, ohne es zu wissen, bald die eine, bald die andere Hälfte von sich selbst abzulehnen. Was den Reichtum eines

Kindes ausmacht, die Mischung aus zwei unterschiedlichen Persönlichkeiten, kann zur Katastrophe und zum Problem werden, wenn jeder Elternteil in seinem Kind das ablehnt, was *an den anderen erinnert.* Das ist das eigentliche Problem bei einer Scheidung! Wenn man eines Tages doch nur dahin käme, sich ebenso einfach voneinander zu scheiden, wie man sich verheiratet, also indem man feststellt – und dies den Angehörigen mitteilt –, daß die Ehe aufgelöst wird, weil sie der Selbstverwirklichung der Partner nicht förderlich ist.

Scheidungen sind deshalb so schwierig, weil sie von den meisten als *negativ* angesehen werden. Die von der Gesellschaft bei ihrer Verheiratung unterstützten Partner sehen sich jetzt *verlassen* und *mißbilligt,* anstatt daß man sie zu ihrer Weitsicht und ihrem Willen *beglückwünscht,* ihre Kinder nicht in einer neurotisierenden Situation versinken zu lassen. Da gibt es niemanden, der sagt, was eine Scheidung wirklich bedeutet: einen Richtungswechsel, wie im übrigen auch die Heirat . . . Die Partner würden viel weniger lange zögern, ihre Verbindung aufzulösen, wenn sie sich unterstützt wüßten – oder wenigstens nicht geächtet – von den Ihren und von der Gesellschaft. Sie verlängern »unlebbare« Situationen allein aus Furcht vor dem Urteil der anderen oder aus Furcht, ihr Kind zu schockieren. Es muß hier gesagt werden: Ehe oder nicht, was Ihr Kind *traumatisiert,* ist, in dem einen oder anderen Moment seines Lebens zwischen seinen beiden Eltern entscheiden zu müssen und Partei zu ergreifen, also zwischen den zwei Hälften seines eigenen Selbst . . . Wie soll ein solches Unternehmen im Inneren des menschlichen Wesens bewältigt werden, ohne daß es leidet? Die einzige Lösung bei einer Scheidung ist, zu verstehen, daß sich die Rettung des Kindes aus der gegenseitigen Achtung ergibt, die sich seine Erzeuger weiterhin bewahren müssen.

Eltern, die sich dazu durchringen, sich zu trennen, müssen wissen, daß sie immer etwas gemeinsam haben werden: das Kind. Es muß sich als Ganzes empfinden können, wo es auch lebt, und darf nie in die Enge getrieben werden, wählen zu müssen zwischen dem, was es für seinen Vater, und dem, was es für seine Mutter empfindet. Wenn doch, muß es selbst im Inneren *eine Scheidung* auf sich nehmen. Dieser Fall geschieht allzu häufig, als daß man ihn hier übergehen könnte: Die sich scheidenden Eltern neigen dazu, das Kind in unzulässiger Weise an der inneren Trennung teilnehmen zu lassen, was es für immer zeichnen wird . . .

Wenn zwei junge Menschen sich verheiraten, kommt es niemand in den Sinn zu sagen: »Er oder sie ist dafür verantwortlich . . .« Warum ist es dann nicht genauso, wenn sie sich scheiden lassen? An dem Tag, an dem sie vor dem Standesbeamten ja gesagt haben, hat niemand jene »andere Vermählung« gesehen, die sich zwischen ihrem Unbewußten vollzog . . . Und doch ist es immer das Unbewußte der menschlichen Wesen, das ihnen das Zusammenleben unerträglich macht. Was soll man über das sagen, was unsichtbar ist und das die Hauptbetroffenen nicht einmal selbst sehen?

Ich wünschte mir, daß in den Köpfen der Menschen endlich folgende Vorstellung ihren Platz findet: In der Ehe, so sagt es der kleine Prinz bei Saint-Exupéry, ist »das Wesentliche für die Augen unsichtbar«. Hüten wir uns also davor, darüber zu urteilen, was wir von der Ehe und von der Scheidung sehen, zwei Schritte, für die es häufig nur unbewußte Begründungen gibt. Mitunter ist die unsichtbare Gewichtung des Unbewußten der beiden gut für die zwei Partner und erlaubt es ihnen zusammenzuleben; mitunter ist die unsichtbare Gewichtung für den einen oder anderen schädlich – oder für beide, und dann muß man sich »entheiraten«.

Ich sehe in all dem keine Gesetzmäßigkeit: Jede Liebes-, Ehe- oder Trennungsgeschichte hängt zuallererst von der Geschichte des Unbewußten der Betroffenen ab und kann deshalb nicht verallgemeinert werden.

**Also sind Sie weder für noch gegen die Ehe und weder für noch gegen die Scheidung?**

Nein, weil es das Ziel unserer Generationen ist, in unserem Leben soviel Glück wie irgend möglich zu erreichen, können wir unser gegenwärtiges Leben nicht für die Aussicht auf ein anderes, besseres Leben opfern. Da das so ist, wird jeder von uns sein Glück entweder in der Ehe oder in einer freien Verbindung oder im Alleinleben finden. Ich glaube, daß es bald mehrere Formen des sozialen Lebens geben wird und daß wir uns, wenigstens in Europa, auf eine Gesellschaft mit vielfältigen Familienformen zubewegen, in der jeder die Art Familie haben wird, die ihm entspricht.
Wenn ich mich als Analytikerin, die ich ja bin, für eine gleichmäßig auf Vater und Mutter verteilte Erziehung des Kindes einsetze, steht es mir doch nicht zu, über die vertragliche Formel zu entscheiden, die die beiden Elternteile miteinander verbindet. Das gegenwärtige Durcheinander der familiären Strukturen beweist uns zur Genüge, daß das Unbewußte sich über jeden Vertrag lustig macht, und sei es der Ehevertrag . . .

## Aus gynäkologischer Sicht

*Der Geschlechtsverkehr*

Was immer man über die körperliche und sexuelle Begegnung zwischen zwei Menschen schreibt, sie wird nur dann als angenehm erfahren, wenn die gefühlsmäßige Beziehung zwischen beiden es zuläßt. Ist dies nicht der Fall, so kann jeder der im folgenden geschilderten körperlichen Vorgänge fehlen, verlangsamt oder schmerzhaft sein.

»Sich lieben« bewirkt eine physische Veränderung des ganzen Körpers, aber da die sexuellen Veränderungen der Frau diskreter sind als die des Mannes, sind sie lange Zeit nicht recht wahrgenommen oder falsch verstanden worden.

Körperlich sind drei Phasen zu unterscheiden:

*Die Erregungsphase*

Unter dem Einfluß bestimmter Reize (Umarmungen, Küsse, Streicheln, intime Berührungen) reagieren die Sexualorgane der Frau mit Gefäßerweiterung. Diese bereitet sie auf eine leichte Penetration und eine Verstärkung der Lustgefühle vor, durch ein Anschwellen der großen und kleinen Schamlippen und durch innere Veränderungen der Vagina, die sich vor allem in der Tiefe streckt und erweitert, um einem erigierten Penis Platz zu machen.

Die erste wahrnehmbare Reaktion positiver Erregung bei der Frau ist eine zunehmende Gleitfähigkeit der Vagina, die auf die äußeren Organe übergreift; es ist eine Art Perspiration durch die Scheidenwände, eine Hautatmung mit einer Absonderung, was man umgangssprachlich »die Frau wird *feucht*« nennt. Es ist das erste und unerläßliche Zeichen für den Partner, daß er mit seinen Bemühungen weitergehen kann. Ohne diese Gleitfähigkeit besteht die Gefahr, daß die Erregung in wenigen Minuten unangenehm und schmerzhaft und die Penetration beinahe unmöglich wird.

Dieses Feuchtwerden geht mit einer Veränderung der Klitoris einher, die zu erigieren beginnt und außerordentlich empfindsam für jede Berührung wird.
Der G-Punkt, von einigen identifiziert und von anderen geleugnet, dürfte im ersten vorderen Drittel der Vagina liegen. Das entspricht dem, was wir von diesem Organ wissen, daß es nämlich nur in seinem vorderen Teil sensibel ist und weniger in der Tiefe: Alles, was erregbar ist, ist also erreichbar für die Hand, die die Frau zum Höhepunkt ihrer Erregung führen will. Diese Phase ist ohne jeden Zweifel die allerwichtigste für die Frau. Sie kann von fünf bis dreißig Minuten oder länger dauern, und sie bestimmt den gesamten späteren Ablauf des Liebesaktes.

*Der Orgasmus*
Er ist die sehr kurze Phase, während der die Frau ihr höchstes Lustempfinden erreicht. Indem sie alle Kontrolle über sich selbst verliert, wird sie hineingezogen in eine Serie von aufeinanderfolgenden Wellen von unwillkürlichen Bewegungen der Dammuskeln, die bei jeder Zusammenziehung den Penis des Mannes umschließen, der, gefangen in diesem Sturm, unter dem Einfluß seines eigenen Orgasmus, den er nicht mehr beherrschen kann, ohne Verzögerung ejakulieren wird. Die Lust des Mannes ist auf einen Höhepunkt beschränkt, und es bedarf einer gewissen Latenzzeit, bevor sie sich wieder einstellt, während die Frau entweder eine Reihe von zunehmend lustvollen Kontraktionen oder einen einzigen Höhepunkt erlebt. In ihrem Orgasmus sind die Frauen so unterschiedlich wie in ihrer Erregung, und man muß die ihnen eigenen Wege kennen, bevor man sich mit ihnen zu einem *Anderswo* auf den Weg macht, auf dem die Frauen häufig weiter gehen als der Mann . . .
Ist der Orgasmus klitorial oder vaginal? Die Frage scheint von großer Wichtigkeit, ist aber eigentlich ohne Bedeutung, denn welche Erregung auch immer bevorzugt wird, entweder die

klitoriale oder die vaginale, sie endet in einem Orgasmus, der die Klitoris und die Vagina mit einbezieht. Alles hängt also von der Kenntnis ab, die die Frau über sich selbst hat und die sie dem Mann mitteilt. Sie soll nicht glauben, daß er alles selbst »errät« . . .

*Die Rückbildungsphase*
Dies ist die Schlußphase, in der sich nach und nach alles wieder ordnet und in der die Liebenden, betrübt, sich schon verlassen zu müssen, ihr intimes Beisammensein durch Streicheln und zärtliche Worte verlängern: Die Gefühle stellen sich wieder ein, und die Verbindung der Herzen dauert an, während die des Körpers ausklingt.

*Männlicher und weiblicher Orgasmusverlauf*

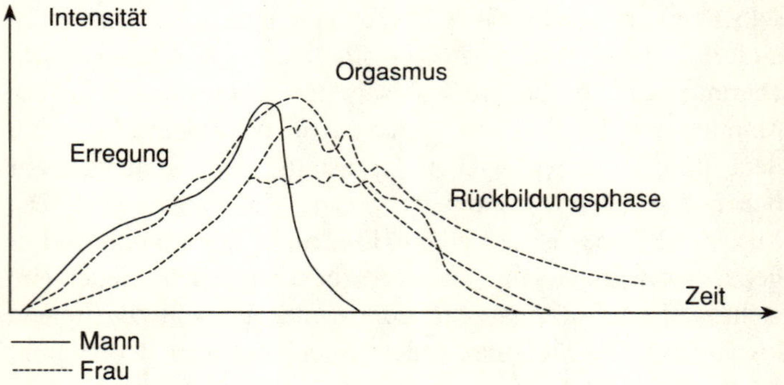


*Die Varianten der Liebe*
Wenn so manche Erregung der freien Erfindungsgabe eines jeden überlassen bleibt, gibt es doch gewisse erotische Praktiken, die seit so langer Zeit bestehen, daß sie einen Namen bekommen haben, um sie genauer zu bezeichnen.

Cunnilingus:
Der Mann erregt die Geschlechtsteile der Frau durch Liebkosungen mit dem Mund: Sie haben den Vorteil, gleichzeitig das weibliche Geschlecht zu befeuchten, was die Reaktion auf diese Erregung nur beschleunigen kann.

Fellatio:
Die Frau liebkost mit ihrer Zunge das Geschlecht des Mannes und nimmt es in ihren Mund, wobei eine für den Mann sehr erregende sexuelle Penetration simuliert wird.
Diese beiden Varianten können bei dem einen oder anderen Partner sehr schnell Lustgefühle auslösen, ohne wirkliche sexuelle Penetration. Sie sind also geeignet, die gemeinsame Erregung zu steigern, sind aber im Falle vorzeitiger Ejakulation zu vermeiden.

69:
Wie die Zahl es schon symbolisiert, liegen die Partner in einer entgegengesetzten Position zueinander und betreiben gemeinsam, der eine mit dem anderen, Cunnilingus und Fellatio: eine Praktik, die man anwenden kann, wenn man ohne Penetration der Vagina einen Orgasmus will.

Analverkehr:
Indem er Vulva und Klitoris liebkost, kann der Mann sein Streicheln auf die anale Dammzone ausdehnen und in die Frau über den Anus eindringen. Da er kleiner und weniger elastisch ist und sich willentlich mehr zusammenziehen läßt als die Vagina, *kann* diese Penetration von dem einen oder dem anderen Partner als viel erregender empfunden werden (aber Vorsicht mit einer möglichen weiblichen Reaktion auf etwas, das aus ihr häufiger ein Objekt als ein Subjekt macht . . .). Auf jeden Fall kann Analverkehr ohne Schmerzempfindungen nur mit Gleitmitteln praktiziert werden. Er ist häufig Anlaß für eine Überdehnung oder für kleinere Schleimhautverletzungen, durch die Krankheiten wie Aids eindringen können.

Alle diese Praktiken können nur dann zu zusätzlicher Lust führen, wenn *beide* Partner es gern haben . . . Wenn sie aus einem ethischen oder hygienischen Grund insgeheim abgelehnt werden, kann das Ergebnis nur negativ sein.

*Weibliche Funktionsstörungen*

Sexuelle Funktionsstörungen bei der Frau müssen immer als Schwierigkeit im Verkehr mit dem Partner verstanden werden. Sexuelle Probleme entstehen durch mangelnde gegenseitige Anpassung.

Im Klartext: Eine Frau kann durch eigene Masturbation sehr gut zum Orgasmus kommen, aber die gleiche Frau kann nichts empfinden, wenn es der Mann ist, der sie streichelt . . .

Frigidität

Frigidität ist die Unmöglichkeit, mit dem gewählten Partner den Orgasmus zu erreichen. Auf andere Weise kann ein Orgasmus erlebt werden, sei es durch Masturbation, sei es mit einem anderen Partner, nicht aber mit dem Mann, mit dem die Frau die Nächte und häufig auch ihr Leben teilt.

Die unbewußte psychische Beziehung der zwei Menschen zueinander ist der hauptsächliche *Grund:*

– sei es, daß die Frau es unbewußt ablehnt, mit diesem einen oder überhaupt mit einem Mann irgend etwas zu empfinden (Hite Report: 48 Prozent der Frauen geben an, in der Sexualbeziehung beim Koitus befriedigt zu werden, aber 81 Prozent masturbieren für sich allein oder nach dem Koitus). Die meisten Frauen kennen den Orgasmus, aber verdanken ihn nicht immer dem Mann . . .

– sei es, daß der Mann seine Partnerin nicht bis zum Orgasmus begleiten kann, weil er es nicht versteht, sich ihr auf ihrem Weg anzupassen (häufig als Folge vorgefaßter Meinungen über die Frauen), oder weil er sich selbst nicht gut genug kennt, um seine Lust zu steuern. Da der Mann einen viel schnelleren Höhenflug zum Orgasmus kennt, wird man hier daran erinnern müssen, daß es seine Sache ist, auf sie zu warten.

Dyspareunie
bezeichnet physische schmerzhafte Beziehungen. Manche Frauen haben seit ihrer Defloration, die auch schmerzhaft war, bei der Penetration nur Brennen oder Zerreißgefühle gekannt. Dieses Leiden kann vorübergehend sein oder sich verschlimmern und so unerträglich werden, daß es das Paar oder die Frau zur Beratung führt. Bei der gynäkologischen Untersuchung kann sich für alle diese Beschwerden ein lokaler Grund ergeben, aber meistens sind diese Schmerzen nur die Folgen eines *Mangels an Entspannung* bei einer Frau, die Penetration mit Vergewaltigung gleichsetzt (als Folge eines traumatischen Erlebnisses) und die sich weigert, sich zu beteiligen . . .

Vaginismus
Dies ist ein ungewolltes Zusammenziehen der Muskeln, die die Vagina umgeben, was die Penetration unmöglich macht, weil dadurch der Eingang verschlossen ist. Dieses Phänomen kann auch auftreten, wenn der Arzt versucht, bei einer gynäkologischen Untersuchung den Spiegel einzuführen.
Ob das bei einem sehr jungen Mädchen geschieht oder bei einer Frau – diese Reaktion auf die Penetration weist auf die *Furcht* vor einem gewaltsamen Einbruch hin, und diese Furcht, deren Wurzeln bis in die Zeit lange vor der Penetration reichen, kann nur mit psychotherapeutischen Mitteln behandelt werden.
Vaginistische Frauen sind nicht notwendigerweise frigid und können mit anderen Praktiken als der Penetration zum Orgasmus kommen . . .

Die Masturbation
Die Masturbation ist die Kunst, sich selbst und ohne die Hilfe irgendeines Dritten einen echten Orgasmus zu verschaffen. Dies ist die solitäre Masturbation. Sich von einem anderen erregen zu lassen, läuft natürlich über die gleichen Handlungen, aber da die Liebkosungen als Ausdruck der Lust eines

anderen empfangen werden, wird ihre Wirkung davon abhängen, wie dieser andere empfunden wird ...
Bei der Masturbation ist die psychologische Schwierigkeit der Beziehung zum anderen ausgeschaltet, die Person muß nur sich selbst und ihren geheimen Phantasmen vertrauen.
Die Masturbation ist lange ignoriert und von der Moral verdammt worden. Seit dem Beginn der Sexologie, die ihr eine hervorragende Rolle als Auftakt zu sexuellen Spielen unter Erwachsenen zuerkannte, gewinnt sie ihre Bedeutung zurück, als die auf sich selbst bezogene Sexualität für die, die zu jung oder zu alt sind, einen Partner zu haben, oder die vorübergehend oder endgültig keinen haben wollen.
Zu gewissen Zeiten beschränkt sich das Sexualleben eines Individuums häufig auf Masturbation; was bedeutet, daß der ohne Partner erreichte Orgasmus eine Sache der Erregung ist und nicht immer der Liebe ...
Masters & Johnson* kommen erstaunlicherweise zu dem Schluß, daß Frauen Orgasmen viel leichter durch Masturbation bekommen und daß die intensivsten Orgasmen bei Frauen vorkommen, die sich dieser auto-erotischen Praktik bedienen.
Der uns näherstehende *Hite*-Report kommt zu folgender Schlußfolgerung: »Viele Frauen haben gesagt, daß sie den Orgasmus leicht erreichen, wenn sie einige Minuten masturbieren. 82 Prozent der Frauen haben gesagt, daß sie masturbieren, und von ihnen kommen 95 Prozent ohne Schwierigkeiten zum Orgasmus, wann immer sie wollen. Für viele Frauen ist das Wort *Masturbieren* gleichbedeutend mit *Orgasmus*.«
Alles in allem ist der Koitus für die Frau weder die schnellste Art noch die regulärste, um einen Orgasmus zu haben ... Die Masturbation ist also für die weibliche Lust von herausragender Bedeutung.
Die Schnelligkeit der Erregung ist auf die Tatsache zurückzuführen, daß es die gleiche Person ist, die verlangt und die

* *Die sexuelle Reaktion,* Reinbek 1984.

empfängt. Beim Koitus stimmen Verlangen und Antwort nicht immer überein; sehr häufig ist gar das Gegenteil der Fall, was sich auf die Erregungskurve verzögernd auswirkt.

*Die weibliche Homosexualität*

Die Homosexualität ist eine Lebensform, die darin besteht, gefühlsmäßig und physisch mehr Vertrauen zu einer Frau zu haben als zu einem Mann.

Dieses Verhalten kann sich mit einer gewissen Verzögerung einstellen oder sehr frühzeitig, vorübergehend oder endgültig sein, je nach der persönlichen Struktur und Einschätzung der negativen Bewertung, die dieser Lebensform zugemessen wird. Die Homosexuellen tun unter sich alles, was man mit einem Mann machen kann. Für den Orgasmus benutzt man eventuell einen Gegenstand oder einen Finger als Penisersatz. Offenbar wird das, was während des Aktes fehlt, durch die Sicherheit einer von einer *wissenden* Frau gut gesteuerten Erregung bestens ausgeglichen und führt zur Befriedigung.

»Sie ist sanft, zart und fein und weiß genau, wie sie meine Klitoris streicheln muß, mit dem richtigen Druck . . . Wir lassen uns alle Zeit der Welt, und wir genießen und genießen . . .«*

Was eine weibliche homosexuelle Beziehung zu bestimmen scheint, ist die Suche nach unendlicher Zärtlichkeit, nach sanften und lieben Worten und einer Zeit, die nicht mit der Elle des männlichen Tempos gemessen wird.

Gibt es viele homosexuelle Frauen? Gewiß mehr, als man glaubt . . . In Frankreich ist bis heute keine brauchbare Statistik erstellt worden. In Amerika schätzte Kinsey 1953 die Zahl der Frauen, die homosexuelle Beziehungen gehabt hatten, auf 12 oder 13 Prozent. Master & Johnson sprechen von 8 Prozent echten Homosexuellen und 9 Prozent Bisexuellen, was die Zahl derer, die den lustvollen Umgang mit einer Frau zu schätzen wissen, auf 17 Prozent erhöht.

* *Hite Report.*

*Wir halten fest:*
Die Heterosexualität beruht auf einer Fortpflanzungs- und Kontinuitätsmoral, aber sie vernachlässigt, was der Lust zugrunde liegt.

## Kapitel 5

# Der Wunsch nach einem Kind

Wenn man über Kinder reden will, muß man damit beginnen, ihre Stellung in der Gesellschaft und der Familie von heute zu betrachten: Das Kind »fällt« nicht mehr vom Himmel, sondern »kommt« zu dem Zeitpunkt, zu dem seine Eltern es geplant haben.

Früher bekam man Kinder, ohne es zu wollen, weil man verheiratet war und sie die Folge der sexuellen Beziehungen in der Ehe waren. Wenn nach Ablauf einiger Monate »nichts« geschah, beunruhigte man sich sogar. Kinder zeugen war vor kaum fünfzig Jahren nicht unbedingt ein lustvolles Vergnügen; es war eine Pflicht, wie übrigens auch die Ehe.

Die Dinge haben sich inzwischen sehr verändert. Da die Frau aus ihrer einzigen Rolle als Mutter und Hausfrau herauswollte, mußte man sie wohl oder übel vom Kind »befreien«. Wegen dieser neuen Ansprüche entstanden ab 1967 die Grundlagen für die Empfängnisverhütung.

Es war die große Wende: Von nun an würde man Kinder nicht mehr in großer Zahl, sondern im Namen einer großen Liebe zeugen. Die Geburtenrate ging zurück, das Interesse an Erziehungsproblemen nahm zu. Hatte nicht Freud gesagt und geschrieben, daß das Wohlbefinden des Erwachsenen zu einem großen Teil von der Art und Weise abhängt, wie er als »Kind« geliebt wurde?

Das Gedeihen des Kindes wird also nicht so sehr von der vorhandenen Familie bestimmt, als von der Liebe, die es findet, und der Aufmerksamkeit, mit der man es umgibt. Fügen Sie dem einige positive Grundsätze der Gleichheitsgesellschaft hinzu, in der die Arbeit nicht mehr der einzige Zweck des Lebens ist (1936)*, in der die Ferien als Familienzusammenführung erscheinen und in der ein gesetzlicher wöchentlicher Ruhetag existiert, und Sie haben die Ausgangslage für die neue Familie: Man arbeitet dort, man liebt einander, und man liebt besonders seine Kinder.

Das Kind ist ein wesentlicher Bestandteil der Liebe, und jedes zweite Paar kommt zum Standesbeamten, wenn das Kind schon gezeugt ist. Nicht die Ehe ist die Stütze der Liebe, es ist im Gegenteil die Liebe, die Voraussetzung für die Ehe ist; wenn also keine Liebe mehr da ist, hat die Ehe keinen Sinn mehr. Die Pflicht, sich zu lieben, um ein Kind zu zeugen, ist an die Stelle der Pflicht getreten, sich zu verheiraten, um eine Familie zu gründen. Das System ist auf den Kopf gestellt. Nicht mehr Vernunft und Kalkül bilden die Grundlage für die familiäre Zelle, sondern die Liebe. Die Liebe mit ihren Wahnvorstellungen, die Liebe und das Unbewußte dirigieren die Grundeinheit unserer Gesellschaft . . . Ein wenig seltsam, wenn man sich das aus der Nähe ansieht und wenn man weiß, daß das unbewußte »Verlangen« *niemals zufrieden* ist und daß es *immer Besseres sucht,* woanders, weiter weg usw.

Wenn ich als Psychoanalytikerin solche Kinder sehe, Früchte der Liebe, die zu »Dingen« werden, die man mit sich schleppt oder die zugeteilt werden, wenn das Paar auseinanderbricht, kann ich nicht umhin zu denken, daß Kinder, die aus Liebe geboren werden, auf einem Vulkan leben, der sich zur Wiege kaum eignet . . . Und daß sie häufiger das Zähneknirschen des Streits zu hören bekommen als Glücksgesänge.

Die Kinder von heute werden also gewünscht, man erwartet und feiert sie, wenn sie ankommen. Sie sind nicht mehr die »Bürde« der Ehe, sondern das »Geschenk« der Liebe.

Wenn man sich liebt, ist die Ehe freiwillig, aber das Kind ist

* Anm. d. Ü.: Im Jahr 1936 wurde in Frankreich ein Gesetz verabschiedet, mit dem der bezahlte Urlaub eingeführt wurde.

eine gewisse Art Pflicht; nach den ersten Momenten des Lebens zu zweit, nachdem die Verschmelzungsträume der beiden Partner verwirklicht sind, wird ihr Unbewußtes sie in einen weiteren Traum drängen: das Kind. Das Kind ist zunächst ein *imaginäres* Kind, weil es im Unbewußten der Eltern entsteht.

**Was wollen Sie damit sagen? Vor Freud und dem Unbewußten machte man doch Kinder auf die gleiche Weise!**

Sicher! Aber ganz und gar nicht unter den gleichen psychologischen Bedingungen, denn der *Zufall* herrschte anstelle des *Wunsches,* und das Kind kam, ohne seine Eltern zu fragen. Wie viele Tränen bei den Frauen, die mit vierzig Jahren ihr achtes Kind erwarteten! Und wieviel Zeit war erforderlich, um sich an dieses Ereignis zu gewöhnen und sich mit ihm abzufinden! Das haben wir alles vergessen, denn seit der Empfängnisverhütung bekommen die Frauen nur die Kinder, die sie haben wollen oder die sie als mit ihrem Berufsleben vereinbar ansehen.
Eine schwangere Frau ist also eine glückliche Frau, denn sie verwirklicht ihren alten, alten Kinderwunsch. Sie stellt sich soviel vor bei diesem Baby! Die Neurose, von der wir gesprochen haben und die sich aus der Unzulänglichkeit des Kindes angesichts der Identifikationsträume der Eltern ergibt, befiel früher fast immer das erstgeborene Kind. Jetzt können diese Träume in gleicher Weise jedes lange erwartete Kind befallen. Man hat nur wenige Kinder, aber was wünscht man nicht, was tut man nicht für sie! Damit sie »ankommen« . . . Wo? Da, wo unsere Wünsche sie hinhaben wollen.
Sie werden dort mit Sicherheit nicht ankommen, diese lieben Kleinen, obgleich wir ihnen helfen, ihnen folgen, sie antreiben, bis auf die Schulbank! Bis zum Abitur! Dann aber, nach dem Abitur – wenn sie es denn schaffen –, wissen sie nicht, welchen Studienzweig sie wählen sollen oder welche berufli-

che Richtung ihren Wünschen entsprechen könnte. Meistens haben sie keine Wünsche, außer es den so lieben Eltern heimzuzahlen. Die Sackgasse ist da, und sie wurde *vor langer Zeit* betreten. Jetzt ist man da angekommen und fragt sich, das Problem vom allen Seiten beleuchtend: »Was ist denn bloß los? Das Kind hat doch *alles* gehabt, man hat *alles* für es getan, alle Opfer *wurden* gebracht. Und es wurde so sehr gewollt, so sehr ›gewünscht‹ . . .« Genau!
Aber greifen wir nicht vor. Eine schwangere Frau ist also glücklich, dieses Kind zu tragen, das sie jetzt gewollt und geplant hat; es stimmt überein mit der Wohnung, der Stellung ihres Gefährten und der eigenen, ganz besonders der eigenen, denn es kommt darauf an, daß das Kind sie nicht in ihrem beruflichen Erfolg behindert. Die Frau hat durch Empfängnisverhütung und unter Berücksichtigung ihrer Karriere den idealen Augenblick für die Zeugung des Kindes *gewählt. Die Frauen sind gegenwärtig die einzig Verantwortlichen* für die Zahl der Kinder im Land.

## Bekommen die Frauen wegen ihrer Berufstätigkeit so wenig Kinder?

Nicht allein deshalb, der Lebensstandard der Familie spielt hier auch eine große Rolle. Niemand würde es seinem Kind antun, nicht »alles in seiner Wiege zu finden, worauf jedes Kind Anspruch hat«, und die Frauen stellen geschickte Berechnungen an, ob es möglich und gut wäre, sich ein zweites oder drittes Kind anzuschaffen angesichts der Kosten für Kindergarten, für die Pampers und im Blick auf das, was sie im Moment verdienen. Für das Kind wird sich nur entschieden, wenn es ein *Mehr* ist, das das Paar sich leisten kann.
Das erscheint alles vollkommen durchdacht, bestens geplant und ausgeführt, ohne Bedauern oder überflüssige Diskussionen. Es ist, als ob man über eine Schwangerschaft entscheidet

wie über die Frage, ob man zum Mittagessen Brot kaufen will oder nicht.

Alle Gründe werden berücksichtigt: die Kosten für dieses Baby und das Geld, das seine Eltern verdienen, aber auch das Alter des ältesten Kindes, das Alter der Eltern, die Ferientermine (für die Entbindung natürlich) und manchmal sogar die Mondphasen, die angeblich das Geschlecht beeinflussen wie eine mehr oder weniger salzige Diät oder Käse, je nachdem, ob man ein Mädchen oder einen Jungen will ...

Jede Menge Voraussetzungen muß man berücksichtigen, um eine gute Entscheidung zu treffen! Man könnte sagen, daß alles bewußt geschieht, daß die Geburt eines Kindes nichts mehr mit dem Unbewußten seiner Eltern zu tun hat. Also dann, um so besser! Von dem Störenfried sind wir also frei!

Und dann ... die Abtreibung? Warum kommt man auf sie zurück? Warum begehen die Frauen so weitgehende »Irrtümer«? Und dann die Ärzte, die lange, moralisierende Reden über den Schwangerschaftsabbruch anstimmen, daß es kein harmloser Eingriff sei, daß er nicht ohne Folgen sei, daß es sich schließlich um ein zu tötendes Kind handele ...

Seien wir uns einig, in dem Augenblick, in dem sie das Kind empfangen hat, bereitet sie sich doch offensichtlich nicht darauf vor, es abzutreiben. Im Gegenteil! Sie wollte es, mit all ihrer Kraft. Sie hat sich von ihrem Unbewußten einfangen lassen ... Warum hat sie denn ihre Pille vergessen? Sie sagt es übrigens selbst zu ihrem Arzt: »Ich weiß nicht, was ich an jenem Abend im Kopf hatte.« Wenn man sagt: »Ich weiß nicht, weshalb ich das gemacht habe«, spricht man immer von dem unsichtbaren Akteur, der in uns wohnt. Irrtümer im Zusammenhang mit dem Entstehen eines Kindes lassen uns vermuten, daß es in vielen Fällen das Unbewußte war, das es haben wollte.

Man kann übrigens feststellen, daß viele Frauen Kinderwünsche hegen, die deutlich über der Zahl der Kinder liegen, die sie wirklich zur Welt bringen. Eine Untersuchung von

INSERM* im Jahre 1980 brachte heraus, daß vierundvierzig Prozent der Frauen weniger Kinder hatten, als sie sich gewünscht hätten! Umgekehrt hatten sechsunddreißig Prozent mehr, und nur zwanzig Prozent waren mit der Zahl der Kinder, die sie geboren hatten, zufrieden. Der Kinderwunsch ist eine von den wirklichen Geburten unabhängige Größe, was bedeutet, daß die Kinderzahl, die man im Kopf hat, eine ganz und gar imaginäre Zahl ist, die unserem Unbewußten entspringt und die nur selten mit der Wirklichkeit übereinstimmt.
Eine einzige Tochter kann sich zum Beispiel viele Kinder wünschen, weil sie sich oft gelangweilt hat und etwas anderes schaffen will ... Das kommt direkt aus ihrer Kindheit und trifft sich mit den Idealvorstellungen einer anderen Frau, die aus einer kinderreichen Familie stammt und im Gegensatz dazu eine kleine Familie haben will. Die Realität wird beiden vielleicht die gleiche Kinderzahl bescheren, und das Gewollte bleibt ein frommer Wunsch. Manchmal sprechen wir darüber: »Ich hätte so gerne ...« Humoristisch könnte man sagen: Die Kinder werden geboren, doch der Wunsch bleibt ... Und manchmal macht die Frau einen schnellen Ausflug in die Vergangenheit, zu ihren Kinderwünschen: Wenn ich jetzt vier oder fünf hätte, wie wäre das dann?

**Ja, die Rechnung habe ich oft gemacht ... Ich dachte nicht, daß ich mit meinem Unbewußten plauderte ...**

Unser Unbewußtes ist so eigensinnig, daß es schwer ist, es abzuschütteln. Schauen Sie sich die junge Frau an, die soeben ihr erstes Baby bekommen hat, das ihr ganzer Traum war: Man sollte meinen, sie sei erfüllt, zufrieden. Sie ja, aber ihr unbewußter Kinderwunsch nicht, denn sie denkt an das *nächste,*

* In Frankreich: Nationales Institut für Gesundheit und medizinische Forschung (Anm. d. Ü.).

das sicher vom anderen Geschlecht sein wird . . . Als ob immer etwas fehlt. Das Unbewußte ist nie zufrieden und trifft immer neue Verabredungen für uns. Diese junge Frau »erwartet« schon das nächste.
Worte sagen manchmal etwas anderes, als was wir sagen wollten, das, was passend wäre . . . Es gibt Worte, welche direkt aus dem Unbewußten kommen und mehr aussagen als jede lange Erklärung . . .
Wenn Sie zum Beispiel sagen »scheinbar«, dann deshalb, weil unter dem Augenscheinlichen etwas anderes liegt. Wenn Sie das sehr häufig sagen, dann deshalb, weil das, was sich unterschwellig abspielt, ebenso wichtig ist wie das, was Sie sehen lassen . . .
Wenn jemand sagt: »Wenn Sie gestatten«, während er ein Kleidungsstück ablegt, benutzt er nur eine unter wohlerzogenen Menschen übliche Floskel. Wenn er dagegen in seiner Rede bei der Darstellung eines Problems die Redewendung »wenn Sie so wollen« verwendet, kann man jede Wette eingehen, daß er, um zu leben, immer die Zustimmung anderer braucht . . . Und das kann sehr weit gehen!
Die junge Frau mit ihrem »nächsten« Baby zeigt, daß ihr Kinderwunsch seinen Weg fortsetzt, über das gerade geborene Kind hinaus.

**Wie soll man nun wissen, ob dieser Kinderwunsch aus meinem Bewußten oder meinem Unbewußten stammt?**

Es wird Ihnen sehr schwerfallen, das herauszufinden, denn das Unbewußte bringt sich immer in verdeckter Form zur Geltung, und es wählt häufig die ausgetretenen Pfade der gängigsten, bewußten Wünsche und Träume. Sie wollen ein Kind, um eine Familie zu gründen, genauso wie Sie studieren wollten oder heiraten usw. Jetzt sind Sie beim Kind, denn das andere haben Sie schon verwirklicht. Was ist normaler als dieser Kinderwunsch? Das Leben ist eine lange Reise, auf der wir Gebirge und Ozeane überqueren und Wüsten durchwandern. In unserem Gepäck reist jemand mit, zusammengekauert und immer unsichtbar, der aus unserer Kindheit stammt und der trotz der Jahre, trotz der neuen Situationen sich immer *gleich* verhält. Das verkompliziert uns die Dinge, aber man muß trotzdem mit unserem Unbewußten zurechtkommen! Und das Unbewußte der Frauen ist voller Kinder!

Ein Kind zur Welt bringen erscheint meistens als ein bewußtes und vernünftiges Vorhaben. Was aber wollen wir mit dem Kinder-auf-die-Welt-Bringen *noch?* Die Antworten auf diese Frage sind von Individuum oder besser gesagt von Frau zu Frau verschieden.

Die Motive sind vielfältig. Hier einige: »Ich möchte es wie die anderen Frauen machen«; »Ich möchte eine gute Mutter sein«; »Ich hoffe, es wird glücklicher sein als ich«; »Ich kann mir eine Familie ohne Kinder nicht vorstellen«; »Ich brauche dieses Kind, um unsere Liebe zu festigen«. Das sind die unterschiedlichsten Antworten (und ich habe längst nicht alle zitiert), abgesehen von der Tatsache, daß sich jeder eine Familie wünscht. Manchmal setzen sich die unbewußten Gründe gegen die Vernunftgründe durch. Wenn das Unbewußte sich zu sehr einschaltet, kann eine tiefgehende Nichtübereinstimmung in bezug auf das erwartete Kind vorliegen, das deshalb auch nicht kommt, denn die hochkommende Angst blockiert das ganze System der Neurohormone.

**Warum blockiert das hormonale System? Oder was, besser gesagt, verhindert die normale Fruchtbarkeit einer Frau?**

Es ist unmöglich, auf Ihre Frage eine klare Antwort zu geben, denn die unbewußten Kräfte, um die es hier geht, sind schwer zu ermessen; sowohl für den, in dem sie wirken, als auch für den, der sie aufzudecken sucht.

Was man mit Sicherheit sagen kann, ist, daß der Kinderwunsch im Menschen angelegt ist, der aber nur verwirklicht werden kann, wenn die Projektionen des Unbewußten nicht zu sehr auf das Bewußte *übergreifen.*

Das gleiche zeigt sich auch sonst im Verlauf des Lebens, in dem wir mit den manchmal abrupten Entscheidungen unseres Unbewußten leben müssen. Alles fügt sich im menschlichen Leben, solange das Bewußte das Unbewußte in Schach hält. Andernfalls schafft es das Individuum nicht, mit sich selbst in Harmonie zu leben: Es erleidet eine Neurose. Es gibt Neurosen, die man »Empfängnisneurosen« nennen kann, wenn die Frau dem Baby zuviel Bedeutung beimißt, wenn es »mehr« sein soll als nur ein neues Kind. Es kommt tatsächlich vor, daß die Frau nur das zur Welt bringen kann, was ein *Wiederbeginn von ihr selbst* wäre, also eher eine Art *Nachholen* als eine Neuschöpfung. Wir kommen aber darauf noch zurück, wenn wir die Sterilität behandeln.

Das Kind, egal welches, ist einerseits eine *unbewußte* Vorstellung, die in Beziehung zu unserer eigenen Kindheit steht, und andererseits unser reales Weiterexistieren in einer sich verändernden Welt, deren Entwicklung unvorhersehbar ist. Deshalb können wir die Zukunft eines Kindes nicht »voraussehen«: Es braucht diesen freien Raum, wenn es zur Welt kommt, um zu leben. Im Gegensatz dazu können Sie sich die schwere neurotische Erbschaft vorstellen, wenn jemand einen Toten ersetzen muß oder als Entschädigung für ein anderes, behindertes Kind dienen soll. Mit diesen Dingen befaßt sich das Bewußte nicht, sie lassen aber das Unbewußte des Neuankömmlings straucheln, vorausgesetzt, daß er überhaupt kommt.

Die für das Leben günstigste Vorstellung von einem Kind liegt in der Idee, die Symbiose von zwei sich Liebenden in der Form von etwas »ganz Neuem« zu verlängern. Die Vermählung der Körper wird in der Tat ein ganz und gar »originales« Wesen schaffen, das zwei unterschiedliche Linien vertritt. Der Mann, der mit einer Frau ein Kind haben will, sagt ihr: »Ich erkenne deine Sippe als gut an und möchte sie mit meiner zusammentun«,

und die Frau, die von diesem und nicht von einem anderen Mann ein Kind will, erkennt ebenfalls das zu übernehmende »Positive des anderen« an. Das Neugeborene wird ein wenig vom Vater haben, ein wenig von der Mutter und sehr viel von sich selbst, da es eine vorher nicht dagewesene Neuschöpfung ist. Seine Eltern werden *mit* ihm leben, aber nicht *durch* es ... Sie werden ein Trio bilden.
Es ist unvermeidbar, daß der Kinderwunsch, wie alle anderen Wünsche, vom Unbewußten »infiltriert« wird, aber alles hängt vom Grad dieser Infiltration ab: Am schwierigsten hat es die Frau, die bewußt ein Kind will und nicht erkennt, warum das Unbewußte es ablehnt. Dann gibt es auch die Frau, die bewußt kein Kind will und dennoch schwanger wird, wie durch Zufall ...

**Man kann also ein Kind bewußt wollen und es unbewußt ablehnen?**

Ja, man kann wie jede Frau, was ganz und gar vernünftig ist, mit seinem Körper die Erfahrung der Schwangerschaft machen wollen. Frauen, die nicht irgendwann im Leben dem Wunsch erliegen, sich ein Kind machen zu lassen, selbst wenn die äußeren Umstände nicht danach sind, sind selten. Viele dieser Schwangerschaften werden im übrigen abgebrochen. Aber es ist nahezu undenkbar, daß eine Frau, die ihre ganze Kindheit unter Frauen verbracht hat, von ihnen als Baby gehätschelt und erzogen wurde, durch reine *Identifikation* nicht die Vorstellung in sich trägt, ihrerseits Mutter sein zu wollen.
Im übrigen sind die Frauen ja gerade dabei, zu beweisen, daß sie sich auch ohne einen Mann an ihrer Seite ein Kind wünschen, selbst wenn sie allein für es sorgen müssen. Viele Frauen sehen schon in dem Moment, in dem sie sich für eine Schwangerschaft entscheiden, voraus, daß der Mann nicht bleiben wird, und zögern dennoch nicht, ein Kind zu empfangen, das sie dann allein aufziehen. Um die tiefe Verwurzelung des

Mutterphantasmas zu erkennen, genügt es, die Verzweiflung und Hartnäckigkeit derjenigen zu sehen, die nicht Mutter werden können. Ein Teil des Frauenlebens entgeht ihnen; sie werden niemals »wie« die Mutter sein, sie werden, wenn sie ein Kind adoptieren, nur das Bemuttern haben, aber nie die Mutterschaft. Es ist sehr hart, auf etwas zu verzichten, was die anderen haben, und eine Vorstellung begraben zu müssen, die man von frühester Jugend an genährt hat: Erinnern Sie sich an das kleine Mädchen mit seiner Puppe, seinem Puppenwagen usw. Es hat eine Rolle gespielt, immer darauf gewartet, sie zu leben, und jetzt sollte sie sie nicht leben können? Eine Frau findet sich nie ganz mit ihrer Sterilität ab, außer wenn sie sie umwandelt in *etwas anderes:* durch Idealisierung der Elternrolle in Form der Adoption oder vielleicht durch Schöpferisches (Kunst, Pädagogik, ein Engagement für andere . . .).

**Können Sie uns etwas über die »psychischen« Gründe der Unfruchtbarkeit sagen?**

Es sind immer mehrere Gründe, meist ein ganzes Netz »unbewußter« Gefühle, mit dem die Frau immer gelebt hat, ohne daß sie das in der Verwirklichung ihrer Persönlichkeit gestört hätte. Aber jetzt, in dem Augenblick, in dem es darum geht, Mutter zu werden, *ein gutes Objekt für einen anderen zu sein,* gerät ein Räderwerk durcheinander. Diese Frau hat im allgemeinen nicht das Gefühl, gut genug zu sein; im Leben löst sie dieses Problem durch freundliche Handlungen, aber was soll sie hier tun, wo es um tiefgehende Gefühle und nicht um erkennbare Handlungen geht?!

Sie hat heute das Gefühl einer Ungerechtigkeit, aber die stammt nicht von heute . . . Schon seit langem hat sie Angst, nicht zu sein wie die anderen, einfach deshalb, weil sie zu jenen kleinen Mädchen gehört, die den Wünschen ihrer Mutter vor mehr als zwanzig Jahren nicht *entsprochen* haben.

Das Kind, das nicht kommt, ist ein *weiterer* Beweis dafür, daß sie nicht ist, wie sie sein soll, daß sie noch immer nicht dem Verlangen der anderen *entspricht.* Jetzt ist es ihr Mann, der im Unbewußten nichts anderes getan hat, als den Platz ihrer Mutter einzunehmen . . . Die unbewußte Logik verlangt, daß sie kein Kind hat; also kommt es nicht.

Die Gefühle, die der Empfängnis den Weg versperren, sind immer die früher mit den Eltern erfahrenen Gefühle der Untauglichkeit, meistens mit der Mutter, aber manchmal auch mit dem Vater . . .

Die junge Frau hat die unhaltbare Beziehung zu ihrer Mutter in der Schwebe gehalten. Von ihr kam das Unglück, und obgleich jetzt verheiratet und von ihrem Mann geliebt (sie glaubt daran aber nur zur Hälfte), ist in ihrem Inneren alles geblieben wie vorher. Dieses Kind ist etwas allzu Positives, um in ihrem Unbewußten Eingang zu finden, denn das Unbewußte ist von Schuld gefärbt und wiederholt immer nur eins: *Du bist schlecht.* Bis dahin konnte diese Frau ihre psychischen Probleme überspielen, konnte ihnen entfliehen, aber jetzt, wo ihr Körper versagt, fühlt sie sich »eingeholt«. Und das ist sie in der Tat, von ihrem Unbewußten!

Das Unbewußte bringt sich somatisch zur Geltung. Auch wenn man Hautkrankheiten bereinigen, Migränen mildern, Ängste abbauen und mit Medikamenten eine Ovulation bei einer Frau auslösen kann, die keine hat, kann man nicht immer erklären, weshalb die Fortpflanzung in gewissen Fällen auf Dauer blokkiert bleibt. Man muß zugeben, daß so mancher Fall von Unfruchtbarkeit unerklärbar bleibt, sogar – und vielleicht insbesondere – für die Frau, die darüber klagt wie über ein fremdartiges Symptom, wie über eine Viruserkrankung, wobei das Virus im Inneren ihres Unbewußten haust. Es bleibt nur noch eine Psychotherapie übrig, um dieser Patientin zu helfen, sich mit ihrem Unbewußten vertraut zu machen, und zu verstehen, was es im Hinblick auf ein Kind sagt.

Vielleicht hat sie sich, als sie noch ganz klein war, geschworen, *niemals* Mutter zu sein, nur nicht ihrer eigenen Mutter gleichen! Vielleicht ist ihre Lebensweise der *Unterschied,* der sie von ihrer Mutter und jeder anderen Frau entfernt, und vielleicht weigert sich heute ihr Körper zu sein »wie die anderen«.

Wenn diese Frau es schafft, schwanger zu werden, ist ihre Schwangerschaft überschattet von der ängstigenden Vorstellung, ein Kind zu tragen, das nicht »wie die anderen ist«, also »anomal«. (Wie viele Frauen verlangen übrigens nicht, kaum daß das Kind ihren Bauch verlassen hat, daß man gut nachprüfe, ob es auch alles hat, was man haben muß, als ob sie Angst hätten, etwas von ihrer *inneren Andersartigkeit* auf den Körper des Kindes übertragen zu haben!) Vielleicht ist ja das Kindermachen *auch* die Sache der eigenen Mutter ... Und endlich würde sie ihr eine Freude machen! Vielleicht wird dieses Kind etwas sein, was sie mit dem Vater nie machen konnte, das sie aber *für* ihn macht.

Alle möglichen unbewußten Gefühle der Frau können ihren Körper hindern, das zu tun, was sie bewußt will, in ihrem Kopf, und der Kampf, den sie führt, um ein Kind zu haben, ist in vielen Fällen ein Kampf gegen sich selbst ... Das Unbewußte einer unfruchtbaren Frau ist häufig ihr ärgster Feind: Von außen unerreichbar erscheint ihr die Zähigkeit, mit der es sich treu bleibt wie ein Verrat an ihr.

Man kann auf jeden Fall sagen, je hartnäckiger die Frau sich bewußt abmüht, etwas zu erreichen, was das Unbewußte ihr verweigert, um so unkontrollierbarer erscheint die Unfruchtbarkeit, die sich jeder medizinischen Logik entzieht ... Angstgefühle treten auf, die einen Konflikt zwischen Bewußtem und Unbewußtem erkennen lassen. Das einzige Mittel besteht darin, sich nicht nur auf das Kommen eines Kindes zu konzentrieren, sondern eine Entlastungslösung zu finden, die das Unbewußte auf einen anderen Weg umleitet. Es kommt häufig vor, daß die mit Hilfe einer Adoption aufgegebene Kinderidee bewirkt, daß die Ovulation in aller Ruhe wieder in Gang

kommt und daß die Frau, während sich ihr Verlangen woandershin richtet, ein Kind empfängt.
Es kommt auch vor, daß eine Paarbeziehung gefährdet ist und scheinbar nur ein Kind die Bindung zwischen Mann und Frau wiederherstellen kann. Doch dann kommt das rettende Kind nicht. Wenn sich die Dinge weiterentwickeln, die Scheidung eingereicht wurde, die Angst in sich zusammenfällt und das Kind keine Notwendigkeit mehr ist, wird es bei einem unvorhergesehenen Zusammentreffen gezeugt . . . Das Unbewußte arbeitet mit zahllosen Tricks . . .

**Eigensinn und Hartnäckigkeit des Unbewußten bei einem menschlichen Wesen sind wirklich erschreckend. Mir wird klar, daß unser Wille ziemlich »belanglos« ist neben den unwiderruflichen Weichenstellungen in unserer frühen Jugend im Innern unseres Körpers mit seinem verfluchten Gedächtnis.**

Ja, das Unbewußte äußert sich meistens über den Körper. Am deutlichsten wird das, wenn er sich weigert, Hormone zu produzieren. Eine Magersüchtige, die vor dem Frausein flieht, verbietet es sich, z. B. Menstruationsblutungen und ein Kind zu haben . . .
Ich kann Ihnen eine kleine Geschichte erzählen, die Sie überraschen wird. Ich habe einmal, ohne es zu wissen und zu wollen, bei einer Magersüchtigen, die von dem Kinderwunsch ihres Mannes nichts wissen wollte, eine Ovulation ausgelöst.
Sie war gekommen, um mir klarzumachen, wie unmöglich es für sie sei, schon von ihrem Körper her, ein Kind zu empfangen – infantile und geknickte Gebärmutter, verkrümmte Wirbelsäule, verformtes Becken. Schließlich sagte sie mir, wie sehr all dies ihr entgegenkäme, denn sie hätte (wie jede Magersüchtige) einen Horror davor, »dick« zu werden. Ich antwortete darauf beiläufig, daß sie sich keine Sorgen zu machen brauche, denn solange sie so dächte, könnte sich keine Ovulation ergeben . . .

es sei denn ... es sei denn mit Hilfe einer langen, sehr langen Psychotherapie.
Sie ging, bestätigt in ihrer Meinung über ihren Körper, aber beunruhigt darüber, daß eine andere Frau (ich) in das gleiche Horn blies wie sie, denn all ihr Streben richtete sich darauf, sich ständig den Wünschen anderer, und besonders denen einer Frau, zu widersetzen. Einen Monat später erfuhr ich von dem aus allen Wolken gefallenen Ehemann, daß sie schwanger sei! – Sie brachte ein vollkommen gesundes Kind zur Welt.
Der Drang, sich den Worten einer Frau zu widersetzen, war stärker, als sich gegen den Wunsch ihres Mannes zu wehren ...
Sie sehen, wie weitgehend das Unbewußte, ohne daß das Individuum es weiß, die Dinge in die Hand nehmen und über die Angst die natürlichsten Abläufe verhindern kann.

**Wenn eine Frau ihrem Wunsch entsprechend schwanger wird, heißt das dann, daß sie keine unbewußten Probleme hat, weil ihr Unbewußtes sie in ihren Wünschen nicht beeinträchtigt?**

Nein, keineswegs. Es genügt, die Freude der Frau zu sehen, die erfährt, daß sie ein Kind erwartet, um zu verstehen, daß sich diese Freude zu einem großen Teil aus unbewußten Elementen zusammensetzt. Ein Kind zu bekommen ist schließlich weder ein Mirakel noch eine Heldentat und auch kein ungewöhnliches Ereignis: es ist ein ganz normales Geschehen, das sich in einem Leben mehrere Male wiederholen kann. Neben der bewußten und wohldurchdachten Entscheidung sind es also unbewußte Gründe, die die Frau frohlocken lassen:
1. Sie kann allen beweisen, daß sie eine *Frau* ist. Wie Sie wissen, versucht sie seit ihrer frühesten Kindheit und dem Schweigen über ihre kindliche Sexualität mit ihrem ganzen Körper zu beweisen, daß sie »weiblich« ist. Auch wenn die

ersten Menstruationsblutungen der *wahre* Beweis der Weiblichkeit sind, so werden sie doch geheimgehalten und stellen nur die *Hälfte* des Funktionierens eines weiblichen Körpers dar. Die andere Hälfte, die den Beweis schließlich vor aller Augen vervollständigt, ist das Kind. Anders gesagt, der höchste Beweis der Weiblichkeit ist das Ausbleiben der Regel. Landläufig sagt man: Die Frauen »erleben sich« einmal im Monat als Frau, aber wenn sie die Farbe ihrer Monatsblutungen nicht sehen, sehen sie das mögliche Kind. Erst dann triumphiert die Weiblichkeit.

2. Sie wird das Kind tragen, das sie sich seit Jahren *vorgestellt* hat und das ... glücklicher sein soll als sie, reicher, geliebter usw. Ihr Phantasma wird zum möglichen, großartigen Traum. Es ist das »imaginäre Kind«, sagen die Psychoanalytiker, die Frucht unserer Phantasie in Körpergestalt im Bauch der Frau. Sie ist zutiefst bewegt, dieses Wunder in sich zu tragen. *Ihr* Kind, auf das ein wunderbares Leben wartet. Eltern wünschen sich für ihre Kinder immer ein Paradies, solange der Traum sich nicht an der Wirklichkeit messen muß ... Dieses Kind kann bis zum ersten Ultraschall imaginär bleiben, wie schon gesagt, oder bis zu den ersten Bewegungen, die von der Mutter am Ende des vierten Monats wahrgenommen werden. Dann wird die Gegenwart des Kindes Realität, und die Frau gelangt vom geträumten Kind zum erwarteten Kind. Es gebärdet sich schon anders als sie, bewegt sich, wenn sie sich ausruht, rollt sich zusammen, wenn sie sich bewegt. Sie erfährt so das einzigartige Glück, wirklich und wahrhaftig mit jemanden zu leben, nie wieder allein, nie wieder *leer,* nie wieder ohne Aufgabe zu sein, denn es *ist* da. Eine Frau wird durch die Schwangerschaft psychisch um soviel mehr verändert, wie ihr depressiver Zustand vorher groß war. Während der Zeit der Schwangerschaft lebt sie für einen anderen und im *Namen eines anderen,* der einen Anspruch darauf hat, glücklich zu sein. Ist das nicht großartig für so manche unterschätzte, mehr schlecht als recht geliebte Frau, die sich bis dahin davor fürchtete, die Dinge schlecht zu machen? Wird denn nicht das

Kind von allen als *gut* angesehen? Endlich hat die Frau etwas gemacht, das *sichtbar* gut ist, und sie empfindet sich als eine Frau, die *sicher* ist, zu sein, wie man sein muß. Es gibt Frauen, die nur in diesem Moment Entscheidungen treffen; das Recht, Entscheidungen zu fällen, hat der andere in ihrem Bauch. Es gibt Frauen, die nur während der Schwangerschaft angenehme sexuelle Beziehungen haben; es, das Kleine, hat das Recht, zu *genießen*.
Ich kann gar nicht oft genug betonen, bis zu welchem Grad eine Frau sich während ihrer Schwangerschaft verändern kann. Eine Gynäkologin wird Ihnen sagen, daß das hormonal bedingt sei, aber ich sage Ihnen, daß es auch psychisch ist.
3. Mit diesem Kind, mit ihrem gefüllten Bauch, schafft sie eine Verbindung zu dem früher bewohnten Bauch der Mutter, die durch ihre Tochter »Großmutter« wird. Endlich holt die Tochter die Mutter ein, die so lange nicht zu überholen war, und schließt sich ihr mit all den neuen Empfindungen an, die bisher nur die Mutter kannte.
Die erste Schwangerschaft ist der Punkt der Begegnung oder der Wiederfindung zwischen Mutter und Tochter nach einer langen Wegstrecke, die manchmal so ganz verschieden war von dem, was sich die Mutter gewünscht hätte. Das Kind ist gewiß Teil des Plans und der Wünsche der Mutter, aber es kann nur mit der Zustimmung der Tochter entstehen. Sie sprechen also miteinander, lachen zusammen, machen gemeinsam Einkäufe. Man möchte meinen, sie hätten sich niemals getrennt, dabei haben sie so sehr gekämpft, die eine gegen die andere, manchmal viele Jahre lang. Häufig ist dies der einzige Moment im Leben, in dem eine Tochter wirklich »die andere Frau«, ihre Mutter, trifft, ohne fürchten zu müssen, enteignet zu werden von dem, was sie hat, was dem Paar gehört, was sie sich mit einem anderen gewünscht hat und das deshalb auch anders ist. Früher, sagt die Mutter. Anders, sagt ihre Tochter . . . Wegen des anderen, der zwischen ihnen ist, ist alles »anders« geworden.
Manchmal, und das ist weniger schön, nutzt die Tochter die Situation und rechnet mit der Mutter ab, läßt sie fühlen, daß

sie auf Distanz gehalten wird und daß jetzt sie, die Tochter, es ist, die die Fäden zieht. Die Mutter darf dann von dem Kind nichts haben, nichts, worüber sie sich freuen kann, nichts, worüber sie erzählen kann. Der Weg ist verschlossen, für immer versperrt: Das Verlangen der Mutter könnte ja die Tochter immer noch *leer* machen, sie von dem, was sie jetzt hat, *auch* vertreiben. Erst nach der Geburt teilt sie der Mutter die Neuigkeit mit. Mit mancher alles verschlingenden Mutter ist dieses »Sichwiederfinden« unmöglich, und die Töchter wissen das. Für diese Frauen ist das kommende Kind die Gelegenheit, sich an der Mutter zu *rächen.* Jetzt ist es die Mutter, die abhängig ist.

Während der Schwangerschaft kann die Frau einen Zustand gegenüber der Mutter und den anderen Frauen erreichen, der ihr endlich, zum ersten Mal, das Gefühl gibt, zu sein »wie die anderen«. Dieses Gefühl kann im Leben der jungen Mutter von Bestand sein und ihr angenehme Beziehungen mit anderen Frauen ermöglichen. Es kann aber auch verschwinden – weil der Hormonspiegel brüsk abfällt, wird die Gynäkologin sagen, – weil der Traum sich von der Wirklichkeit trennt, wird die Psychoanalytikerin sagen, und die Frau wird sich wieder allein, *leer,* traurig, zurückgeworfen fühlen, und so folgt Depression auf allzu große Freude.

Der »Baby-Blues« oder die nachgeburtliche Depression tritt um so gewisser ein, je mehr die Frau von ihrer Schwangerschaft verändert worden war. Ihr Zustand hat sich allzu übergangslos geändert, und sie bedauert, nicht mehr *bewohnt* zu sein, nicht mehr *durch den anderen* leben zu können, nicht mehr Neuigkeiten von *dem anderen* geben zu können statt der eigenen. Dieses Kind hatte ihr während neun Monaten ein Recht auf *Leben* gegeben, und jetzt ist sie dabei, es zu verlieren. Sie fühlt sich wieder wie vorher, schlimmer noch, denn sie weiß jetzt, was das Gefühl zu *leben* bedeutet.

**Ich dachte, daß diese Art von Depressionen nur mit dem plötzlichen Absinken der Hormone zusammenhängt.**

Wie soll man dann erklären, daß die Mehrzahl der Frauen darauf nicht so reagiert? Der »Baby-Blues« betrifft nur eine Minderheit. Wie soll man das erklären, wenn nicht durch eine unterschiedliche Struktur des Unbewußten? Und wie kann man bei manchen Frauen jenen Zustand der »Überexistenz« während der Schwangerschaft erklären, den andere nicht erleben? Es gibt Frauen, die es »unbewußt« lieben, gefüllt zu sein, weil sie sich besonders allein und *leer* fühlen. Dies sind die Kundinnen für den Schwangerschaftsabbruch.

**Wieso das? Was wollen Sie damit sagen?**

Einfach nur, daß der Schwangerschaftsabbruch, ein vollkommen bewußtes Handeln, ein unbewußtes Handeln aufhebt. Dies könnte eine Sackgasse sein – für die Mutter wie für das Kind –, eine Schwangerschaft zu Ende zu bringen könnte als ein Handeln im Widerspruch zur Vernunft angesehen werden, und deshalb wird die Schwangerschaft dann auch abgebrochen. Das Unbewußte war indessen vollkommen logisch, wenn es sie auslöste, weil es den Zustand des Erfülltseins verlangt, den die Schwangerschaft mit sich bringt. Aus diesem Grund sind Frauen manchmal so zögernd, wenn sie vom Arzt verlangen, er solle das zerstören, was sie in sich tragen. Sie stehen im Augenblick ihres Antrags ganz im Konflikt zwischen Bewußtem und Unbewußtem, und es ist von einem Arzt nicht richtig, teilnahmsvoll für das Kind zu plädieren, so daß das zwangsläufig unrealistische Unbewußte den Sieg davonträgt. Wenn eine Frau dahin gekommen ist, das Gegenteil von dem zu verlangen, was ihr Unbewußtes fordert, dann ist dies, glauben Sie mir, nicht der richtige Moment, um herauszufinden, warum sie dieses Kind nicht will!

Sie will es nicht, weil sie sich getäuscht hat; es ist nicht ein Kind, das sie in sich trägt, sondern ein *Irrtum,* der ihrem Unbewußten zuzuschreiben ist. Diese Frau beklagt die Unmöglichkeit, »voll« bleiben zu können. Und der Medizinmann sagt ihr triumphierend den berühmten Satz: »Tja, daran muß man doch vorher denken!«

**Nicht alle denken wie Sie über den Schwangerschaftsabbruch, meistens wird er mit der Tötung des unschuldigen Kindes gleichgesetzt . . .**

Für jemanden, der das Unbewußte nicht berücksichtigt, ist ein Schwangerschaftsabbruch in der Tat unerklärlich. Vor allem die Männer, die nicht daran gewöhnt sind, das Ergebnis einer unmöglichen Liebe zu tragen, für die sie weitgehend mitverantwortlich sind, sind über ein solches Ansinnen der Patientin erstaunt. Die Frauen verstehen natürlich das Problem besser. Nie ist eine Frau ihrem Unbewußten näher, als wenn sie zu einem Mann sagt: »Ich würde so gern ein Kind von dir haben.« Sie sagt ihm in Wirklichkeit: »Gib mir das *gute* Objekt, das mir weder Vater noch Mutter gegeben haben . . .« Das ist ein unglaubliches Privileg, und der Mann muß über das nachdenken, was er soeben gehört hat, denn es ist vielleicht ein direkt aus dem Unbewußten dieser Frau entsprungenes Versehen. Alles hängt vom Zusammenhang ab. In dem Augenblick ist die Frau »zusammenhanglos«, ein Zustand, in dem sie bleiben wird, bis sie sieht, daß ihre Regel nicht kommt und daß vielleicht . . . Mein Gott, ist es möglich? Sie zählt fieberhaft auf der Kalenderpackung die zu nehmenden Pillen nach: Da sind mehr als vorgesehen! Sie hat es also häufiger vergessen, als sie denkt! Schnell ans Telefon! Schnell, Herr Doktor! Wegen einer Krankheit, die keine ist: die Krankheit des Vollseins. Sie kennen das so gut! Kurz und gut, die Krankheit vom Kind! Und Sie wissen, was jetzt kommt . . . Noch Jahre später kann

diese Frau in ihrem Kopf nachrechnen, welches Alter »es« haben würde, falls sie es behalten hätte!
Am Tag nach dem Eingriff kann sie vollkommen deprimiert sein: wieder *leer.* So viele Ängste für nichts! Der Schwangerschaftsabbruch ist kein Vergnügen, was auch immer die Mediziner darüber sagen, er ist jämmerlich! Aber nicht alle Träume können Wirklichkeit werden!
Schlimmer ist, daß gerade dieser Traum vor aller Augen unterbrochen wird, auf einem Operationstisch. Wenn doch nur bald das RU 486 (die im Handel nicht erhältliche Abtreibungspille) aus diesem Verzicht eine »private« Angelegenheit machen würde! Unsere Träume gehen nur uns an.

**Sie sind sehr nachsichtig gegenüber einer Handlung, die im Scheinwerferlicht der Öffentlichkeit immer wieder angeprangert wird. Gehen Sie davon aus, daß das weibliche Unbewußte nicht »zähmbar« ist?**

Ich bin nicht weit davon entfernt anzunehmen, daß sich hinter jeder Schwangerschaftsunterbrechung, bei einem jungen Mädchen wie bei einer Frau, das Bedürfnis verbirgt, »sicher« zu sein, daß das *Kinderwunder möglich ist.* Denn wenn es irgend etwas gibt, das während der Kindheit des kleinen Mädchens bezweifelt wird, dann ist es sein Genitalapparat, von dem niemand ihm ein Wörtchen gönnt, den es nur zum Teil und häufig nur durch Zufall entdeckt. Im weiblichen Unbewußten prägt sich also ein: »Ich bin kein Junge, das ist sicher, aber was habe ich an Weiblichem? Ich *sehe* nichts . . .« Vielleicht haben Frauen deshalb von Zeit zu Zeit die Idee, mit achtzehn wie mit vierzig, zu beweisen, daß sie sehr wohl das haben, was man haben muß, um eine Frau zu sein: Sie wollen *sehen!*
Männer, die von ihren Frauen genug haben, versuchen ja auch manchmal, ob es noch in einem anderen als dem Ehebett geht. Jedem Geschlecht seine Unruhe.

**Abschließend muß man sich wohl sagen, daß der Kinderwunsch eine erschreckend komplexe Angelegenheit ist, voller Fallen.**

Ja, sicherlich, die sexuelle Lust und das Kind sind die zwei Begegnungen eines alten, »engelhaften« kleinen Mädchens mit einer Frau, deren genitales Leben von einer verwirrenden Wirklichkeit bestimmt wird. Die Frauen bleiben von der Idee durchdrungen, daß alles Blut, die Menstruation, die Entbindung, einen Mann aus der Fassung bringen muß; ohne Zweifel wohl deshalb, weil sie als erste davon verstört waren. Die Geschichte des Geschlechts der Frau hat etwas Extremes an sich: Entweder hat sie *nichts,* oder sie hat *zuviel,* entweder *ist* sie nichts, oder sie *ist zuviel!* Und daß alles muß man lächelnd ertragen. Seit Evas Zeiten und ihrer schmerzensreichen Niederkunft haben sich die Dinge aber doch sehr verändert. Die Kinder fallen uns nicht mehr durch Zufall in den Schoß, und wir können auf die Periduralanästhesie zurückgreifen. Wir vermehren uns freiwillig und gebären in Freude.

**Sie haben von dem Verlangen gesprochen, schwanger zu sein, das jede Frau befällt, von der Schwangerschaft, die sie verdoppelt, und von der Traurigkeit einiger, wenn das Kind ihren Körper verläßt, aber Sie haben uns nichts von der Geburt gesagt und den Gefühlen, die sie begleiten.**

In der Tat! Hierbei wird das Unbewußte keineswegs ausgeklammert, obwohl physische Geschehnisse im Vordergrund stehen, die die Frau *zwingen,* das Kind aus sich herauszupressen, was auch immer sie empfindet.
Gegen Ende der Schwangerschaft ist die Frau derart in ihrer gewöhnlichen Aktivität behindert, daß sie ganz bewußt nur wünschen kann, bald von dieser Last befreit zu sein. Deshalb zählt sie voller Ungeduld die Tage, die sie vom Geburtstermin

trennen, der schon bei der ersten Konsultation vor neun Monaten vorausberechnet wurde!

Die meisten Frauen empfinden indessen eine von alters her, seit Evas Zeiten, von Frau zu Frau überlieferte Furcht. Sie wissen, daß sie mit Schmerzen gebären werden, und mitunter hindern diese Schmerzen sie daran, voll das Wunder zu erleben, ein lebendes Wesen aus ihrem Körper herauszulassen (genau dieses Privileg neiden uns die Männer, und das ist der Grund, weshalb sie uns für immer festbinden wollen, an die Kinder, die sie nicht »hervorbringen« können) . . .

Die Geburt ist also schmerzhaft und kann sich lange hinziehen. Aber genau hier kommt uns in den letzten Jahren die Wissenschaft zu Hilfe, mit Mitteln, die den Prozeß beschleunigen und jeden Schmerz aufheben. Die »schmerzlose« Geburt ist nicht die, die uns beibringt, den schmerzhaften Krampf zu beherrschen, sondern die, bei der der Schmerz selbst unterdrückt wird. Als Analytikerin kann ich nur »dafür« sein, denn wir sollen dem Kind gegenüber, das uns hat leiden lassen, keinen heimlichen Groll hegen. Es würde bedeuten, das Leben mit ihm mit einem Vorwurf zu beginnen, indem man es beschuldigt – und Sie wissen, daß Schuld eine schlechte Triebkraft bei der Erziehung ist. Ich bin also sehr dafür, daß das Kind denen, die es gewünscht, erwartet und geboren haben, nur Freude bringt!

Außer der Furcht zu leiden, die den Wunsch dämpfen kann, bald die Geburt zu erleben, gibt es noch ein anderes, hinterhältigeres Hemmnis, das bei manchen Frauen eine Rolle spielt. Je mehr sie ihren Zustand der Schwangerschaft liebten, je mehr sie sich mit ihrem Kind in sich in einer Art Nirwana fühlten, desto schwieriger wird die Geburt in Gang kommen. *Bewußt* wollen sie ihr Kind wohl sehen, aber *unbewußt* wollen sie, daß es sie nie verläßt.

Manchmal entscheidet der Arzt, die Geburt künstlich auszulösen, wenn er meint, daß das Baby die Zeit erreicht hat und eine verlängerte Schwangerschaft nicht ohne Schaden verlaufen

würde. Es wird also ein bestimmter Tag für die Klinik festgelegt. Angesichts dieses Ultimatums, das keine Chance für eine Verlängerung der körperlichen Mutter-Kind-Symbiose läßt, ist es nicht selten, daß die Gebärmutterkontraktionen sich von selbst auslösen und sich im Kreißsaal eine Gebärende präsentiert ... Ein Spitzbube bis zum Schluß, dieses Unbewußte! Und wie mächtig! Es erlaubt die für das Ingangkommen der Wehen notwendige Produktion des Enzyms Oxytozin erst, wenn die Trennung unausweichlich ist!
Glücklicherweise greift hier zwischen Mutter und Kind die Medizin ein. Wie bedauerlich es auch für die endlose Schwangerschaft sein mag, die das Unbewußte der Mutter wollte!

## Was halten Sie vom Beisein des Vaters während der Geburt?

Der Vater ist endlich da, wo er sein *muß*. Nach neun Monaten des Versteckspiels im Bauch der Mutter kann der Vater sein Kind *sehen*. Die Mutter hatte das Privileg der Schwangerschaft, an diesem Tag kommt es ihm zu, das Kind anzuerkennen und anzunehmen, das jetzt das »Kind der beiden« wird, das endlich den Sinn erhält, den es seit seiner Zeugung hatte: ein dauerhaftes Band aus Fleisch und Blut zwischen einem Mann und einer Frau zu sein, die Konkretisierung der Liebe zwischen zwei Menschen. Weiter kann man beim Zusammenfügen zweier Leben nicht gehen.
Obgleich das nicht von ihm verlangt wird, sollte der Vater ein Interesse daran haben, mit seinen Händen beim Herauskommen des Kindes zu helfen. Er ist eingeschüchtert und befangen vor diesem Wunder und fürchtet, ihm nicht gewachsen zu sein. Aber er wird das Kind zu halten wissen, denn er *liebt* es schon wie sich selbst: Im allgemeinen wissen wir unsere Kinder zu halten, denn wir lieben sie, und der Vater macht da keine Ausnahme. Vater und Mutter werden sich gegenseitig

helfen, ihr Kind zur Welt zu bringen, wie sie sich zukünftig werden helfen müssen, als verantwortungsbewußte Eltern. Wenn die Frau in der Intimität mit dem Kind dem Mann um einige Längen voraus ist, ist es jetzt Sache des Vaters, die verlorene Zeit aufzuholen, indem er das Baby wickelt, ihm das Fläschchen gibt, so oft als möglich. Er wird dabei die Freuden entdecken, sich mit einem Kind zu beschäftigen, die Unruhe, wenn es weint, den Wunsch, es zufriedenzustellen, die Zärtlichkeit diesem kleinen Körper gegenüber, der den Eltern gegeben wurde und dessen Glück das ihre ist. Ich glaube, daß der neue Vater, eine noch zu seltene Erscheinung, dabei ein solides elterliches Band knüpft, das jedes Verlangen beiseite schiebt, das nicht mit dem Wohlergehen des Kindes verbunden wäre. Ich denke ganz besonders an die inzestuösen Beziehungen, die entstehen, weil das Kind nur als »begehrenswertes Objekt« gesehen wird und nie als »Mittelpunkt der elterlichen Liebe«.

## Aus gynäkologischer Sicht

*Befruchtung und Nidation*

Die Pubertät ist ein vom Willen der Heranwachsenden unabhängiges Ereignis, nicht aber die Schwangerschaft, denn die Frau hat es jetzt in der Hand, das Kommen eines Kindes zu programmieren. Bei jeder Verzögerung der Regel innerhalb von zwanzig Tagen nach einer sexuellen Begegnung muß an die Möglichkeit einer Schwangerschaft gedacht werden.

Auch wenn das Ausbleiben der Regel ein sehr wichtiges Zeichen ist, ist es für sich allein noch kein Beweis; es sollte ohne Verzögerung mit einem Schwangerschaftstest Klarheit gesucht werden, vorzugsweise in einem Labor, denn die pharmazeutischen Tests, obwohl leicht anwendbar, sind im Beginn einer Schwangerschaft weniger sicher.

Der Beginn einer Schwangerschaft kann unter dem massiven Einfluß der Hormone mit Übelkeit einhergehen, mitunter sogar mit unwillkürlichem Erbrechen, seltener mit starker Speichelbildung. Bei manchen Frauen zeigt sich indessen keines dieser äußeren Zeichen.

Die Brüste nehmen an Umfang zu, und der Körper der Frau zeigt unter dem Einfluß der in den ersten Monaten in großen Mengen erzeugten Hormone insgesamt eine Tendenz, im Gewebe Wasser zu speichern. Dies ist insbesondere auf das Progesteron zurückzuführen, dessen entscheidende Rolle bei der Vorbereitung des Uterus auf die Nidation (Einnistung des Eis) wir schon behandelt haben. Die Frau bekommt dank des günstigen Einflusses der Östrogene auf die Hydration der Haut ein »gutes« Aussehen.

Östrogene und Progesteron werden auch weiterhin in den Eierstöcken erzeugt, die ihre Funktion auch bei einer Befruchtung behalten.

Der Gelbkörper mit seiner Progesteronproduktion ist sozusagen der erste Wohltäter des Kindes, denn er sorgt für die gute

Vorbereitung der uterinen Wiege: Er ist für die Vergrößerung des Endometriums verantwortlich, in das sich dann das Ei einnistet, und er stoppt die Kontraktionen des Uterus bei der Implantation, wodurch die sonst eintretende Abstoßung des Eis verhindert wird.
Der Gelbkörper stellt erst im dritten Schwangerschaftsmonat seine Funktion ein, wenn die Plazenta die für den Lebensunterhalt des Kindes notwendige hormonale Produktion übernommen hat.

*Der Befruchtungsvorgang*
Am 13. Tag des weiblichen Zyklus nähert sich der Gelbkörper, nachdem er an Volumen erheblich zugenommen hat, der Oberfläche des Eierstocks an und gibt nahe bei den Fimbrien (Fransen) des Eileiters, die ihn umfassen, eine Eizelle frei.
Die Eizelle wird von diesen Fransen zum Eileiter hingeführt, der sie mit Hilfe seiner Flimmerhärchen und durch seine Eigenbewegung (denn ein anderes Fortbewegungsmittel gibt es nicht) zum Uterus transportiert.

*Die Befruchtung*

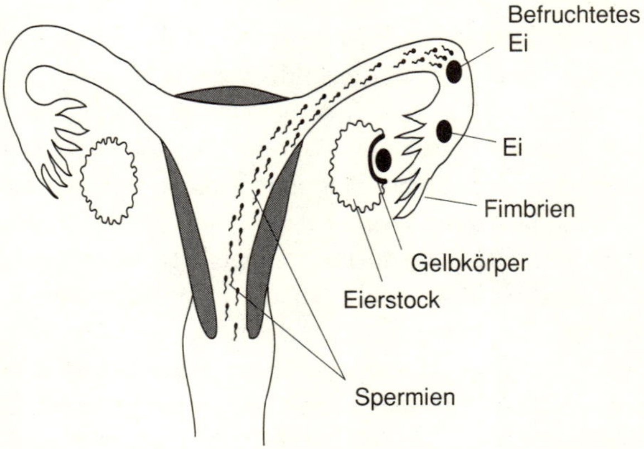


In der Tube, dem Eileiter, findet das »Zusammentreffen« statt, vorausgesetzt, die Eizelle trifft auf dem ersten Drittel ihres

Weges auf Spermien: Diese können nach dem Geschlechtsverkehr in einer Viertelstunde den Eileiter erreichen und dort vier bis fünf Tage lang auf eine Eizelle warten, falls sie Schwierigkeiten hat, sich befruchten zu lassen. Die Eizelle ihrerseits stirbt nach 24 bis 48 Stunden ab, wenn sie nicht befruchtet wird.

Von den Millionen Spermien dringt nur ein einziges Spermium (Spermatozoon) in die Eizelle ein. Dieses Spermatozoon, welches das Chromosom X oder Y in sich trägt, bestimmt das Geschlecht des Kindes.

Die befruchtete Eizelle setzt ihren Weg durch den Eileiter fort, hin zum Uterus: Die Reise kann drei bis vier Tage dauern und wird mit Hilfe der Flimmerhärchen und der Eigenbewegung des Eileiters bewerkstelligt. Auf diesem Weg wächst das Ei durch Zellteilung: Es teilt sich in zwei, dann in vier, dann in acht . . . Diese Teilung erfolgt alle 24 Stunden, und wenn das Ei am vierten Tag im Uterus ankommt, setzt es sich aus 16 Zellen zusammen und gleicht einer Maul- oder Brombeere (dem bloßen Auge unsichtbar . . .), daher sein Name: Morula.

*Nidation (Einnistung)*

Im Uterus setzt sich die Zellteilung fort, während im Zentrum gleichzeitig eine gewisse Zelldifferenzierung einsetzt. Die umfangreicheren Zellen ballen sich in der Mitte zusammen (das embryonale Bläschen), während die kleineren sich zur Peripherie hin orientieren. Aus ihnen bilden sich die Hilfsorgane Fruchtblase und Plazenta.

Das so entwickelte Ei wandert drei Tage lang in der Gebärmutterhöhle, um die ideale Stelle für die Implantation zu finden, die meistens im hinteren Teil erfolgt, wo die Gebärmutterschleimhaut (das Endomtrium) am stärksten von Gefäßen durchzogen ist und am besten mit Blut versorgt wird.

Am siebten Tag setzt sich das Ei fest und gräbt sich innerhalb weniger Stunden in die Gebärmutterschleimhaut ein. Dies ist eine besondere Leistung der schon genannten Peripherie des

Eis, die die Zellen des Endometriums verdaut, um eine Vertiefung auszuheben, die als Nest dient. Am Ende des neunten Tages hat sich das Ei vollständig in die Gebärmutterschleimhaut eingegraben und wird nun in langen Monaten der Reifung zunächst zum Embryo, dann zum Fötus und schließlich zum lebenden Kind, das bei der Geburt seine Behausung verläßt.

*Entwicklung des Eis*

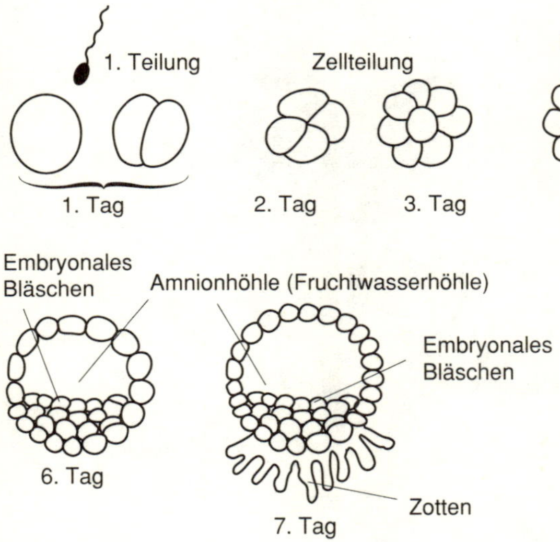


Nach der Nidation entwickelt das Ei sich weiter, um die lebensnotwendigen Systeme hervorzubringen: Herz, Knochen, Nerven, Verdauungsapparat usw., die sich bereits im Fötus finden wie später im menschlichen Wesen mit all seiner Komplexität.

Wir wollen hier nicht näher auf die weitere Entwicklung des Embryos während der neun Monate der Schwangerschaft eingehen, da dies Gegenstand zahlreicher Handbücher über die Schwangerschaft ist. Wir zeigen hier nur zwei Abbildungen des Embryos, die die Schnelligkeit der Entwicklung während der ersten Monate der Schwangerschaft erkennen läßt:

*Nidationsschema*

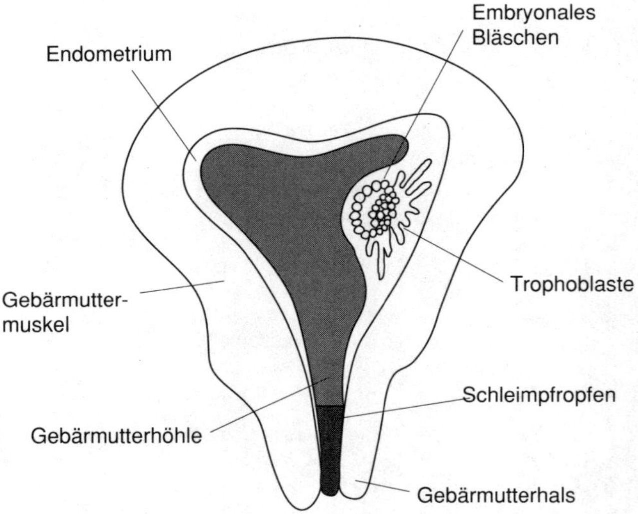


9. Tag

*Voraussetzungen für Befruchtung und Nidation*

- Der Geschlechtsverkehr muß während der vermuteten Ovulation der Frau stattfinden oder an den Tagen, die ihr vorausgehen.
- Das Sperma das Mannes muß eine ausreichende Zahl an *Spermien* enthalten.
- Das Sperma muß von der Vagina durch den Gebärmutterhals zum Uterus aufsteigen können: Der Durchgang ist nur möglich, wenn *Zervixschleim* vorhanden ist. Vom Uterus

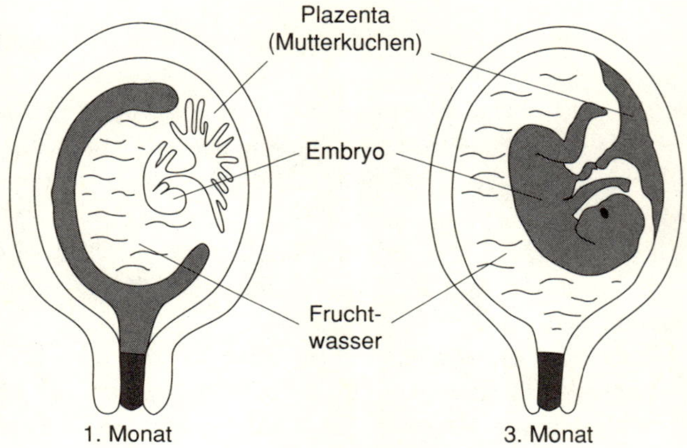


aus setzen die Spermien ihren Weg zu den Tuben (Eileitern) fort, die *durchlässig* sein müssen, damit die Spermien dort weiterkommen können.

– Im letzten Teil des Eileiters trifft das Spermatozoon auf eine Eizelle, wenn das hormonale System der Frau die *Ovulation* zuvor programmiert hatte und der Eierstock in der Lage war, die Ovulation richtig auszuführen.
– Die Nidation kann nur in einem *gesunden Uterus* erfolgen und unter ständiger Unterstützung durch die *Hormone* Östrogene und Progesteron.

Die Ursachen einer möglichen Sterilität sind beim Mann (in 35 Prozent der Fälle) wie bei der Frau (in 40 Prozent der Fälle) reparabel. Das Versagen ist entweder *zentral* – fehlerhafte Steuerung durch die Hypophyse und dadurch hormonal – oder *lokal,* wenn eines der für die Befruchtung oder die Nidation erforderlichen Organe für die Sterilität verantwortlich ist.
Eine äußere Ursache kann sich in seltenen Fällen in einer systematischen Zerstörung der Spermien durch den *Zervixschleim* finden, wobei es sich um eine immunologische Reaktion handelt, die eine normale Befruchtung unmöglich macht.

*Die Sterilität*

Bei Unfruchtbarkeit (Sterilität) vorzunehmende Untersuchungen

Die Liste dieser Untersuchungen ist *lang, umfassend* und oft *entmutigend* für die Betroffenen. Sie sind aber der erste Schritt, um die Ursachen zu ergründen. Ohne diese Untersuchungen wird kein Arzt dem Paar sinnvoll helfen können.

1. Die Temperaturkurve erlaubt durch ihren unvermittelten Anstieg ab *der Ovulation* den Schluß, daß eine Ovulation stattgefunden hat.
2. Mit dem Spermiogramm und der Untersuchung des Zervixschleims nach einem Geschlechtsverkehr können das Vorhandensein von *Spermien* und der Zustand des *Schleims* geprüft werden.
3. Der Hormonspiegel im Blut läßt eventuelle Störungen der *hormonalen* Sekretion erkennen, die für den Menstruationszyklus verantwortlich ist.
4. Bei der Echographie des Beckenraums können *Anomalien* des Uterus, der Tuben und der Eierstöcke erkannt werden.
5. Die Hysterosalpinographie ermittelt eine Verengung oder Undurchlässigkeit, also einen *Verschluß der Tuben:* Ein Kontrastmittel wird durch die Zervix eingespritzt, und das Aufsteigen durch den Uterus in die Tuben wird über einen Röntgenschirm verfolgt.
6. Die Coelioscopie, die in der Klinik chirurgisch vorgenommene Einführung eines Endoskops (Leuchtsonde) durch den Bauchnabel, ermöglicht es, die *inneren Geschlechtsorgane* direkt zu untersuchen.
7. Die Biopsie des Endometriums, die Entnahme einer Probe von Zellen des Endometriums zur Untersuchung ihres Zustands, kann eventuelle Beschädigungen der Gebärmutterschleimhaut feststellen.

*Behandlung der Sterilität*

Angesichts der Verzweiflung der Frauen, die nicht schwanger werden können, hat die Medizin große Anstrengungen unternommen und gewaltige Fortschritte gemacht. Die Behandlung erscheint heute sehr ausgereift, sei es im *lokalen* oder im *hormonalen* Bereich, je nach der Ursache der Sterilität.

Die Anovulation: Behandlung durch Medikamente, die direkt die Eierstöcke stimulieren, um neben dem eigenen Hormonkreislauf der Frau eine Ovulation auszulösen, wenn das eigene System der Frau unzureichend ist. Zu beachten ist, daß bei dieser Behandlung das Risiko einer Mehrfachschwangerschaft ansteigt.

Anomalien des Gebärmutterhalses: Verletzungen und Infektionen werden lokal, mit dem Zervixschleim zusammenhängende Probleme hormonal behandelt.

Uterine Synechien: Verklebungen der Gebärmutterwände, die eine Nidation unmöglich machen. Durch Einführen einer Spirale oder eines kleinen Luftkissens können die inneren Gebärmutterwandungen voneinander abgelöst werden.

Infektionen des Endometriums: Sie werden wie alle Infektionen mit Antibiotika behandelt. Nach der Ausheilung kann eine neue, gesunde Gebärmutterschleimhaut nachwachsen.

Der Tubenverschluß: Die häufigste Folge einer Eileiterentzündung, die zu 60 Prozent durch sexuell übertragbare Krankheiten hervorgerufen wird, wobei die Erkrankung ihren Weg von der Vagina über den Uterus bis zu den Tuben nimmt. Mehrere Erreger kommen hier in Betracht, u. a. Chlamydien und Gonokokken.

Wenn Durchblasen und Durchspülen kein Ergebnis bringen, ist es mit Hilfe der Mikrochirurgie möglich, eine Tubenplastik zu

schaffen oder den beschädigten Eileiter auf andere Weise zu reparieren.*
Wenn es unmöglich ist, den oder die beschädigten Eileiter zu reparieren, bleibt als einzige Möglichkeit, das Hindernis zu umgehen: Dann wird für das Ei und das Spermium, die von den Eltern genommen werden, eine Befruchtung außerhalb der Eileiter »in vitro« ermöglicht, also im Reagenzglas. Das ist der berühmte »Retortenembryo«, wobei das außerhalb des Körpers der Frau befruchtete Ei anschließend in den Uterus eingepflanzt wird.

*Sterilität des männlichen Spermas*
Spermienarmut wird ausgeglichen, indem mehrmals Sperma gewonnen und zentrifugiert wird, um es zu konzentrieren und anzureichern. Die Frau wird danach mit dem Sperma ihres Partners direkt befruchtet (homologe Insemination).
Bei vollkommenem Fehlen von Spermien (Azoospermie) und auf ausdrücklichen Wunsch des Paares kann eine künstliche Befruchtung mit dem Sperma eines »unbekannten Spenders« vorgenommen werden (heterologe Insemination).
Anovulation und Azoospermie bringen für das Paar, das unbedingt ein Kind will, das schwierige Problem mit sich, daß in die Geschichte des Kindes ein »unbekannter« Dritter einbezogen wird. Welches wird die Stellung dieses Unbekannten in der Eltern-Kind-Beziehung sein?

*Psychogene Sterilität*
Sie kann vorübergehend sein und auf einer Fehlsteuerung des Hypothalamus beruhen (und dadurch auf einer Blockierung der Hypophyse), die durch Streß und heftige Emotionen her-

* Anm. d. Ü.: Verstopfte Eileiter können – wie verstopfte Blutgefäße – mit einem Ballonkatheter wieder geöffnet werden. Verstopfungen der Eileiter lassen sich durch einen zunächst schlaffen Ballon, der mit einem Katheter über den Gebärmutterkanal in den Eileiter vorgeschoben und dann mit Flüssigkeit gefüllt wird, ohne größere Komplikationen beseitigen.

vorgerufen wird, oder sie kann durch andauernden Streß, dem ein permanenter, unbewußter Konflikt in der Paarbeziehung zugrunde liegt, endgültig sein. Bei jeder »unerklärlichen« Sterilität muß das Paar bereit sein, mit Hilfe eines Dritten zu verstehen, welche unbewußten Mechanismen hier wirksam sind: Dies ist mit Hilfe einer Psychotherapie möglich.
Wenn keine dieser Maßnahmen eine Lösung bringt, bleibt für diejenigen, die absolut ein Kind haben wollen, nur eine Lösung: die Adoption. Die Adoptiveltern sollten wissen, daß das gefühlsmäßige Band, das mit dem Kind über Jahre geknüpft wird, ebensoviel wert ist wie »die Stimme des Blutes« . . .

*Freiwilliger Schwangerschaftsabbruch*
Nachdem der freiwillige Schwangerschaftsabbruch jahrzehntelang in absoluter Illegalität und häufig unter für die Frauen entwürdigenden Umständen praktiziert wurde, hat er jetzt endlich einen rechtlichen Rahmen erhalten einschließlich der Kostenerstattung durch die Krankenversicherung. Jede Frau kann nunmehr, wenn nötig, den Antrag stellen und verlangen, daß diesem Antrag unter medizinisch einwandfreien Bedingungen entsprochen wird.
Der freiwillige Schwangerschaftsabbruch ist gegenwärtig vor der zehnten Schwangerschaftswoche zulässig (für minderjährige Mädchen ist das Einverständnis der Eltern notwendig). Er erfordert einen ersten Besuch beim Arzt, dem eine Woche Bedenkzeit folgt mit der Verpflichtung, bei einer Familienberatungsstelle oder einer Sozialhelferin den Fall darzustellen und über die Gründe für den Antrag zu sprechen. Der Antrag wird *nie* abgelehnt, wenn das Verlangen klar ausgedrückt wird. Der Eingriff wird von einem Arzt in einem Orthogenie-Zentrum* oder in einer privaten Klinik vorgenommen.

* Anm. d. Ü.: In Frankreich Beratungszentren für Eheprobleme und Familienplanung, insbesondere auch für mit der Schwangerschaft zusammenhängende Fragen und für die Beratung nach der Geburt.

Die beschriebene Rechtslage in Frankreich unterscheidet sich wesentlich von der in Deutschland*:
Nach der geltenden Neufassung der §§ 218 ff. StGB ist der Schwangerschaftsabbruch auch weiterhin grundsätzlich strafbar. Er ist nach der sog. Indikationslösung mit Zustimmung der Schwangeren zulässig:

1. Medizinische Indikation:
   Wenn Gefahr für das Leben oder die körperliche oder seelische Gesundheit der Schwangeren besteht und der Gefahr nicht auf andere, zumutbare Weise begegnet werden kann (auch noch nach der 22. Woche).

2. Eugenische Indikation:
   Wenn für das Kind die Gefahr einer nicht behebbaren Schädigung des Gesundheitszustandes vorliegt und die Gefahr so schwerwiegend ist, daß die Fortsetzung der Schwangerschaft nicht verlangt werden kann (bis zur 22. Woche).

3. Ethische Indikation:
   Wenn die Schwangerschaft auf eine an der Schwangeren verübte kriminelle Handlung (Vergewaltigung) zurückzuführen ist (bis zur 12. Woche).

4. Soziale Indikation:
   Wenn die Gefahr einer so schwerwiegenden Notlage vorliegt, die auf eine andere zumutbare Weise nicht zu beheben ist, so daß die Fortsetzung der Schwangerschaft nicht verlangt werden kann (bis zur 12. Woche).
   Vor jedem Abbruch muß sich die Schwangere bei einer zugelassenen Beratungsstelle oder bei einem Facharzt einem Beratungsverfahren unterziehen. Der beratende Arzt darf den Abbruch nicht selbst ausführen. Das nach dem Gesetz geforderte Indikationsschreiben kann nur von einem Arzt ausgestellt werden.

* Beschreibung der deutschen Rechtslage vom Übersetzer eingefügt.

## Die gegenwärtig beim freiwilligen Schwangerschaftsabbruch angewandte Methode

Die Absaugmethode wird zur Zeit am häufigsten angewandt, denn sie ist ohne chirurgischen Eingriff möglich, und die Verletzungsgefahr ist äußerst gering.
Das Absaugen erfolgt mit oder ohne Betäubung, je nachdem, wo es vorgenommen wird, welcher Arzt den Abbruch vornimmt oder was die Frau ausdrücklich wünscht. Durch den Gebärmutterhals wird eine mit einem Ballon verbundene Kanüle in die Gebärmutterhöhle eingeführt: Das von dem vorher zusammengepreßten und sich wieder weitenden Ballon ausgehende Vakuum löst den Inhalt der Gebärmutter und saugt ihn ab.
Das Absaugen dauert einige Minuten; drei bis fünf Minuten sind im aseptischen Operationsraum dafür erforderlich.
Der Krankenhausaufenthalt ist unterschiedlich lang und hängt von der gewählten Anästhesie ab: Eine Frau, die morgens gekommen ist, kann noch am gleichen Abend oder am nächsten Tag nach Hause gehen.

## Risiken und Komplikationen beim freiwilligen Schwangerschaftsabbruch

- Eine Perforation des Uterus ist ziemlich selten, weil Instrumente aus Weichgummi benutzt werden, aber wenn der Uterus im vorderen oder hinteren Teil sehr gekrümmt ist, kann dies dennoch eintreten. Sie ist nicht sehr ernst und verheilt in wenigen Tagen.
- Blutungen: Sie treten meistens auf, wenn der Abbruch zu spät vorgenommen wird; allerdings ist nur selten eine Bluttransfusion erforderlich.
- Bleiben uterine Inhalte zurück, was sich durch erhöhte Temperatur anzeigt, wird erneut abgesaugt.

– Die früher so sehr gefürchteten Infektionen sind praktisch verschwunden, denn die Eingriffe erfolgen in steriler Umgebung, so daß die Frau weitgehend gegen diese Art von Zwischenfällen geschützt ist.

*Die chemische Abtreibung*

Seit kurzem gibt es ein Produkt, das RU 486 oder die »Abtreibungspille«, die aber keine »Pille« ist, denn es ist ein chemisches Mittel, mit dem eine Abtreibung ohne einen direkten Eingriff in Gang gesetzt werden kann. Es ist in 95 Prozent der Fälle wirksam, vorausgesetzt, es wird gleichzeitig Prostaglandin gespritzt oder ein Prostaglandin-Vaginalzäpfchen eingeführt und die Frau ist nicht länger als vier Wochen schwanger (positiver Schwangerschaftstest nicht später als 15 Tage nach dem Ausbleiben der Regel).

Der Weg ist der gleiche wie beim freiwilligen Schwangerschaftsabbruch, d. h., die Frau muß, wenn sie ihren Schwangerschaftstest hinter sich hat, ein Orthogenie-Zentrum aufsuchen und einen entsprechenden Antrag stellen. Jedem Antrag wird stattgegeben, aber die Frau muß eine Woche lang darüber nachdenken (diese Frist ist nach dem Gesetz »Veil«* obligatorisch.

Die Frau kehrt eine Woche später in das Zentrum zurück, wo sie in einer einzigen Dosis 600 mg RU 486 einnimmt und am Tag darauf eine Prostaglandin-Spritze oder ein Prostaglandin-Vaginalzäpfchen bekommt. Während die Frau sich unter medizinischer Überwachung ausruht, erfolgt in den folgenden drei Stunden oder, in der Mehrzahl der Fälle, innerhalb der folgenden 24 bis 48 Stunden die Abstoßung des Embryos, verbunden mit reichlichen Blutungen, vermischt mit Klümpchen und Teilen der Plazenta. Diese Blutungen können, bei langsamer Abschwächung, acht bis zwölf Tage dauern.

* Anm. d. Ü.: Simone Veil, frz. Ministerin für Gesundheit v. 1974–1977, 1977/78 für Gesundheit und Familienfragen.

Gegenwärtig wird das RU 486 nur in wenigen Zentren verabreicht, in denen die medizinische Kontrolle besonders streng ist. Die Zahl dieser Zentren wird aber in den nächsten Jahren zunehmen, denn es ist eine weniger traumatische Abtreibungsmethode.

*Wir halten fest*
Wenn Sie die 48 Stunden für die »Pille danach« (eine innerhalb von 48 Stunden nach dem Befruchtungsverkehr einzunehmende starke Hormondosis) haben verstreichen lassen, wenn Sie die vierte Woche für die chemische Abtreibung überschritten haben, wenn Sie sogar die zehnte Woche für den freiwilligen Schwangerschaftsabbruch nicht wahrgenommen haben, bleibt Ihnen nur die in Frankreich *illegale* chirurgische Abtreibung. Die Familienberatungszentren können Ihnen Adressen in der Schweiz, in Belgien, in den Niederlanden und in England geben.

## Kapitel 6

# Empfängnisverhütung

Wir haben vom Kind gesprochen, als der Frucht eines lange von allen Frauen gehegten Traums. Vom Kind, das kommt oder nicht kommt, je nachdem, ob das Unbewußte es will oder nicht. Wir werden jetzt einmal näher untersuchen, wie das Unbewußte sich verhält, wenn die Frau das Kind bewußt ablehnt, wenn sie also zwischen der sexuellen Beziehung und dem Kind die Empfängnis verhütet.

Die vorübergehende Ablehnung eines Kindes läßt vermuten, daß die Frau andere Wünsche zu befriedigen hat, bevor sie an das Erlebnis denken kann, das jede Frau erfahren möchte. Sie weiß, daß sie als Person nicht nur aus einer Gebärmutter besteht, die in der Lage ist, Kinder zu tragen. Sie weiß, daß sie sich durch ihre Arbeit einen gewissen Platz in der Gesellschaft verschaffen kann, in dem sie andere Fähigkeiten einsetzt, für andere Dinge zuständig ist als die Fortpflanzung.

Die Empfängnisverhütung wird von jungen und alleinlebenden Frauen genutzt, die häufig den Partner wechseln, und von denen, die längere Zeit mit einem Gefährten »auf Probe« leben, und auch von verheirateten Frauen, die Kinder, die sie sich wünschten, haben und die ein neues Kind als Handicap für ihre berufliche Entfaltung betrachten würden.

**Ist die Entscheidung für die Kontrazeption nicht schwer zu treffen, weil sie die Frau zwingt, zwischen zwei Wünschen zu entscheiden?**

Alle diese Frauen haben gegenüber dem Kind eine ähnliche Auffassung: Es ist nicht *alles* im Leben, es ist das *Mehr,* das man sich leisten kann zu bekommen, wenn die materiellen Bedingungen erfüllt sind. Das heißt, die Frauen in den modernen Industrieländern wenden die Kontrazeption an, weil man hier durch seine Arbeit einen gewissen Wohlstand erreichen kann. Die Notwendigkeit zu überleben ist hier nicht mehr das alles bestimmende Ziel der Menschen.
Die modernen Industrieländer, zu denen wir gehören, haben in bezug auf das Kind seit langem die Vorstellung vom Schicksal durch die des Wunsches ersetzt . . . und dieser Wunsch berücksichtigt die Interessen der Eltern und die des Kindes, das heißt, sein Kommen muß mit dem beruflichen und sozialen Leben der Eltern vereinbar sein.

**Hat uns der Freudianismus oder der Feminismus beeinflußt? Ist es der Wunsch, unter Bedingungen ein Kind zu haben, die gut für es sind? Oder der Wunsch, unser persönliches Leben unter für uns guten Bedingungen zu leben?**

Das eine wie das andere, glaube ich, denn eine Frau, die ein soziales Leben anstrebt, mußte sich zunächst von dem befreien, was sie im Hause festhielt, also vom Kind. Die Frau von heute empfängt nur dann ein Kind, wenn sie es wirklich will. Dadurch versetzt sie sich in die Lage, die Ankunft des Kindes mit »Wohlwollen« zu umgeben. Tiefenpsychologisch kann das für das Kind nur gut sein.
Wie die Geschichte der Frau mit dem Mann ein »Liebesroman« wurde, ist auch die Mutterschaft eine Wunschangelegenheit geworden. Wir haben gesehen, wie sehr der Kinderwunsch,

aus verschiedensten Gründen, ein Teil des Unbewußten jeder Frau ist. In allem, was die Kontrazeption angeht, erscheint die Frau engagierter als der Mann, weil sie die Mittel hat, ein Kind zu haben oder nicht. Dadurch, daß sie die Fortpflanzung akzeptiert oder ablehnt, übernimmt die Frau, mit den ihr gebotenen Möglichkeiten, auch die Macht. Es gibt nur noch von der Mutter »gewünschte« Kinder, der Wunsch oder Nichtwunsch des Mannes ist häufig unerheblich. Die Frau ist so in kurzer Zeit von der Rolle der Sklavin männlichen Verlangens zur Herrin über die Folgen einer Liebesbeziehung aufgestiegen.

**Ist die wirkliche Verhütung so einfach wie auf dem Papier? Nimmt sie, anders gesagt, nicht etwas von der Liebe?**

Manche Frauen, deren Liebesphantasma darin besteht, vom Mann ein Kind zu empfangen, können in der Tat eine Verminderung ihrer Lust erleben, weil das imaginäre Kind durch die Verhütung »ausgesperrt« ist. Das mit der Liebe verbundene Risiko ist für diese Frauen unbewußt angenehm . . . Weil dieses Risiko – oder diese Chance – einer verlängerten Symbiose mit einem Kind ihnen entgeht, empfinden sie die Symbiose mit dem Mann als weniger vollkommen . . . Es gibt und es wird immer Leute geben, die die Dinge um so intensiver erleben, je risikoreicher sie sind . . . So ist es bei manchen Frauen, die in Männer verliebt sind, die gar nicht zu ihnen passen, die aber jeden Schutz ablehnen und weitermachen, bis sie ein Kind erwarten. Auch wenn sie es danach verschwinden lassen, weil es in der Realität unmöglich zur Welt kommen kann . . . Das Kind eines Traumes . . . Aus einer unmöglichen Liebe stammend, die um so intensiver erlebt wurde, weil sie für die Erwachsenen brennende, infantile Leidenschaften mit sich brachte, die früher »verboten« waren . . .
Das Verbotene, der unmögliche Traum, sind Zutaten, die der

Liebe die Züge der Leidenschaft verleihen können ... Wenn man sich darüber nur im klaren ist ...
Andere, weniger ödipale Frauen, die weniger darauf aus sind, irgend etwas von ihrem Partner zu bekommen, die vielmehr selbst im Orgasmus die Intensität der Verschmelzung mit dem anderen zu erleben suchen, empfinden das imaginäre Kind als einen Antiorgasmus. Die Kontrazeption gibt ihnen jede Freiheit, sich in größter Wonne mit dem anderen zu verschmelzen. Ihr Traum ist es, während einiger Sekunden oder Minuten *eins* zu sein, und wenn der Traum verwirklicht ist, stirbt das Verlangen für einen Augenblick an seiner eigenen Erfüllung ... bis wir auf die Erde zurückkommen, hingerissen von der Empfindung, so weit weg gewesen zu sein, traurig, uns »zu zweit« wiederzufinden, aber schon in Erwartung der nächsten Flucht in das einzigartige Land der Liebe. Solche Frauen haben von der Verhütung nichts zu fürchten, denn das Imaginäre ist hier nicht das Kind, sondern das *eigene Sichverströmen* im anderen.

**Haben alle Verhütungsmittel die gleichen psychologischen Auswirkungen? Oder können die Reaktionen je nach der Art der gewählten Kontrazeption verschieden sein?**

Die psychologische Reaktion ist um so geringer, je weniger die Verhütung den Austausch der Gesten der Liebe überlagert. Die schlechteste Verhütung ist psychologisch gesehen ganz ohne Zweifel die Unterbrechung, die den einen hindert zu geben und den anderen zu empfangen und die die Partner nach dem so ersehnten Austausch völlig frustriert zurückläßt. Die Verhütung stört um so weniger, je weiter entfernt vom Geschlechtsverkehr sie angewendet wird und je leichter sie als Sperre gegen eine verlängerte Symbiose der Körper vergessen werden kann.
Jedes Verhütungsmittel der letzten Minute, alles, was zu

Gesten zwingt, die den Liebeshandlungen fremd sind (Vaginalzäpfchen, Schwämmchen, Gel für die Frau, Präservativ für den Mann) kann das Imaginäre nur stören. Diese Mittel erfordern oft einen zweiten Anlauf, um solche Handgriffe vergessen zu machen.

Wir sehen also, daß die Kontrazeption das Unbewußte nicht unberührt läßt und daß die Frau eine Veränderung in ihrer sexuellen Beziehung erfahren kann, ein Mehr oder ein Weniger an Lust. Wenn wir uns daran erinnern, daß der physische Erfolg des Paares sich auf das unbewußte Grundprinzip »Ich *will,* was *du willst«* stützt, das bei der Frau zum »Ich *will,* was *du* mir geben *willst«* wird, ist es klar, daß die Ausschaltung der Möglichkeit eines Kindes bedeutet, daß das, was sie empfangen *will,* nur die Lust sein kann. Die Verhütung ermöglicht *den Orgasmus* als wesentliches Ziel des Koitus, die Sexualität wird zur Stütze des Paares und zum Hauptziel des *unbewußten Verlangens.*

Früher hatte eine frigide Frau Kinder und sorgte sich nicht weiter um ihre Frigidität. Da die Kontrazeption es heute erlaubt, ein erfolgreiches Sexualleben in der Zweisamkeit als Ziel des Lebens zu sehen, gleichwertig neben der Zeugung eines Kindes, ist eine Frau, die mit ihrem Partner zu keinem Orgasmus kommt, mit Sicherheit beunruhigt, und ihr Partner ebenfalls.

Verhütung und autonome Lust bedingen einander. Die Verhütung trennt klar »Vergnügen« und »Fortpflanzung«, die nicht mehr Hand in Hand gehen, außer während einiger Monate, in denen das Paar sich das Entstehen eines Kindes wünscht.

Die gemeinsame Lust ist für das Paar zum Zement des Zusammenhalts geworden, zu dem das Kind nur eine Beigabe ist . . . Das ist eine vollkommene Umkehrung der Werte, die das Leben der Frau steuerten, und eine sehr schnelle Umkehrung dazu: Sie hat sich in kaum dreißig Jahren vollzogen. Das Leben einer Frau beschränkt sich nicht mehr darauf, die Mädchenrolle gegen die Rolle der Mutter einzutauschen. Das Leben einer Frau umfaßt jetzt sozialen und beruflichen Erfolg, ein farbenreiches, erfülltes Liebesleben, die Freuden der Mutterschaft und das Gefühl, alle ihre Möglichkeiten »zu sein« ausgeschöpft zu haben, nämlich als Mensch und als Frau.

**Ohne die Kontrazeption hätte die Frau also ihre Freiheit nicht erreichen können?**

So ist es. Aber es ist nicht die Arbeit, die die wirkliche Freiheit der Frau ausmacht, sondern die Möglichkeit, nicht mehr Sklavin zu sein, weder Sklavin der Liebe noch der Kinder. Die Frauen haben ihren ersten Schritt zur Selbständigkeit getan, und zwar durch den freien Zugang zur Kontrazeption (die in einem Männerparlament so schwierig zu erreichen war!). Wie Sie wissen, akzeptieren gewisse Religionen sie nur, wenn dabei der »natürliche« Zyklus der Frau respektiert wird . . . Die Kultur ist aber nicht immer der Freund der Natur, und die Evolution des Menschen war und ist mit ihrer Beherrschung verbunden.

Pincus, der herausfand, wie der hormonale Zyklus funktioniert, schuf mit seiner Entdeckung die Grundlage für eine bedeutende Weiterentwicklung der Menschheit, vergleichbar mit dem, was Galilei, Newton und Pasteur geleistet haben.

Wir sind nicht mehr nur »Objekt« unserer Hormone, sondern sie selbst verschaffen uns den Zugang zur Freiheit. Die orale Kontrazeption über die Pille ermöglicht es dem Paar, seine Fortpflanzung zu steuern, und erlaubt es jungen Menschen, das Leben zu zweit zu probieren, ohne unter den Folgen leiden zu müssen. Das ganze Leben der sehr jungen und der weniger jungen Frauen ist dadurch verändert worden, denn die Ehe hat aufgehört, eine »Verpflichtung« zu sein und ist zur »freien Entscheidung« geworden.

Die Sexualität der »Last« wurde zur »Lust«, und die Gesetzmäßigkeiten dieser Lust wurden von den Sexologen erforscht, die

viel dazu beigetragen haben, daß die Frau auch in diesem Bereich zu ihrem Recht kommt, wie in allen anderen, an der Seite des Mannes.
Wir sind inzwischen abgekommen von der machohaften Freudschen Vorstellung einer »vaginalen« Frau ... die dem Mann so gut zupaß kam. Der Kampf gegen die an Frauen in anderen Ländern immer noch verübte Beschneidung der Klitoris geht von den Frauen aus.
Die Frauen finden es unerträglich, zu sehen, daß einige ihrer Mitschwestern »kastriert«, ihrer Lustfähigkeit beraubt und gleichzeitig gezwungen werden, unter der Last von zahllosen Schwangerschaften und Geburten zusammenzubrechen. Die Verhütung, die es erlaubt, die Lust einzuklagen, und die die Sexualität befreit, ist auch ein Kulturgut für die Welt, das sie vor Überbevölkerung und Unterentwicklung schützt (oder sie schützen könnte).

**Sie ist also ein notwendiger Schritt für das Gleichgewicht der Erde ...**

Ja, es gehört zum ersten, was die Zivilisation den unterentwikkelten Völkern bringt. Wir leben nicht mehr in den alten Zeiten, in denen der Mensch das Kind als ein Geschenk der Götter ansah und dabei den Bezug zum Koitus nicht kannte ...

**Was halten Sie von der endgültigen chirurgischen Sterilisation der Frau?**

Man muß sagen, daß sie in unseren Ländern nur bei den Frauen angewandt wird, die das verlangen, die schon Kinder haben und die älter als vierzig Jahre sind. Bei Frauen also, denen dabei in Wirklichkeit nichts genommen wird. Aber selbst die Tatsache, daß erstens der Antrag bewußt gestellt wird und daß zweitens die Zeugung eines Kindes in diesem Alter nicht mehr sehr wahrscheinlich ist, hindert das Unbewußte nicht, sich über das zu beunruhigen, wovon es nicht mehr wird *träumen* können . . . und die bewußte Entscheidung hindert die Frau am Vorabend des Eingriffs nicht, Angst bei der Vorstellung zu empfinden, eine der Eigenschaften der Weiblichkeit zu verlieren. Eine Sache also, die ihre unbewußte Identität berührt. Hier wie bei der freiwilligen Schwangerschaftsunterbrechung ist es die Vernunft, die das Handeln bestimmt, aber das Unbewußte leidet deshalb auf seine Weise trotzdem. Man darf sich also nicht über widersprüchliche Gefühle wundern, die bei der Sterilisation oder dem Schwangerschaftsabbruch an die Oberfläche kommen: In beiden Fällen muß die Frau zustimmen, sich von dem realisierten oder geträumten lustvollen Vergnügen zu trennen, in sich ein Kind zu tragen. Dies auf sich zu nehmen ist immer schwierig, vorher wie nachher.

Die Verhütung ist ein bewußter und überlegter Akt, der in ein Unbewußtes eingreift, dessen Logik uns nicht immer deutlich wird und dessen somatische Reaktionen uns mitunter auch erstaunen: Beunruhigen Sie sich also nicht, wenn der Wunsch zu weinen oder wegzulaufen Sie überfällt, wenn es darum geht, Tag und Stunde festzulegen. Das Unbewußte verabscheut die Wirklichkeit. Falls der Arzt Sie erstaunt fragt, was los ist, haben Sie den Mut, ihm zu sagen: »Alles ist in Ordnung, Herr Doktor, aber ich *muß* weinen . . .«

Es ist die Niederlage des Unbewußten, das in Ihnen weint, weil es so sehr von der Symbiose träumte . . . Aber ihm dürfen Sie an diesem Tag nicht folgen.

## Aus gynäkologischer Sicht

*Die Empfängnisverhütung (Kontrazeption)*

Die legale Kontrazeption gibt es seit dem Gesetz »Neuwirth«*, das im Jahr 1976 in Kraft trat, aber erst 1975 übernahm die Krankenversicherung die Kostenerstattung, über die zur gleichen Zeit beschlossen wurde wie der freiwillige Schwangerschaftsabbruch nach dem schon erwähnten Gesetz »Veil«**. Gegenwärtig praktizieren rund 70 Prozent der Frauen im Alter von 18 bis 50 Jahren die Empfängnisverhütung nach verschiedenen Methoden.

Wenn man über Kontrazeption spricht, sind die seit langem bekannten, sogenannten »natürlichen« Methoden, wie die von manchen Frauen noch benutzte Methode Knaus-Ogino, von den neuen zu unterscheiden, die die Einnahme von Medikamenten oder die Hilfe eines Arztes erfordern (Spirale).

## Die natürlichen Methoden

*Der Koitus interruptus*

Die Technik ist einfach. Sie bedeutet, daß der Mann den Sexualakt mit Penetration so lange ausführt, bis die Partnerin zum Höhepunkt kommt, um sich dann schnell in dem Moment zurückzuziehen, in dem er das Kommen der Ejakulation verspürt, die dann außerhalb der Vagina erfolgt. Diese Verhütungsmethode ist nur halbwegs wirksam, denn die vor der Ejakulation vorhandene Flüssigkeit kann Spermien enthalten. Es kann auch passieren, daß das Zurückziehen des Penis zu spät erfolgt ... Die Häufigkeit von Schwangerschaften bei

* Anm. d. Ü.: So genannt nach dem Abgeordneten Lucien Neuwirth der französischen Nationalversammlung.

** Anm. d. Ü.: 1975 mit einer Probelaufzeit von 5 Jahren (endg. seit 1980).

jungfräulichen Frauen zeigt, wie aufnahmefähig und zugänglich die in der Tiefe liegenden Geschlechtsorgane der Frau für die Spermien sind, auch ohne Ejakulation im Innern der Vagina und auch wenn nur ein einziges Spermium überlebt!

*Die Knaus-Ogino-Methode (periodische Enthaltsamkeit)*
Diese im Jahre 1930 von *Knaus* und *Ogino* vorgeschlagene Technik basiert auf einer annäherungsweisen Bestimmung des Ovulationszeitpunkts.
In den der Ovulation unmittelbar *vorausgehenden Tagen* und in den ihr unmittelbar *folgenden* sollte jeder Verkehr vermieden werden.
Hierbei gilt folgendes Schema: Vermeidung des sexuellen Verkehrs zwischen dem 8. und dem 18. Tag des Zyklus, wobei von der sehr allgemeinen Regel ausgegangen wird, daß die Ovulation meistens zwischen dem 12. und dem 14. Tag erfolgt. Diese Methode, die frühzeitige oder verzögerte Ovulationen nicht berücksichtigt, ist aber sehr unsicher und daher für zahlreiche unerwünschte Schwangerschaften verantwortlich.
Sie kann aber durch die genaue Bestimmung des Tages der Ovulation verbessert werden, der durch die Temperaturmethode ermittelt wird. Jeden Morgen beim Aufstehen wird die Temperatur gemessen. Die Frau erfährt dabei den Zeitpunkt der *Ovulation* genau: Die Temperatur geht um ein bis zwei Zehntelgrade zurück; um dann in der zweiten Phase des Zyklus auf über 37 °C anzusteigen.

**Temperaturkurve**

Diese Methode kann etwas flexibler gehandhabt werden, wenn sie mit anderen, lokalen Methoden (Vaginalzäpfchen, Präservativ) während der fruchtbaren Tage vor der Ovulation kombiniert wird.

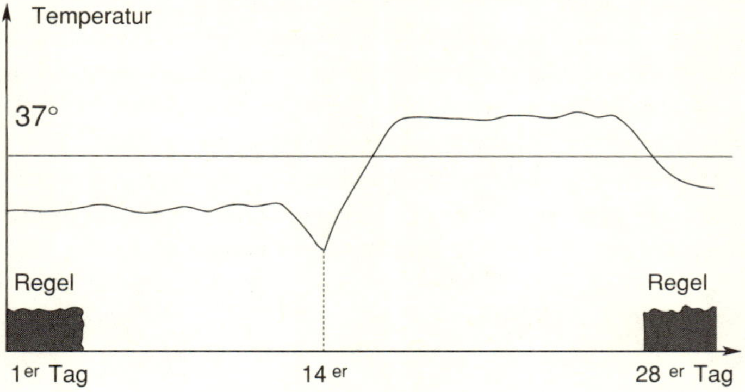


**Die lokalen Methoden**

*Das Präservativ*

*Seit dem Auftreten von Aids ist diese schon sehr alte Methode besonders aktuell.* Sie hat den Vorteil, daß das Präservativ in einer Standardgröße verwendet wird, aber seine Anwendung wird häufig als unerotisch und störend empfunden ... Sie bleibt indessen die einzige Methode, die eine unerwünschte Schwangerschaft verhindert und gleichzeitig gegen durch Geschlechtsverkehr übertragene Krankheiten schützt.

*Das Diaphragma (Scheidenpessar) und die Portiokappe*

Eine wegen der schwierigen Anbringung – sie verlangt einige Geschicklichkeit – und wegen des ziemlich antierotischen Effekts für die Frau weitgehend aufgegebene Methode. Sie bleibt jedoch in gewissen Fällen sinnvoll. Die Sicherheit liegt bei 97 Prozent.

*Lokal anzuwendende Spermizidien (samenabtötende Mittel)*

Die Vaginalzäpfchen, Cremes, Tampons und samenabtötenden Schwämmchen sind sehr viel besser als die antiquierten früher

üblichen, aber wenig wirksamen Spülungen. Diese Mittel erfreuen sich zunehmender Beliebtheit, zumal ihr Schutzfaktor mit 96 Prozent gut ist. Interessant ist, daß diese lokalen Verhütungsmittel eine antiseptische Wirkung haben, die die Frau gleichzeitig vor Geschlechtskrankheiten schützen kann.
Die Wirkungsgeschwindigkeit variiert je nach der angewandten Form: Sie ist schnell bei Cremes und Gelees (drei Minuten), wobei die Wirkung dann für etwa 8 Stunden anhält, und langsam (10 bis 12 Minuten) bei Vaginalzäpfchen, deren Schutz nach 24 Stunden aufhört.

*Die Pille*
Sie ist die am leichtesten anzuwendende und die sicherste Art der Empfängnisverhütung; außerdem stört sie am wenigsten die Erotik in der sexuellen Beziehung, weil sie lange vor dem eigentlichen Verkehr eingenommen wird. Sie ist die verbreitetste Kontrazeptionsmethode und wird weltweit von rund 50 Millionen Frauen benutzt.
Die Pille enthält die Hormone Östrogen und Progesteron, die für den Ovulationszyklus verantwortlich sind. Ihre Resorption verhindert die Ovulation, also die Möglichkeit einer Schwangerschaft. Sie wirkt auf dreifache Weise:
- Sie beeinflußt die Hypophyse und verhindert so die Ovulation.
- Sie verhindert den Aufbau der Gebärmutterschleimhaut und macht sie für die Nidation ungeeignet.
- Sie bewirkt eine Veränderung des Zervikalschleims und verhindert damit den Durchgang der Spermien in den Uterus.

Die Pille ist die sicherste Verhütungsmethode, die wir kennen, denn ihre Wirksamkeit nähert sich der 100-Prozent-Marke (0,3 Prozent Fehlerquote).
Sie kann nur mit Zustimmung und nach Verschreibung durch einen Arzt eingenommen werden, denn sie unterliegt ganz bestimmten medizinischen Kontraindikationen.
Das Einnehmen der Pille setzt also einen Besuch beim Arzt

voraus, der Ihre Lipid- und Blutzuckerwerte untersucht, Ihren Blutdruck mißt und bei der gynäkologischen Untersuchung prüft, ob Sie auch keine Tumoren oder Fibrome haben.
Die Pille nehmen Sie vom ersten Tag der Menstruationsblutung an täglich etwa zur gleichen Zeit, damit sich daraus eine Gewohnheit entwickelt (ein Vergessen wird, den Tagen auf der Kalenderpackung folgend, innerhalb von 24 Stunden durch die doppelte Einnahme ausgeglichen, da für jeden Tag eine Pille vorgesehen ist). Auf jeden Fall müssen Sie dem auf der Pakkung vorgegebenen Schema folgen und alle Pillen aufbrauchen, bevor Sie für den nächsten Monat eine Änderung ins Auge fassen. Es gibt Monatspackungen mit 21 oder 22 Pillen, je nach Hersteller, wobei die Tage des Monats angegeben sind. Man kann sich also nicht irren. Einige Tage nach dem Absetzen der Pille ergibt sich eine Scheinmenstruation oder eine Entzugsblutung. Nach einer »Pause« von sieben Tagen wird eine neue Packung angebrochen. Mit der Pille sind Sie eine Frau ohne Ovulation, mit einem künstlichen Zyklus.
Die Pille wirkt sofort, d. h. bereits *am ersten Tag der Einnahme,* vorausgesetzt, daß er auch der erste Tag des Zyklus ist.

Es gibt mehrere Arten von Pillen:
*Die phasenspezifischen, d. h. ein-, zwei- oder dreiphasige,* je nachdem, ob die in ihnen enthaltene Hormondosis während des gesamten Zyklus konstant bleibt oder ob sie auf zwei oder drei Stufen, je nach dem Zeitpunkt während des Monats, ausgelegt ist.
Je feiner abgestimmt das Erzeugnis auf das Geschehen während des Zyklus einwirkt, um so weniger treten unerwünschte Nebenwirkungen auf (insbesondere Gewichtszunahme).
*Die sequentiellen Pillen* enthalten während einiger Tage nur Östrogene und während der anderen eine östro-progestative Mischung. Sie werden in ganz bestimmten Fällen genommen: zum Beispiel nach einer Ausschabung, damit sich die Gebärmutterschleimhaut wieder normal aufbaut.

Es ist möglich, manchen Frauen aus medizinischen Gründen eine erhöhte Dosis synthetisches Progesteron vom 5. bis zum 25. Tag des Zyklus zu geben (z. B. bei Fibromen oder in der Prämenopause). Diese während 20 Tagen im Monat genommenen Medikamente sind, sozusagen als Nebenwirkung, auch kontrazeptiv.
*Die Mikro-Pille,* sie enthält nur Progesteron in schwacher Dosierung, wird Frauen mit gestörtem Metabolismus verschrieben (Hypercholesterinämie, Hypertriglyzeridämie, Diabetes, Bluthochdruck).

*Die Spirale (Intrauterinpessar)*

Die Spirale ist eine *lokale* und *mechanische* Verhütungsmethode.
Eine in die Gebärmutterhöhle eingeführte Spirale verhindert die Nidation des befruchteten Eis, wobei der natürliche Menstruationszyklus voll erhalten bleibt: Nur die Nidation ist unterbunden.
Die Spirale ist vor allem Frauen vorbehalten, die schon ein Kind haben, und sie ist in ganz bestimmten Fällen kontraindiziert: zu kleiner oder fibromatöser Uterus, wiederholte gynäkologische Infektionen, vorübergehende Infektionen der Vagina oder des Gebärmutterhalses, sehr starke Menstruation (die Spirale kann in diesen Fällen zu starke monatliche Blutungen hervorrufen).
Die Spirale hat meistens die Form eines T. Ein Kupferdraht ist spiralförmig um den vertikalen Balken des T gewickelt, an dessen unterem Teil zwei dünne Fädchen befestigt sind, die dazu dienen, die Plazierung der Spirale zu überprüfen und ihr späteres Entfernen bei einem Auswechseln zu erleichtern. (Schema 1)

*Das Einsetzen der Spirale*

Die Spirale wird von einem Gynäkologen eingesetzt, ohne lokale oder allgemeine Betäubung. Die Frau kann einige Stunden vorher ein Beruhigungsmittel nehmen, um die Schmerzen am Gebärmutterhals während des Einsetzens zu mildern. (Schema 2)
Nach dem Einsetzen empfiehlt es sich, für den Rest des Tages

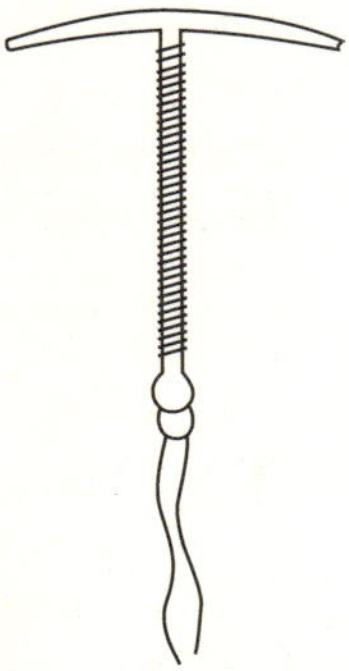

Schema 1

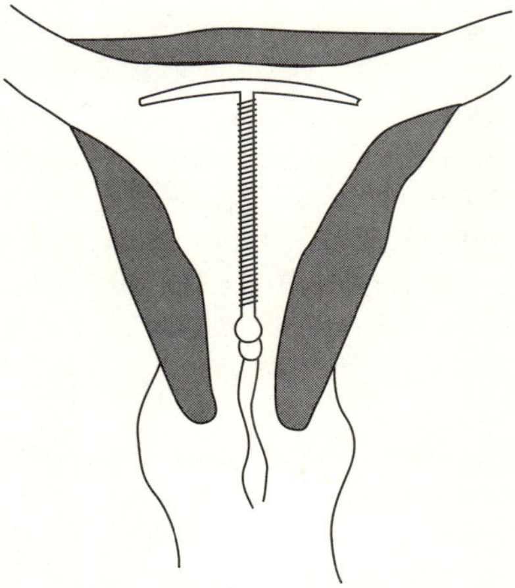

Schema 2

zu ruhen, falls krampfartige Schmerzen und kleine, meistens harmlose Blutungen auftreten. Bei stärkeren Blutungen ist der behandelnde Arzt zu verständigen.
Die Spirale wird während der Menstruation oder unmittelbar danach, aber immer *vor der Ovulation* eingesetzt. Einen Monat später wird eine ärztliche Kontrolle vorgenommen, die jeweils alle sechs Monate zu wiederholen ist.
Ob die Spirale gut vertragen wird, läßt sich im voraus nicht beurteilen. Schmerzen und anhaltende Blutungen in den Tagen nach dem Einsetzen sind Anzeichen für eine Unverträglichkeit. Normalerweise müssen diese Symptome nach wenigen Stunden abklingen.

Vorteile der Spirale:
Die Kontrazeption ist sicher (1 Prozent Fehlerquote) und kann nicht vergessen werden. Wie die Pille stört sie nicht die Erotik bei der sexuellen Begegnung und hat den Vorteil, daß der Zyklus der Frau, bis auf die Nidation, natürlich verläuft.

Nachteile:
Vor allem muß die Frau auf eventuell auftretende *Infektionen* achten, d. h., sie muß jede Vermehrung des üblichen weißen Ausflusses aufmerksam beobachten. Beim Auftreten von Unterleibsschmerzen muß sie unverzüglich, ohne auf weitere Symptome einer bedeutenderen Infektion (Salpingitis oder Endometritis) zu warten, den Arzt konsultieren.
Die *Ausstoßung* der Spirale bleibt ein ständiges Risiko, deshalb wird der Benutzerin empfohlen, regelmäßig zu kontrollieren, ob die Fädchen im oberen Teil der Vagina noch da sind.
Die Einnahme von entzündungshemmenden Medikamenten ist untersagt, und die Benutzung der Spirale muß jedem Arzt, der ein Medikament verschreibt, angezeigt werden.
Das Risiko einer extra-uterinen Schwangerschaft kann nicht ausgeschlossen werden, da die Spirale nur die Nidation in der Gebärmutter verhindert.

*Die Sterilisation*
Vom vierzigsten Lebensjahr an, wenn die Familienbildung abgeschlossen ist, kann für die Frau die Sterilisation durch eine Tubenligatur in Frage kommen.
Diese Methode ist hundertprozentig wirksam und wird in den angelsächsischen Ländern zunehmend angewendet. In Frankreich ist sie dagegen noch relativ selten; obgleich von den Chirurgen akzeptiert, wird sie von der Krankenversicherung nicht immer erstattet, außerdem ist sie noch nicht legalisiert.
Sie ist *irreversibel.*
Der chirurgische Eingriff ist einfach: Durch die Ligatur (Unterbindung) oder Durchtrennung der Tuben unterbricht der Chirurg den Weg des Eis zum Uterus. Die Methode läßt der Frau ihren natürlichen Zyklus, sie macht lediglich die Befruchtung unmöglich.
Der Eingriff erfordert einen Krankenhausaufenthalt von 36 bis 48 Stunden und wird unter Vollnarkose vorgenommen.

Weil die Sterilisation nicht rückgängig gemacht werden kann, ist sie Frauen über vierzig vorbehalten oder wird nur in ganz bestimmten medizinisch begründeten Fällen vorgenommen.

*Kontrazeption in Frankreich im Jahr 1990*

Etwa 70 Prozent der Frauen im Alter von 18 bis 50 Jahren benutzen eine Verhütungsmethode.

Eine bestimmte Gruppe der weiblichen Bevölkerung hat allerdings kein Problem mit dem Schwangerschaftsrisiko: Frauen, die sich haben sterilisieren lassen (7 Prozent), die unfruchtbar sind (4 Prozent), die im Augenblick keinen Partner haben (13 Prozent), die schon schwanger sind oder versuchen, es zu werden (10 Prozent).

Die Pille bleibt weiterhin die am häufigsten benutzte Methode: 32 Prozent der Frauen zwischen 18 und 50 Jahren nehmen sie, wobei 51 Prozent der Altersgruppe bis zu 24 Jahren angehören, bei den 18- bis 19jährigen sind es 44 Prozent.

Die Spirale steht auf Platz zwei, sie wird von 17 Prozent der Frauen vor allem im Alter zwischen 35 und 40 Jahren benutzt.

59 Prozent der Frauen zwischen 20 und 40 Jahren benutzen also die eine oder andere dieser beiden Methoden.

Die anderen Methoden machen 15 Prozent aus: das Zurückziehen (Koitus interruptus), die Methode Knaus-Ogino, das Präservativ und *die lokalen Methoden:* Diaphragma, Vaginalzäpfchen, Cremes etc. . . .

Für das kommende Jahrzehnt wird von einer kontrazeptiven Vaccine, einer »Verhütungsimpfung«, gesprochen, die die Frauen im gebärfähigen Alter ein Jahr lang schützt, eine gewünschte Schwangerschaft im folgenden Jahr jedoch nicht verhindert. Diese Methode könnte manchen Europäerinnen entgegenkommen, insbesondere aber die galoppierende demographische Entwicklung in den unterentwickelten Ländern abbremsen.

Der Gedanke ist nicht abwegig, daß die hormonale Verhütung eines Tages aufhören wird, eine ausschließliche Domäne der Frauen zu sein, daß sie vielleicht auf den Mann übergeht, der gegenwärtig nur das Präservativ und das Zurückziehen hat, also Methoden, die der Lust nicht gerade förderlich sind!

## Kapitel 7

# Die Wechseljahre

Ich sehe unser Frauenleben wie einen großen Fluß, in dem es zwei kritische Streckenabschnitte gibt. Die Pubertät ist die stürmische Ankunft in einer Schleuse mit mehreren Etagen, die mit dem Übergang in den regelmäßig fließenden Strom des weiblichen Zyklus wieder verlassen wird. Am anderen Ende dieses etwa fünfunddreißig Jahre lang dahinfließenden Stroms wartet das ruhigere, große Sammelbecken der Menopause. In diesem Becken bleiben wir so lange genug, so daß unsere innere Uhr ihren Rhythmus ändern und sich auf den neuen einstellen kann, der das Leben der Frau während des letzten Teils des Weges bestimmen wird: eine Zeit, in der sie, um zu *leben,* nicht mehr auf den Charme ihres Körpers zählt und auch nicht auf den Dialog mit ihren Kindern, deren Fortgehen im allgemeinen mit den ersten Zeichen der Prämenopause zusammenfällt ... Die Menopause erscheint wie eine physische Kastration, die oft mit einer gefühlsmäßigen Frustration einhergeht: Die Frau verliert zur gleichen Zeit ihr gewohntes körperliches Bild, das der Bezugspunkt für ihre physische Identität war, wie auch das innere Bild des Geliebtseins, das ihr von den Kindern zuteil wurde.
Das Schwierige im Leben der Frauen sind die brutalen Übergänge, die mit den körperlichen Veränderungen zusammenhängen, mit dem Überfluß oder dem Mangel an weiblichen Hormonen.
Im Verlauf ihres Lebens durchlebt die Frau manche Erschütterungen, häufig kommen sie überraschend und immer vom Körper, so daß sie sich regelmäßig bemühen muß, sich ihrem neuen Erscheinungsbild anzupassen: der flache Körper der

Kindheit, der soviel Wut auslöst; der schlanke und biegsame Körper der Adoleszenz, mit dem sie nichts Rechtes anzufangen weiß; der verdoppelte Körper in der Schwangerschaft, der ihren Lebenshunger beflügelt; der wunderbar erblühte Körper der Vierzigjährigen, die stolz darauf ist, »Frau« zu sein, solange die Blicke ihr folgen; der Körper, der schlaff wird und sich in den Jahren um die Fünfzig geradezu einspinnt, als ob er für einen langen Weg Reserven schaffen will. Es bleiben in der Tat noch etwa dreißig Jahre, die ohne die Unterstützung der Hormone durchgestanden werden müssen. Früher verließ uns das Leben beinahe zur gleichen Zeit wie die Hormone, aber seit den Fortschritten der Medizin ist das Altsein ein Lebensabschnitt geworden, der zu durchleben ist wie die anderen.
Die meisten Frauen haben ihre Jugend damit verbracht, auf die Liebe zu warten, die Zeit ihrer Reife damit, die Kinder um sich herum glücklich zu machen, und die ersehnte Antwort kam von außen zu ihnen: »Du wirst geliebt, weil du Frau bist, weil du Mutter bist . . .« Die Hormone waren da, um die Frauen begehrenswert und erwünscht zu machen und zu unermüdlichen Müttern bei ihren Kindern, und sie waren glücklich, weil sie geliebt wurden.

**Hat die Frau nie aufgehört, dem Ziel ihrer Kindheit, geliebt zu werden, hinterherzulaufen?**

Ja. So ist es. Alles im Leben war für sie Anlaß, sich »lieben« zu lassen. Sie hat alle ihre weiblichen Reize genutzt, zunächst um den Mann zu erobern, dann das Kind, das sie sogar vollständig für sich behalten wollte, um sicher zu sein, seine Zuneigung zu bekommen. Ihr Leben war ein Wettlauf, besessen von der Idee, alle auf einmal zufriedenzustellen: Man sollte meinen, daß sie, nachdem die Vögel das Nest verlassen haben, den Moment erwartet, sich auszuruhen . . . Aber welches Ausruhen kann sich jemand wünschen, dessen einzige Erwartung stets darin bestand, als »nützlich« und »unentbehrlich« anerkannt zu sein? Die Frau ersehnt deshalb den Ruhestand nie so herbei wie der Mann. Ihre Kinder sind groß geworden, aber sie will immer die »ewige, unentbehrliche Mama« sein und hält sich auch dafür. Und ihr Mann ist so sehr an jede ihrer Gesten, an alle ihre Reden gewöhnt, daß er sich über die Anstrengungen nicht im klaren ist, die sie unternimmt, um ihrer gemeinsamen Liebe das Erscheinungsbild der frühen Jahre zu erhalten. Er hört die Alarmsirenen nicht, die zu schrillen beginnen, seitdem sie sieht, daß ihr der Rock vom letzten Jahr nicht mehr paßt. Er nimmt es nicht wahr, das »Findest du, daß mich das hier ein bißchen dicker macht?« Er, er findet nichts, aber rein gar nichts. Er liebt sie wie eine alte Freundin, wie eine gute Kameradin, mit der er Meere und Ozeane überquert hat, er liebt sie, aber für ihn ist das »natürlich«. Da liegt der große Unterschied zwischen Mann und Frau: Für ihn ist die Liebe so »natürlich«, daß man darüber nicht sprechen muß. Für sie ist die Liebe ein »Wunder«, das jeden Tag aufs neue bestätigt werden muß.

Eine Frau kann sich nicht mit einer stillen Liebe abfinden, weil sie fünfundvierzig oder fünfzig Jahre alt ist, ganz im Gegenteil! Je mehr sich die Kinder entfernen, um so mehr bildet sich wieder das Duo der Anfangszeit, um so mehr fürchtet die Frau aufs neue, nicht »geliebt zu sein«. Der schreckliche Verdacht ergreift sie wieder: Und wenn er mich nun damals nur aus Neugier geheiratet hat und nur aus Gewohnheit bleibt?

Das erste weiße Haar, die erste Brille, der erste Altersfleck auf ihren Händen . . . Mehr ist nicht nötig für die Frau, um sie glauben zu lassen, daß sie ihr ganzes Kapital an Schönheit und Jugend verbraucht habe und daß sie schnell noch vom letzten Glanz eines untergehenden Körpers profitieren müsse. Es sind häufig Frauen von fünfundvierzig, deren Enthusiasmus bei der Vorstellung, jemandem zu begegnen, überschäumt, die sich nicht scheuen, Momente der Zärtlichkeit mit einem Unbekannten zu wiederholen und auszudehnen und die selbst das eheliche

Schlafzimmer zu verlassen, um in einem kleinen Appartement mit Wonne alle die Anfänge der Liebe wiederzufinden.
Wenn noch ein Mann nach ihr verlangt, dann deshalb, weil nichts sich geändert hat, sagt sie sich, und es ist ihr egal, ob dieser Mann das Alter ihres Sohnes oder das Alter des Vaters ihres Sohnes hat, alles was zählt, ist seine *Leidenschaft.*
Sie braucht Beweise, Beweise, daß sie immer noch *begehrenswert* ist, und da sie die bei ihrem ständigen Gefährten nicht findet, stürzt sie sich kopfüber in ein Abenteuer. Paß auf, sagen ihr die Freundinnen, wenn dein Mann das erfährt und die Scheidung verlangt . . . Sie aber hört auf nichts und niemanden. Sie ist im übrigen bereit, sich scheiden zu lassen, wenn sie so ihr amouröses Leben verlängern kann. Der Johannistrieb* setzt der Frau von vierzig oder fünfundvierzig Jahren zu, wenn ihr Hormonfluß Ermüdungserscheinungen zeigt. Diese Frau wird nervös, unruhig, insgeheim einsamer, sie denkt daran, daß sie eines Tages die Welt derjenigen, die lieben und geliebt werden, verlassen muß. Also tut sie alles, um sich zu erneuern: Trotz aller großen Veränderungen im *Osten* wie im *Westen* bleiben Abmagerungskuren und Straffungscremes die beiden Lieblingsthemen der Frauenzeitschriften.

**Sie tun, als reduziere die Frau sich auf gutes Aussehen und als gäbe nur ihr Äußeres ihr das Recht zu leben.**

Ganz und gar. Die Panik der Frau, die an ihrem Körper das erste Anzeichen des Alterns bemerkt, beweist uns zur Genüge, daß die Frau nur ihrem Körper vertraut, um zu *existieren,* als ob alle sonstigen Aufgaben und Leistungen ihr in keiner Weise einen anderen Wert verschafft hätten als den physischen. Der Mann dagegen nutzt den Wert seiner Jahre, je weiter sein Leben voranschreitet, um Posten mit hoher Verantwortung zu

* Anm. d. Ü.: Hier metaphorisch: das zweite Ausbreiten mancher Holzgewächse im Juni/Juli.

erreichen. Wenn er seine Jugend verliert, gewinnt er wenigstens an Weisheit. Ein beachtlicher Wert, wenn man eine hohe Verantwortung trägt. Es kommt ein Moment im Leben, in dem Erfahrung die Jugend aussticht. Das aber ist für Frauen von geringer Bedeutung. Es ist, als ob die Frau nie das Bewußtsein für ihren inneren Wert erlangt hätte und als Bezugspunkt nur Schönheit und Jugend behielte. Hier finden wir, unverändert nach so vielen Jahren, den Schrecken des kleinen Mädchens wieder, nicht zu sein, »wie man sein muß«, nicht zu sein »wie die anderen« und »allein« leben zu müssen wie im Anfang, weil von dem, was die anderen haben, beraubt.

**Sind denn die Hormone im Leben einer Frau so sehr das Salz in der Suppe?**

Weder mehr noch weniger, als sie bei einem Mann für seinen sozialen Erfolg oder Mißerfolg verantwortlich sind. Dennoch sind sie es, die das kleine Mädchen aus der kindlichen Neutralität in den Zustand der begehrenswerten Frau versetzen und die durch ihr Versiegen in der Menopause das libidinöse Verlangen bei der Frau ab dem fünfundfünfzigsten oder sechzigsten Lebensjahr beenden und sie in körperliche Neutralität zurückfallen lassen, obwohl sie noch so viele Jahre zu leben hat!
Um gegen das Fehlen weiblicher Zeichen an seinem Körper anzukämpfen, verkleidete das kleine Mädchen sich. Schminken und Schmuck sind die Verteidigung der Frau über die Menopause hinaus: Je mehr man seine natürlichen Reize verliert, desto mehr künstliche werden herausgestellt, um in dem Gleichgewicht zu bleiben, an das man gewöhnt ist . . .
Mehrere Male in ihrem Leben mußte die Frau es akzeptieren, »anders« zu sein, als sie war, wenn aber die Metamorphose des sechsten Lebensjahrzehnts sich einstellt, weiß sie, daß sie keine Chance hat, sich nachher auf der Schokoladenseite des Lebens wiederzufinden. Ganz im Gegenteil! Dies erklärt ihre Schwie-

rigkeiten, der Zukunft ins Auge zu sehen: Ihr ganzes Leben, immer, erwartete sie ein »Besser«. Das kann sie nun nicht mehr. Während der Prämenopause und der Menopause weigert die Frau sich, dem Rhythmus des Körpers zu folgen: Sie reißt sich ihre ersten weißen Haare aus, sie ändert ihre Frisur, sie klappert die Schönheitssalons ab, sie unterwirft sich Abmagerungskuren, weil sie glaubt, durch besondere Pflege die Veränderung ihres Körpers vermeiden zu können, den sie nie so intensiv betrachtet hat wie jetzt.

Manche Frauen um die Vierzig entdecken plötzlich, daß sie nicht alle Möglichkeiten genutzt haben, die das Leben bietet, und daß ihnen ein Kind fehlt . . . Sie machen sich auf die Suche nach einem Erzeuger, der sich noch einmal verjüngen möchte, und schon sind sie auf dem Weg zu einer neuen Kreuzfahrt in Erwartung eines Neugeborenen, mit 42 oder 44 Jahren . . . Andere stürzen sich in den Sport oder betreiben Bodybuilding. Nie zuvor hat die Frau so viel Eifer in die Erhaltung ihres Körpers investiert; es ist ein verbissener Kampf, um die Zeichen des Alterns solange als möglich hinauszuzögern. Es ist, als ob die Fee Hormona sie im Alter von dreizehn Jahren mit ihrem Zauberstab berührte, um ihr für eine begrenzte Zeit das Geschenk der Jugend und der Schönheit zu machen, die die Frau jetzt, da der Zauber langsam seine Wirkung verliert, anfleht, um der Weissagung zu entgehen.

**Ist es denn nicht natürlich, zu versuchen, die Wirkungen des Alterns hinauszuzögern, besonders wenn sie sich vorzeitig zeigen, vor allem, wenn noch Jahre zu leben bleiben an der Seite von Männern, deren Libido nicht im gleichen Maße abnimmt?**

Glücklicherweise unterhalten wir uns zu einer Zeit, in der die Medizin durch Fortschritte in der Lage ist, die von Hormona gewährte Anleihe in einen langfristigen Kredit umzuwandeln.

Wir haben Zugang zu der geheimnisvollen Schatulle, die eines unserer Gepäckstücke war. Wir können sie öffnen und feststellen, daß sie nur Hormone enthält: die Östrogene und das Progesteron, von denen dreißig Jahre lang die Frische unseres Teints abhing, die Ausgeglichenheit unserer Seelenlage und unser Lebensmut, trotz der manchmal reichlich unbequemen Menstruation.

Neue Eva, wir haben den Apfel vom Baum der Erkenntnis gegessen, wir haben gelernt, nicht mehr unter den Launen unserer Hormone zu leiden, haben gelernt, sie selbst zu verwalten, und wir erreichen eine Stetigkeit, die dem Leben entspricht, das wir mit Adam an unserer Seite leben, der seinerseits nach und nach von der Jugend ins Stadium der Reife gelangt, dann ins Alter, ohne Pauken und Trompeten ... Welch ein Weg – seit der Verdammung aus dem irdischen Paradies! Wir bringen nach unseren Wünschen Kinder zur Welt, die uns versprochenen Schmerzen bleiben uns erspart, und dank der Behandlung der Menopause müssen wir mit dreiundfünfzig nicht mehr das brutale Ende unseres sexuellen Lebens fürchten!

**Wie kommen Sie als Psychoanalytikerin dazu, Ihre Domäne zu verlassen und uns Hilfe durch Hormone anzuraten?**

Weil in dieser Periode des Lebens, zwischen fünfundvierzig und fünfzig Jahren, während der Prämenopause und der Menopause, die Stimmungsschwankungen häufig dem Absinken des Hormonspiegels zuzurechnen sind, was die ohnehin schon schwierigen, tiefgreifenden psychologischen Veränderungen noch erschwert.

Ich sage nicht, daß alle Schwierigkeiten der Menopause durch eine Hormonbehandlung verschwinden, aber ich glaube, daß sie in diesem Zeitabschnitt als eine notwendige unterstützende Behandlung bei der schwerwiegenden psychologischen Veränderung anzusehen ist, durch die die Frau hindurch muß in einem Moment, in dem sie ihre Werteskala verändern und

andere Wege finden muß als die, die sie bisher zu gehen gewohnt war.
Ich kenne Frauen ohne Hormone gut genug, um sie unter den anderen Ratsuchenden sofort zu erkennen: in ihrem Blick die Mutlosigkeit der ganzen Welt, sie hat genug davon, »so zu leben«, das heißt, nicht wie die anderen, sie ist ohne Lebenslust, ohne Verlangen, ohne einen anderen Plan als den, Schluß zu machen. Nach und nach verzichtet sie auf alles, was sie liebte, schlimmer noch, nach und nach verzichtet sie darauf (sie, die ihr Leben damit verbrachte), sich lieben zu lassen oder sich geliebt zu glauben. In Wirklichkeit ist sie es, die sich, »anders« und »verringert«, nicht liebt, während alle ihr Nahestehenden ihr das Recht auf die kleinen Falten um die Augen und die Altersflecken auf den Händen zugestehen, denn sie lieben sie für das, was sie ist. Sie hat sich nie von der Idee freimachen können, daß eine Frau nur eine Frau ist, wenn sie *schön* ist . . . Sie ist von einer Erziehung geprägt, in der sie unter einer körperlichen Ungleichheit hat leiden müssen, die sie immer fürchtete wiederzufinden, mehr als alles andere.

**Ist es dann nicht das beste, daß diese Frau bei denen lebt, die sie von ihren Herzen her lieben?**

Das ist keine Frage der Wahl, sondern der Entwicklung der Gesellschaft. Den jungen Menschen bleibt gegenwärtig in den meisten Fällen nichts weiter übrig, als eine Beschäftigung in einer anderen Region aufzunehmen, und sie wohnen auf so beschränktem Raum, daß ein Zusammenleben mit den Kindern undenkbar ist. Diese beiden Gründe haben die Aussichten für das Leben im letzten Lebensabschnitt gänzlich verändert.
Der Mangel an Interesse für das Leben schleicht sich nach der Menopause ein, heimtückisch und hinterhältig, und die Frau wagt es nicht, mit irgendwem darüber zu sprechen. Worüber

beklagt sie sich? Ihr Ruhestand steht bevor, die Kinder werden sie besuchen, die Katze und der Kanarienvogel sind auch immer noch da . . . Wie soll sie über ihre innere Verwirrung sprechen und mit wem? Frauen scheinen nicht zu wissen, wie sich das Versiegen der Hormone auswirkt, nämlich in der Abnahme der Libido, und sie gehen nach außen hin ihren Weg weiter wie vorher, ihre innere Landschaft jedoch ist häufig von einem unbegreiflichen Schmerz verwüstet.

Ich erinnere mich an den Herbstnachmittag, an dem ich zum ersten Mal Frau X empfing. Ich sah vor mir eine Frau mit dem flehenden Ausdruck eines Kindes. Sicherlich war sie einmal hinreißend gewesen, mit gebräunter Haut und blauen Augen. Ihre ersten Worte waren: »Ich *will* nicht mehr und ich *kann* nicht mehr leben. Ich bin zu Ihnen gekommen, aber wenn Sie nichts für mich tun können, bringe ich mich um.« Nachdem wir uns über die Behandlung verständigt hatten, hörte ich mir erst einmal die Gründe für ihren Todeswunsch an: Sie sei fünfundsechzig, wäre seit fünf Jahren in der Menopause und hätte überhaupt keine Lust mehr für die »Sache«, die ihr Mann, verliebt wie am ersten Tag, noch immer von ihr erwarte . . . Sie könne »dies« Gesicht, ihr Gesicht, nicht mehr im Spiegel sehen, sie, die so schön gewesen sei . . . Intellektuell die gleiche Katastrophe: Sie, ehemalige Lehrerin, eine ihr Leben lang leidenschaftliche Literaturliebhaberin, hätte keinen Mut mehr zu lesen, nicht einmal die Zeitung . . . Freundinnen? Aus und vorbei! Sie wolle niemanden mehr *sehen* oder *gesehen* werden. Im übrigen verstünde sie niemand: Sie hätte alles gehabt im Leben! – Vor mir saß der *Schatten* einer einstmals schönen und glücklichen Frau. Kein Anzeichen von Neurose vor dem sechzigsten Lebensjahr! Nichts als Glück seit ihrer Hochzeit! Ich hatte deshalb keinen Anlaß, sie für depressiv zu halten!

Sie hatte etwas Dramatisches und Drängendes an sich, das mich veranlaßte, sie zu einer Gynäkologin zu schicken, um die hormonale Seite abklären zu lassen . . . Ein kleines ungläubiges Lächeln, aber sie ging doch hin . . .

Zwei Monate nach dieser einmaligen Konsultation erhielt ich folgenden Brief:

*Liebe Madame Olivier,*
*ich danke Ihnen so sehr dafür, daß Sie mich zu Dr. D. geschickt haben. Als ich Sie aufsuchte, dachte ich, daß ich diesen Weg würde jahrelang gehen müssen, nur um mit Ihnen zu reden, weil ich Sie als Psychoanalytikerin kannte! Nein! Sie waren so ehrlich, mir zu sagen, daß alles, was mir seit fünf Jahren widerfuhr, eine Hormonsache sein könnte. Ich bin also zu Dr. D. gegangen, die genauso ehrlich war wie Sie und wegen der langen Zeit seit dem Eintritt meiner Menopause voller Zweifel über das Ergebnis. Dennoch behandelte sie mich mit Hormonen.*
*Ich dachte immer nur das eine: Es ist meine letzte Chance; danach nur noch der Tod . . . Und siehe da, ich lebte wieder, obgleich der erste Behandlungsmonat nicht gerade leicht war, aber der zweite Monat verlief wunderbar. Ich habe mich gänzlich* wiedergefunden: *Vormittags wandere ich stundenlang in den Bergen und schwimme in meinem Schwimmbad bei nur zwölf Grad. Eine Auferstehung! Ich habe meine Kraft wiedergefunden, meine Lebensfreude und vor allem meine Leidenschaft.*

Diese intelligente Frau lehnte das Altern nicht ab, als ob es etwas Schändliches wäre, wie ihr Brief es eindeutig beweist. Sie hatte nur abgelehnt, was viele Frauen ablehnen: die Beschämung, ihre Kraft *übergangslos* zu verlieren . . .
An eben diesem Punkt können Hormongaben einige Jahre lang ihre segensreiche Wirkung entfalten, während der Zeit, die notwendig ist, um sich in einem anderen Leben einzurichten: im sogenannten dritten Alter, das aber nicht nur aus Schwierigkeiten besteht!
Ein Psychoanalytiker allein kann der Frau in der Menopause das nicht wiedergeben, was sie verloren hat, zumal sie dann nicht mehr in dem Alter ist, in dem eine vollständige Änderung

ihrer Struktur versucht werden kann, wie bei einer Depression, die in der Mitte des Lebens zum Ausbruch kommt.

**Kann also die Frau in dieser Lebensphase nicht einmal mehr auf die Hilfe eines Therapeuten rechnen?**

Das wollte ich damit nicht sagen. Ich meine, daß eine ältere oder mit der Patientin gleich alte Therapeutin, die die gleichen Probleme durchgemacht hat, für die Frau von fünfzig Jahren eine unbestrittene Hilfe sein kann, aber die Arbeit ist langwierig, und die Therapie kann erfolgreicher sein, wenn die Energie der Patientin durch eine Hormonbehandlung unterstützt wird.
Ich sage bewußt eine »Therapeutin«. In diesem Alter, wie zu Beginn des Lebens der Frau, ist es zunächst die Homo-Sexualität, die nicht funktioniert: Die Frau hat in dieser Situation das Gefühl, ihren Wie-die-anderen-Frauen-Zustand zu verlieren. Deshalb gibt ihr der Kontakt mit einer Frau schneller das Gefühl wieder, daß sie immer noch vom gleichen Geschlecht ist wie diese Frau, zu der sie spricht und der sie vertraut.
Wenn eine Frau in diesem Alter von einer Depression befallen wird, ist es sinnvoll, zunächst eine Gynäkologin aufzusuchen, um den Hormonspiegel prüfen zu lassen und eine entsprechende Behandlung zu beginnen. Falls nach Ablauf einiger Monate keine Besserung eintritt, muß man zu einer Therapeutin gehen, um über die Probleme zu sprechen.
Ganz offensichtlich vollzieht sich bei der Frau eine regelrechte »Häutung«. Sie muß sich an einen Lebensstil anpassen, in dem der Körper bei ihren sozialen Kontakten nicht mehr als »Visitenkarte« dient, weder bei den Männern noch bei den Frauen; sie ist nicht mehr »Objekt«, sondern »Subjekt«, also eine Person, die »ich« sagt und nicht mehr »die anderen«. Mit fünfzig Jahren muß man den Mut haben, wenn man ihn bis dahin noch nicht hatte, zu seinen Ideen und Auffassungen zu stehen, denn auf dieser Ebene wird sich künftig die Kommuni-

kation entwickeln. Die Frau gelangt endlich dahin zurück, von wo sie seit ihrer frühesten Kindheit weggeleitet wurde: nämlich die Person zu sein, die sie wirklich ist, und nicht mehr die, die den andern gefällt.
In vielen Familien gibt es immer noch Großmütter, die an diesem wichtigen Altersabschnitt vorbeigegangen sind, ohne etwas an ihrer Selbstwahrnehmung zu ändern, und die auch als Oma das bleiben, was sie als Mutter waren, nämlich eine Frau, die sich unentbehrlich macht, die *ihre Befriedigung* in dem findet, was sie den *anderen* verschaffen kann. Von Zeit zu Zeit, wenn man ihr ein Kompliment macht, hat sie das Gefühl, daß nichts sich wirklich verändert hat: Es ist immer der andere, der ihr ein Existenzrecht zuteil werden läßt.

**Der Eintritt in das sogenannte dritte Alter wäre dann also für die Frau die Gelegenheit zu einer echten Veränderung?**

Ja, bestimmt. Nach einem Leben, in dem die noch phallokratische Gesellschaft uns in der Mutterrolle eingesperrt, uns mit der Last unserer mütterlichen Verantwortlichkeit niedergehalten und alles getan hat, um uns auf diese Rolle zu beschränken, kommt um die Fünfzig, also genau in der Zeit, in der unsere Kinder flügge werden und sich von uns entfernen – und das ist kein Zufall –, der Zeitpunkt, in dem sich die ersten Zeichen einer unerklärlichen Erschöpfung einstellen und sich die ersten »Löcher« bemerkbar machen: Wörter, die sich uns eigensinnig entziehen, wenn wir sie in einer Unterhaltung brauchen. *Wer* in uns will sich da nicht erinnern? Von *was* wollen wir nichts wissen? Warum streikt unser unbewußtes Räderwerk?
Wir haben es ohne Zweifel schwer, dem adieu zu sagen, was »unser Leben« war, und wir werden von einer gewissen Melancholie ergriffen über das, was nicht mehr wiederkommt. Dieses Ausblenden von Erinnerungen ist für unser Unbewußtes eine Art Abschiednehmen von dem, was wir erlebt haben, obgleich

sich unser Erinnerungsvermögen sogar in der Lage zeigt, intellektuell Neues aufzunehmen, wofür wir nie die Zeit hatten: Es ist die Zeit für das Lesen, für Reisen und für die Rückkehr in die Universität, um dort endlich das zu lernen, was früher überflüssig erschien. Es ist die Zeit des Überflusses für neue Freundschaften mit Menschen gleichen Alters, die wir bei unseren kulturellen Unternehmungen treffen. Es geht nicht um Kulturscheffelei oder Erstürmung der Alpen, sondern um Kultur und Natur; hier begegnen wir anderen Menschen, die auch am Anfang einer neuen Lebensweise stehen.
Nachdem wir einmal die »Schönste« waren, müssen wir es insbesondere vermeiden, die zu werden, die die »Kränkste« ist. Vermeiden wir dieses endlose Palaver über einen Gesundheitszustand, der keinen anderen Kommentar verdient als seinerzeit das Ich-kann-nicht der allzu Kleinen, denn jetzt sind wir zu groß . . . Vielleicht für das eine oder andere zu müde, aber frei für anderes. Wir haben Zeit, Erfahrung und Weisheit. War es nicht genau das, was uns in unserer Jugend fehlte?

**Es ist aber nicht leicht, die Bühne zu verlassen, auf der wir immer als die »Schöne« auftraten, um sich in das Dunkel hinter den Kulissen zurückzuziehen. Muß die Frau nicht das Gefühl haben, die leere Wüste ihrer Kindheit wiederzufinden?**

Ganz sicher. Alle, die sich von ihrem alten Wettstreit mit »der anderen Frau«, der sie früher mit Hilfe der Verführung und der physischen Schönheit den ersten Platz streitig machten, nicht lösen können, stehen in der Menopause beim Verschwinden ihrer hauptsächlichen Reize vor einem unlösbaren Problem.
Gegenüber anderen und verführerischeren Frauen, als sie selbst es sind, geraten sie wieder auf das Ausgangsfeld *der Ungleichheit.* Wenn solche Frauen glaubten, sie hätten ihr Problem mit der Mutter hinter sich, so war das nur vorüberge-

hend, dank der positiven Wirkung der Hormone, und jetzt ist der Zusammenbruch total: Solche Frauen fallen von der Menopause an in schwere Depressionen, denn sie haben *alles* verloren, oder genauer, sie haben das verloren, von dem sie glaubten, es sei *alles*.

Die anderen, die mit dem von den Hormonen gesteuerten Wohlgefühl gelebt haben, ohne deshalb den Reichtum ihres Innenlebens zu vernachlässigen, befinden sich auch an einem Anfang, diesmal aber mit der wunderbaren *Intelligenz* des kleinen Mädchens, die im Verlauf der Jahre zu dem nicht versiegenden Charme einer unveränderbaren Verführungskunst werden konnte. Wie gerne hört man der Frau eines gewissen Alters, die das Leben kennengelernt hat und darüber wie über eine Reise sprechen kann, von der sie großartige Erinnerungen hat, zu! Nach dem Blick, der ihrem Äußeren galt und ihr jahrelang Sicherheit gab, kann diese Frau jetzt auf das Zuhören der anderen zählen.

In diesem Alter kann jede Frau, wenn sie auf das Sichtbare verzichtet, derjenigen begegnen, die ist wie sie, wenn sie mit ihr spricht. Da die Waffen des Krieges unter den Frauen niedergelegt sind, kann man sich jetzt als »gleich« mit der anderen wiederfinden, allerdings mit dem Herzen und dem Verstand, die nicht von Hormonen abhängen. Es ist der Augenblick im Leben, in dem man alte Freundschaften wiederfinden möchte, die man ein wenig vergessen hatte und mit denen man »Erinnerungen« austauschen kann. Mit zwanzig war die Gegenwart begleitet und bereichert von Zukunftsträumen, und mit sechzig ist sie es durch die Erinnerungen, die jetzt das Leben abrunden.

Das soziale Leben des dritten Alters hat für die Frau die gleiche Bedeutung wie die Schule, als sie klein war. In der Gesellschaft von Frauen und Männern ihres Alters kann sie den Platz einnehmen, der endlich der ihre ist und nicht der der anderen. Wie Sie wissen, ist die »unwürdige Greisin« kein Wunschtraum, und wenn sie nicht von einem Ehemann zurückgehalten

würden, von der gewohnten Umgebung, von Prinzipien, würden viele Frauen über sechzig leben, wie sie nie gelebt haben, nämlich *frei* . . .
Häufig ist es ihre unmittelbare Umgebung, die ihrer Freiheit im Wege steht – unter dem Vorwand, daß Oma sich in ihrer Situation zurechtfinden soll. Und Oma, die dazu vielleicht nicht die geringste Lust verspürt, läßt sich auf ein biederes Alte-Leute-Leben einengen, weil sie, noch einmal, dem Reflex erliegt, »den anderen Freude zu machen«.
Unter den älteren Menschen sind besonders häufig die Frauen von ganz neuem Wagemut beseelt, weil sie seit ihrer Hochzeit nie aus dem Rahmen der Familie herausgekommen sind.

**Viele Omas schaffen sich doch aber ein kleines Leben für sich, getrennt von den Kindern, und leiden unter Einsamkeit . . .**

Weil es nicht genügt, sich getrennt einzurichten, weit weg von den jungen Menschen! Wie ich sagte, muß man auch soziale Kontakte haben, Leute, mit denen man reden, spielen und zusammen gehen kann, ohne laufen zu müssen. Wenn man alt wird, ist es wichtig, nicht *allein* zu leben. Das menschliche Wesen, wie alt es auch immer sein mag, ist nicht für die Einsamkeit gemacht, es braucht Worte, wie es Nahrung braucht. Bis ans Ende bleiben wir mit einem Körper und einem Geist verbunden, die gleichermaßen gierig sind. Allzu häufig denkt man bei der Lebensplanung für die Großeltern nur an ihr physisches Wohlergehen, was für ihre geistige Verfassung zur Katastrophe wird, die jede Freude am Leben auslöscht, alle Sehnsüchte und Bemühungen schrumpfen läßt und den Weg ebnet für die bis dahin sorgsam gemiedene schreckliche Frage: »Wozu überhaupt leben?«
So viele Veränderungen, so viele physische Wandlungen, so viele Freuden des Körpers und des Herzens gibt es, und dann

soll man sich am Lebensabend vor der entsetzlichen metaphysischen Frage nach dem Sinn des Lebens wiederfinden?
Eine Frau über sechzig wird um vieles besser leben, wenn sie in einer Paarbeziehung lebt und sich ihre geistigen Fähigkeiten erhält, die sie im Umgang mit den anderen nutzen kann.
Das Altenheim ist als Idee nicht schlecht, solange es weder eine Verwahranstalt noch ein Sterbehaus ist, sondern Aktivitäten ermöglicht, die dem dritten Alter angepaßt sind, und soweit der alte Mensch, während er seine alltägliche Gegenwart meistert und entwickelt, weiterhin regelmäßig mit seiner Familie zusammentrifft, die seine Vergangenheit ist und die Zukunft seiner Art.

**Behält die Frau über die endgültig eingetretene Menopause hinaus ein Sexualleben und erotische Empfindungen?**

Das kann alles erhalten bleiben, aber nur dann, wenn die Frau selbst einen ausreichenden Hormonspiegel produziert (was selten ist) oder wenn sie den hormonalen Mangel durch die regelmäßige Einnahme von Hormonen ausgleicht, was ihr das Andauern der Libido und die für die Liebe notwendigen Reaktionen sichert. Viele nach ihrem Sexualleben befragte Männer geben an, ihre physischen Beziehungen bis zum Alter von sechzig Jahren und darüber hinaus fortzuführen. Der Mann ist dazu häufig »natürlich« in der Lage, weil sein Hormonspiegel sich im Alter nur langsam und nicht abrupt verringert. Die Frau erlebt, wenn sie nichts dagegen tut, einen brutalen Abfall ihres Verlangens und ihrer Fähigkeit, die für die Liebe notwendige innere Gleitflüssigkeit zu erzeugen.
Der enge Körperkontakt bleibt immer »tröstlich«, weil er es erlaubt, das unbewußte und ursprüngliche Gefühl der Verschmelzung mit dem anderen zu ermöglichen. In welchem Alter auch immer sich eine sexuelle Begegnung ergeben mag, sie erzeugt neue Kraft und neuen Mut zum Leben, einfach weil sie uns das Gefühl gibt, daß wir nicht einsam sind.

Das menschliche Leben scheint eine lange Schleife zu sein, deren Ende sich wieder mit dem Anfang verbindet. Während das Kind sich nach und nach aus der Symbiose mit der Mutter herausreißen muß, versuchen der Greis und die alte Frau bis zum Ende die fundamentale Symbiose wiederzufinden; sei es durch Worte, sei es durch Gesten. Das menschliche Wesen bleibt oder sollte bis zum Schluß mit dem Körper und der Sprache mit seinesgleichen in Verbindung bleiben. Dies ist es übrigens, was seine Besonderheit unter allen Lebewesen ausmacht.

**Allein alt werden ist demnach also keine gute Lösung für die älter werdende Frau?**

Nein, gewiß nicht, denn es bedeutet, weder einen Platz unter gleichaltrigen Frauen zu haben noch mit irgend jemanden eine gemeinsame Vergangenheit. Es bleibt nur das Nachsinnen über die nahe Zukunft: den Tod.
Wer keine Geschichte mehr hat noch einen mit jemandem zu teilenden Körper, sieht sich auf die nahezu unformulierbaren Gedanken zurückgeworfen, die mehr oder weniger aus dem Unbewußten kommen. Der Mensch wird nach und nach wunderlich, denn nichts zwingt ihn mehr, mit dem Realen in Verbindung zu bleiben.
Was soll man über jene sehr alten Damen sagen, die aus der Tiefe ihrer Einsamkeit anfangen, ihre eigene Tochter »Mama« zu nennen? Ist das nicht das Zeichen einer unglaublichen Regression, wenn eine alte Dame es ablehnt zu sein, was sie ist, um zu dem zurückzukehren, was sie einmal war: ein kleines Mädchen, das nur seine Mama kannte . . .

## Aus gynäkologischer Sicht

*Die Menopause*

Die Menopause wird oft mit der Prämenopause verwechselt, die ihr unmittelbar vorausgeht. Von Frau zu Frau unterschiedlich, umfaßt die Prämenopause etwa die Zeit vom 45. bis zum 52. Lebensjahr. Hormonal wie symptomatisch kündigt sie sich dadurch an, daß der gewohnte Zyklus der Frau durcheinandergerät und unerwartete Stimmungsschwankungen auftreten. All dies leitet die im sechsten Lebensjahrzehnt kommende große Veränderung ein und bereitet sie vor: die Menopause.

*Probleme der Prämenopause*

Irgendwann im Alter von 45 bis 50 Jahren, und manchmal noch früher, beginnt die Aktivität der Eierstöcke nachzulassen. Die älter werdenden Eierstöcke erfüllen nicht mehr ganz ihre Funktion: Die Ovulation erfolgt nur noch unregelmäßig, der Monatszyklus wird mehr oder weniger unberechenbar.

Die Degeneration der Eierstöcke führt in diesem Zeitabschnitt des Lebens der Frau zu einer schlechteren Hormonversorgung. Als erstes nimmt das Progesteron ab oder fällt ganz aus, während die Östrogene in etwa noch ausreichend erzeugt werden. Durch das Fehlen des einen und das Vorhandensein des anderen Hormons entsteht ein physisches Ungleichgewicht, das für diese Zeit typisch ist: Das *Übermaß an Östrogenen* (im Verhältnis zum Progesteron) macht sich durch ganz bestimmte, leicht erkennbare Symptome bemerkbar:

- Schwellung und Spannungsgefühl in den Brüsten, mit gelegentlich auftretenden verhärteten und schmerzhaften Bereichen in den Brustdrüsen;
- Schwellungen und Spannungen im Unterleib;
- Anzeichen, daß Wasser im Gewebe zurückgehalten wird, und Gewichtszunahme;

– Hypersekretion von Zervikalschleim und daher farblose, nichtinfektiöse Vaginalausscheidungen;
– Veränderung der gewohnten Stimmungslage: außergewöhnliche Nervosität, Hyperaktivität, Reizbarkeit, Schlaflosigkeit und manchmal übersteigerte sexuelle Lust.

*Behandlung der Prämenopause*

Das Progesteron ist das geeignete Medikament, denn es ersetzt, was nicht mehr auf natürliche Weise von den Eierstöcken erzeugt wird.

Die Behandlung ist einfach: Das Medikament wird jeden Monat zehn Tage lang vom 15. bis zum 25. Tag des Zyklus eingenommen. Es wird gut vertragen und läßt wie durch einen Zauber die mit dem Mangel an Progesteron verbundenen Störungen verschwinden. Die Behandlung ist bis zum endgültigen Aufhören der Regel fortzusetzen und wird dann durch die Hormonbehandlung der Menopause ersetzt.

Falls eine Frau die orale Verhütung anwendet, bekommt sie jeden Monat minimale Dosen an Östrogenen und an Progesteron. Es liegt auf der Hand, daß sie den Zeitabschnitt mit seinem hormonalen Ungleichgewicht meistens mit erfreulicher Leichtigkeit überwinden kann, weil für sie die regelnde Ordnung durch die Hormone von außen her sichergestellt ist. Wenn Blutbild und Blutdruck zufriedenstellend sind, sollte die Frau weiterhin bis zur Menopause die Pille nehmen.

Die Kontrazeption, egal welche, darf während dieser Zeit nicht aufgegeben werden. Auch wenn sich die Ovulation launenhaft verhält, bleibt doch das Risiko einer Schwangerschaft bestehen, zwar in gleicher Weise launenhaft, aber stets gegenwärtig ... Die eingangs genannte Progesteronbehandlung der Menopause, daran muß erinnert werden, hat in keiner Weise verhütende Wirkung, was ja auch nicht ihr Zweck ist.

*Die eigentliche Menopause*

Die Menopause umfaßt nur eine ziemlich kurze Zeitspanne, nämlich den Übergang von der gestörten Funktion bis zum vollständigen Funktionsstillstand der Eierstöcke mit dem Verschwinden der Regel. Es ist die schmale Tür, durch die alle Frauen hindurchmüssen, wenn sie den Bereich der Jugend und der Fortpflanzung verlassen. Sie treten in die Zeit des dritten Alters und der physischen Sterilität ein.

Über das »hormonale« Leben hinaus wird die Frau noch 20 bis 30 Jahre ohne Hormone und ohne deren günstigen Einfluß auf den ganzen Körper leben. Wenn einmal die Eierstockfunktion zum Stillstand gekommen ist, gibt es für den Körper keine Rückkehr: Er erzeugt keine Östrogene mehr und auch kein Progesteron, also gibt es keinen Zyklus mehr und auch keine Regel.

Das Aufhören der Hormonproduktion führt während einiger Monate oder Jahre (von zwei bis zu fünf Jahren) zu Reaktionen des gesamten Organismus, der auf anderen Wegen versucht, sein Gleichgewicht wiederzufinden. Insbesondere die Hypophyse, die jeden Monat das FSH und das LH absonderte, wird sich in ihrer Funktion extrem anstrengen und mit ihrer Hyperaktivität laufend den Hypothalamus (den großen »Hormon-Computer«) durcheinanderbringen und damit auch das System der Wärmeregulierung. Obwohl 20 bis 30 Prozent der Frauen darunter nicht zu leiden haben, sind die beim Beginn der Menopause einsetzenden Störungen sehr spezifisch und den Frauen im Alter von 50 bis 55 Jahren wohlbekannt.

*Hitzewallungen*

Hitzewallungen überraschen die Frauen unerwartet und egal wo: Die Frau wird plötzlich über und über rot, auf der Stirn bildet sich Schweiß, das Make-up zerfließt, und sie ist sehr unangenehm überrascht von diesem Streich, den ihr Körper ihr spielt. Die Hitzewallungen sind von Frau zu Frau verschieden, manche leiden darunter überhaupt nicht, andere wagen nicht mehr, sich in der Öffentlichkeit zu zeigen!

*Schlaflosigkeit*
Schlafstörungen gehören zu den klassischen Problemen der Menopause: Einschlafschwierigkeiten und unvermitteltes, panisches, in Schweiß gebadetes Erwachen mitten in der Nacht.

*Gewichtszunahme*
Was sich schon im Alter von 45 Jahren zeigte, verstärkt sich noch bei Frauen um die Fünfzig. Die Hälfte der Frauen nimmt zwischen der Prämenopause und der Menopause um drei bis sechs Kilo zu. Dies erklärt sich, wenn man weiß, daß die Zentren für Appetit und Sättigung nahe beim Hypothalamus liegen, jener Drüse, die zwischen dem Beginn und dem Ende der Menopause große und abrupte Veränderungen zu verkraften hat.

*Beeinträchtigung des Charakterbildes und Depression*
Viele Frauen fallen in *Depressionen* und verlieren ihren früheren Schwung. Sie fühlen sich schnell erschöpft und von allem überlastet, was sie früher mit Freude meisterten.
Dazu kommen noch *Erinnerungsverluste.* Im Anfang noch selektiv und auf Namen und Vornamen beschränkt, dehnen sie sich allmählich auch auf kurz zurückliegende Ereignisse aus.

## Folgen des völligen Versiegens der Hormone

*Vaginale Trockenheit*
Die von den Hormonen gesteuerten vaginalen Sekretionen werden sich so sehr verringern, daß das Feuchtwerden der Vagina und ihrer Umgebung nicht mehr gesichert ist. Die sexuelle Beziehung kann schmerzhaft oder sogar unmöglich werden (es ist also unumgänglich, daß die betroffenen Frauen Gels und Cremes benutzen, die die Gleitfähigkeit ermöglichen). Mit dem Verschwinden der Hormone verflüchtigt sich auch das in der Adoleszenz gekommene Verlangen nach und nach.

Mit der Zeit wird auch *der Uterus* kleiner, und die Eierstöcke bilden sich zurück, auch die *Vulva* und die *Vagina* bleiben von dieser Rückentwicklung nicht verschont, die klitoralen Zärtlichkeiten können unerträglich werden.
Der Sexualakt wird nur noch als Pflicht dem Partner gegenüber erfüllt, der mitunter bis ins hohe Alter am Geschlechtsverkehr Gefallen findet . . . Hier haben wir ein Problem, das zum Paarproblem wird, da die Sexualität nicht mehr ihre Funktion für die physische Verschmelzung erfüllt. Mann und Frau entfernen sich voneinander.
Als Gynäkologin ist man erstaunt zu sehen, wie die Frauen vor diesem Problem die Augen verschließen, obwohl sie es hätten voraussehen können und obwohl sie ihm rechtzeitig durch eine Östro-Progesteronbehandlung hätten begegnen können . . .

*Die Östro-Progesteronbehandlung*
Sie besteht darin, die der Frau die in diesem Stadium fehlenden Hormone durch Hormongaben zu ersetzen. Dabei wird ein künstlicher Zyklus geschaffen, ähnlich dem, den die Frau während ihres ganzen Erwachsenenlebens gekannt hat.
Die Behandlung kann von dem Monat an beginnen, in dem der hormonale Ausfall offensichtlich ist (Ausbleiben der Regel), oder nach einer vom Labor vorgenommenen Bestimmung der Östrogenwerte, deren Fehlen die Diagnose der Menopause bestätigt.
Einige Grunduntersuchungen sind vorher durchzuführen: Mammographie, Untersuchung der Blutwerte (Cholesterol, Triglyceride usw.), Blutdruckmessung.
Auch Patientinnen mit Bluthochdruck, Hyperlipidämie, mit Diabetes und Krampfadern können mit einer solchen hormonalen Substitutionstherapie behandelt werden, vorausgesetzt, daß ihre Stoffwechselstörung parallel dazu behandelt wird.
Die Behandlung ist einfach, aber die Frau muß zu einer regelmäßigen Überwachung während der ersten Monate bereit sein.
Die Östrogene sind monatlich während 20 bis 25 Tagen einzunehmen, vom zehnten Tag an zusätzlich noch Progesteron. Sie

erinnern sich, daß letzteres in der zweiten Hälfte des weiblichen Zyklus aktiv wird. Auf diese Sequenz folgen einige Tage der Abstinenz, um das eventuelle Einsetzen der Regel zu ermöglichen. Wir haben schon davon gesprochen, daß die Östrogene und das Progesteron bewirken, daß die Gebärmutterschleimhaut wächst, die sich dann jeden Monat während der Regel schuppenartig ablöst. Der künstlich erzeugte Hormonspiegel ist hier allerdings ungleich geringer als der, den die Frau aufgrund ihrer eigenen Produktion in ihrem Blut hatte. Das Wachstum des Endometriums wird deshalb unbedeutend sein; aber es wird dennoch zu geringen Ablösungen kommen, anders gesagt: Sie werden wieder eine *Menstruation* haben! Nur wenig ergiebig und sehr kurz, aber trotzdem Menstruationen. Daran müssen Sie denken, wenn Sie auf Reisen gehen.
Die Substitutionstherapie mit natürlichen Hormonen muß von der »Pille« (synthetisch erzeugte Hormone) unterschieden werden, die nur dazu dienen, die Ovulation zu verhindern, was jetzt nicht das Ziel ist, denn es gibt ja keine Ovulation mehr.
Das während des zweiten Teils der Behandlung einzunehmende Progesteron ist unumgänglich, um die Risiken eines zu hohen *Östrogenspiegels* zu vermeiden, der die Bildung von Krebs an der Gebärmutterschleimhaut oder in der Brustdrüse fördern könnte.

*Aber die Hormone machen angst . . .*
Beim Verschreiben von Hormonen, die nicht mehr auf natürliche Weise von der Frau erzeugt werden, haben viele Frauen – und so mancher männliche Arzt! – Angst, bestraft zu werden, wenn sie der Natur ins Handwerk pfuschen . . . Ist denn die schlimmste Bestrafung nicht der Krebs? Dies ist ein noch allzu häufig von gewissen Ärzten, den Anhängern des »laisser faire« gegenüber der Natur, benutztes Schreckgespenst!
In Wirklichkeit ist es so, daß das Krebsrisiko stets überwacht und gewisse Kontraindikationen immer beachtet werden. Die heute nicht mehr auftretende Venenentzündung oder Lungenembolie sind dafür ein Beispiel.

Die Wirkungen der Substitutionstherapie sind *spektakulär:* Hitzewallungen und nächtliches Schwitzen verschwinden, ein allgemeines Wohlbefinden setzt ein, und nach einem oder zwei Zyklen verschwinden die zahlreichen physischen und psychischen Störungen (insbesondere verbessert sich der depressive Zustand). Hier muß ergänzend erwähnt werden, daß eine Frau, die sich einer Entfernung des Uterus und der Eierstöcke unterziehen mußte, sich sofort, was auch immer ihr Alter sein mag, in der gleichen Lage befindet wie eine Frau in der Menopause und daß sie auf die gleiche Weise behandelt werden muß. Eine Frau, der nur der Uterus entfernt wurde und die ihre Eierstöcke behalten konnte, erlebt die äußeren Zeichen der Menopause erst im entsprechenden Alter.

*Die Osteoporose*

Der Osteoporose, einer Demineralisierung der Knochen, muß ganz besondere Beachtung eingeräumt werden. Sie setzt nach der Menopause ein und führt zu einem Zusammensacken der Wirbelsäule und einer Deformation des Rückens, die man häufig bei alten Frauen sieht. Die Osteoporose ist ebenso für zahlreiche Knochenbrüche verantwortlich, von denen der Oberschenkelhalsbruch der bekannteste ist. Nach einem unglücklichen Sturz erleiden ihn vor allem Frauen, deren Knochen aufgrund der Osteoporose brüchig geworden sind.

Die erreichten Erfolge bei der östro-progestativen Behandlung dieser Krankheit, die die Haltung der Frau vom 70. Lebensjahr an verändert, wären schon für sich allein ein Grund, sie zu verschreiben. Wenn mit dem Eintreten der Menopause eine Hormonbehandlung begonnen wurde, gibt es keinen Grund, sie nicht bis ins hohe Alter weiterzuführen, wenn eine regelmäßige Überwachung gesichert ist.

Mit der langfristigen Behandlung kann die Entwicklung der Osteoporose vermieden werden, ebenso wie die anderen Beschwerden, die zum Los der Frau nach der Menopause gehören (Haut- und Haarprobleme, vaginale Trockenheit usw.).

## Dialog als Schlußfolgerung:

# Die Hormone und das Unbewußte der Frau

*Gynäkologin:*

Für mich spielen die Hormone im weiblichen Leben eine ausschlaggebende Rolle, weil das Wohlbefinden der Frau auf dem hormonalen Gleichgewicht beruht. Wenn dieses Gleichgewicht im Laufe des Lebens gestört ist, machen sich physische Probleme bemerkbar: Die Frau, die zu viele oder zuwenig Hormone hat, verliert die so angenehme Ausgeglichenheit.

Eines ist ganz klar: Frauen sind in ihrem Zyklus von zwei Hormonen abhängig, während Männer ihr ganzes Leben lang nur einem einzigen hormonalen Einfluß unterworfen sind, nämlich dem Testosteron, das sie vom fünfzehnten bis zum sechzigsten oder achtzigsten Lebensjahr belebend und ständig begleitet.

In den meisten Fällen nimmt der Testosteronspiegel bei Männern langsam und stetig ab, wie auch die Libido . . . Bei der Frau dagegen ist der Hormonausfall von der Menopause an rapide und endgültig.

Am anschaulichsten ist es, den hormonalen Einfluß im Verlauf des weiblichen Lebens anhand einer Kurve darzustellen.

*Psychoanalytikerin:*

Auch wenn die Hormonkurve unregelmäßig verläuft, wirken die beiden Hormone im Gleichklang, kommen und gehen im Verlauf des weiblichen Lebens, was sich messen läßt, aber was soll man über das Entstehen des Unbewußten sagen (von dem man annimmt, daß es schon *in utero* beginnt . . .) und seiner fortschreitenden Entwicklung vom ersten Tag nach der

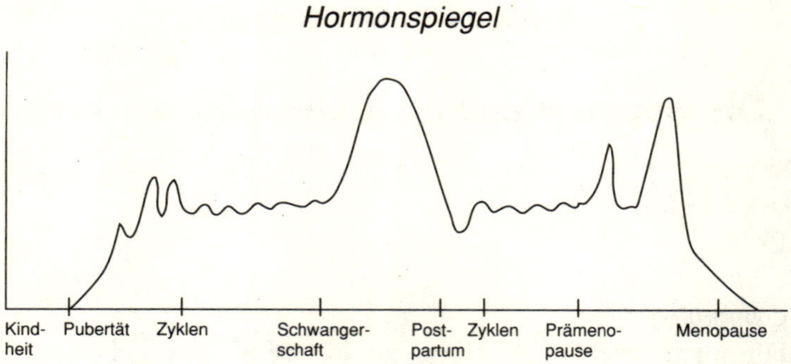


Geburt bis zum fünften oder sechsten Lebensjahr? Könnte man es wagen, eine Kurve für das Unbewußte aufzuzeichnen, von etwas, was nicht sichtbar ist? Ich wäre weder der erste noch der einzige Analytiker, der den Versuch unternimmt, eine unsichtbare Realität faßbar zu machen: Freud hat es mit seinen unterschiedlichen Topoi* versucht und Lacan mit seinen meistens unverständlichen Formeln . . . Wenn Sie von der Formel:

$$\frac{S'}{S} \times \frac{S}{s} \rightarrow S' \frac{(I)}{s}$$

nichts verstanden haben, die für Lacan das Unbewußte verkörpert, haben Sie mit der folgenden Kurve vielleicht mehr Glück, etwas vom Unbewußten zu verstehen.

Sagen Sie sich aber bitte, daß jede Aussage, die sich auf so einen geheimnisvollen Bereich wie die menschliche Seele bezieht, nur intuitiv sein kann. Wenn man zum Verständnis dessen vordringen will, was im Innern des menschlichen

* Anm. d. Ü.: Man spricht gewöhnlich von zwei topischen Modellen. Beim ersten liegt die Hauptunterscheidung zwischen Unbewußt, Vorbewußt und Bewußt, das zweite unterscheidet die Instanzen: das Es, das Ich, das Über-Ich (J. Laplanche/J.-B. Pontalis) *Das Vokabular der Psychoanalyse,* Frankfurt a. M. 1973, S. 503.

Wesens vorgeht, muß man es wohl akzeptieren, unverstanden zu bleiben wie Freud oder kritisiert zu werden wie Lacan. Jeder Psychoanalytiker, der sich mit der Darstellung des nicht Darstellbaren hervorwagt, läßt sich auf ein Risiko ein, trägt aber doch etwas zur unformulierbaren Realität des Seins bei . . .

*Das Unbewußte*

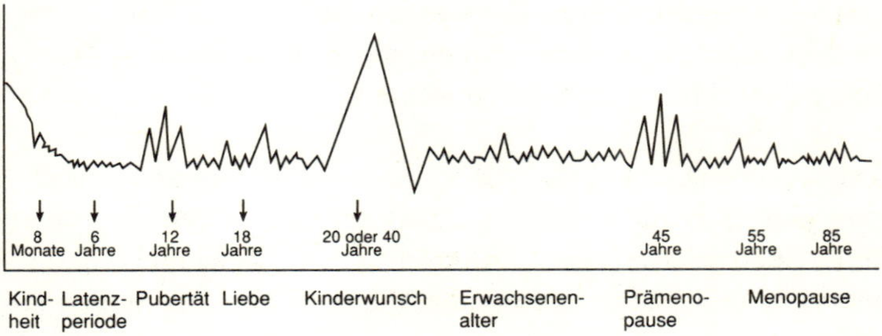


Der Beginn des Unbewußten liegt lange vor dem eigentlichen Erscheinen des Individuums, denn wir meinen, daß das Kind schon *in utero* von dem affektiven und sozialen Kontext beeinflußt wird, in dem seine Mutter lebt. Die Kurve des Unbewußten beginnt so hoch, wie sie später nie mehr sein wird, denn das Kind ist im Augenblick seiner Geburt vollkommen im Unbewußten; es weiß weder wo es ist noch wohin es geht . . . Es erkennt nur die Stimmen seiner Eltern, der ganze Rest ist ihm unbekannt: Die neuen Gefühle, die seinen Körper bestürmen, erreichen es unmittelbar, die Leere und das Gewicht wie die Geräusche, die Gerüche und das Licht. Das einzige, was fortbesteht, scheint das Geräusch des Herzens seiner Mutter zu sein, von dem es neun Monate lang begleitet wurde; deshalb beruhigt es sich, wenn es nackt auf seine Mutter gelegt wird. Während der ersten Tage schläft das Baby die meiste Zeit, das heißt, während vierundzwanzig Stunden kehrt es für zwanzig Stunden in seinen früheren unbewußten Zustand zurück. Es

wird kaum wach, nur um den Zustand des inneren Unbefriedigtseins zu überwinden, von dem es noch nicht weiß, daß es der Hunger ist . . .
Das Kind hat Hunger, *weiß* aber bewußt nicht, worunter es leidet: Dies ist der Punkt, von dem wir alle ausgehen. Nach und nach, im Laufe der ersten fünf Jahre unseres Lebens, erlernen wir Worte und Zeichen, um auszudrücken, was wir wollen, zunächst gegenüber dem Anderen, dann gegenüber allen anderen . . . Schulzeit und Kultur werden uns helfen, die uns umgebenden Reichtümer einzuordnen, die Welt in Worte zu fassen, um unsere Macht über sie zu sichern.

Das ursprüngliche Unbewußte, unformulierbar und unsichtbar, gibt nach und nach dem Bewußten Raum, dem Bewußten mit seinen Worten, seinen Bildern, seinen Zeichen. Eine niemals abgeschlossene Umsetzung, die immer wieder aufgenommen und vervollständigt werden muß, um sich der Realität besser und besser anzupassen. Die Realität ist nämlich sehr frustrierend, wenn das Unbewußte das Sagen hat! Je mehr wir uns dessen bewußt werden, was wir sind, desto leichter leben wir unter den Lebensbedingungen, die nun einmal zu uns gehören.
Jeder von uns lebt auf zwei Ebenen, auf der gut organisierten und anscheinend logischen des Bewußten und auf der sehr viel weniger logischen und geheimnisvollen des Unbewußten. Das Leben scheint ausbalanciert, wenn das Bewußte die Zügel in der Hand hat, im umgekehrten Fall entsteht eine Neurose mit sich überkreuzenden Unangepaßtheiten!

Und was zeigt die hormonale Kurve, die von der Adoleszenz an gilt? Wenn man sie betrachtet, wird deutlich, daß die Hormone in Verbindung zum Unbewußten stehen und daß drei Zeiten im weiblichen Leben als entscheidend hervortreten: die *Adoleszenz,* die *Schwangerschaft* und die *Menopause,* in denen die Kurven für das Unbewußte und das hormonale System analog

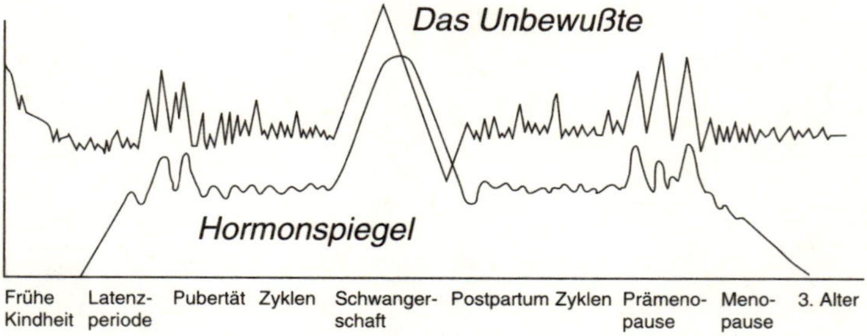


verlaufen und sich überschneiden. Zeiten also, in denen das Unbewußte in panischen Schrecken gerät, obgleich die Frau bewußt *weiß,* was sie vom Anfang bis zum Ende ihres Lebens erwartet. Wie aber akzeptiert sie das innerlich? Genau dort liegt das ganze Problem, und wenn sie es mit ihrem Kopf nicht bewältigen kann oder es nur schwer verkraftet, wie werden dann ihr Körper und ihre Hormondrüsen reagieren? Ouvertüre zu dem Stück »Psychosomatische Krankheiten und Unzulänglichkeiten der Frau« . . .

Wie könnte das Ich-will-nicht-eine-Frau-sein-wie-sie vom Ich-will-eine-Frau-sein in den Hintergrund gedrängt werden, wenn nicht zu einem bestimmten Zeitpunkt die Hormone in das Leben des Mädchens eingriffen, um aus seinem Körper den Körper einer Frau zu machen?

Hätte ohne die Unterstützung durch die Hormone der bewußt/unbewußte Widerstreit in einen realistischen Lebensentwurf münden können wie Paarbildung, Kind und Familie? Dies ist die letzte in diesem Buch gestellte Frage: Neigt sich die Waage des Mädchens durch die weiblichen Hormone zu dem hin, was seine Mutter für ihr Mädchen von Anfang an »wünschte«?

# Sachregister